SEISS: SEXUALERZIEHUNG
ZWISCHEN UTOPIE UND WIRKLICHKEIT

SEXUALERZIEHUNG ZWISCHEN UTOPIE UND WIRKLICHKEIT

Eine kritische Hinterfragung der Fortschrittsgläubigkeit

von

Rudolf Seiß
o. Prof. für Psychologie
an der Pädag. Hochschule Kiel

1973

VERLAG JULIUS KLINKHARDT · BAD HEILBRUNN

Freiheit ist Liebe
und nicht Abwesenheit
von Zwang

1973. 2. Nn.
Gesamtherstellung: Graphischer Großbetrieb Friedrich Pustet, Regensburg
Printed in Germany 1973
ISBN 3 7815 0150 7

Vorwort: Zur Zielsetzung dieser Arbeit

Viele wissen noch, wie in der Pro- und Kontra-Sendung über Haschisch unter dem Druck eines falschen Freiheitsideals und unter dem Zugzwang, progressiv zu gelten, »in« – zu sein, die Abstimmung dazu führte, daß das Pro-Haschisch die Gegenstimmen übertraf.

Heute schwillt die Drogenwelle in unserem Land immer mehr an, so daß »selbst diejenigen, die sie einst zynisch angefacht haben, jetzt die sich abzeichnenden Folgen beklagen« (Sonderdruck: »Die Welt«, 1971). Die Tatsache einer sich allseitig aufdrängenden Not hat die mit wissenschaftlicher Gestik auftretenden Hasch-Propagandisten gezwungen, ihren Irrtum, die Fehleinschätzung des Problems zuzugeben.

Nur weil die Schäden des »sexuellen Momentanismus« (Man soll das Glück des Augenblicks nicht einem zukünftigen opfern, Kentler), nicht so offenbar sind und man die Zunahme an Problemen und Konflikten im Bereich der zwischenmenschlichen und zwischengeschlechtlichen Beziehungen bequem auf andere Faktoren zu schieben vermag (beispielsweise auf die Gesellschaft), kann man in diesem Bereich an dem Fortschrittsoptimismus ungeprüft festhalten. Es ist an der Zeit, Schlagworte wie: progressiv, repressiv, emanzipatorisch, neue Moral u. a. auf ihre anthropologische Relevanz hin zu prüfen und zu hinterfragen, wo die Grenze verläuft zwischen neurotischer Sexualphilosophie, utopischer Hoffnung auf ein Paradies, auf ein Leben ohne Zwänge und der Wirklichkeit unseres Daseins.

Es läßt sich dann zeigen, daß Freiheit einseitig von außen gesehen und damit mißverstanden wird als Abwesenheit von Zwang, daß das Gute als Negation des Bösen definiert, Liebe als die Sympathie des Fleisches interpretiert, Unsicherheit als kritische Vernunft kaschiert zur Tugend avanciert, und daß der Mangel an Ordnungsstrukturen zum Ideal der Enttabuierung hochstilisiert wird. Und das alles geschieht unter dem Schutz der Fortschrittsgläubigkeit, die nur schwer zu hinterfragen ist, weil ein emotionaler Widerstand (Verlust des Prinzipes Hoffnung) verhindert, zu prüfen, wie fortschrittlich denn der Fortschritt sei.

Wenn, wie Lenin in: »Materialismus und Empiriokritizismus« schreibt, die Praxis der Beweis für die Gültigkeit einer Theorie ist, dann jedenfalls haben wir wohl die Formeln der Natur erkannt (denn die Raketen, deren Laufbahn wir berechnen, kommen auch da an, wo sie ankommen sollen), aber nicht die Formeln für ein befriedetes Zusammenleben der Menschen. Und das liegt wohl daran, daß wir dieselben Methoden, die wir anwenden, um uns die Natur untertan zu machen, auch anwenden, um die zwischenmenschlichen Beziehungen zu erforschen. Und wir wundern uns dann, wenn dabei auch nur ein Macht-, Herrschafts- und Leistungswissen (M. Scheler) herauskommt, mit dem wir das Gesetz der Liebe, das das zwischenmenschliche Zusammenleben allein regieren könnte, nicht zu erkennen vermögen, denn Liebe ist das Gegenteil von einem Sich-untertan-Machen. Zwischenmenschliche Liebe ist deshalb auch nicht naturgesetzlich faßbar und deshalb auch nicht lehrbar. Man kann zwar durch die Veränderung der Verhältnisse das Orientierungsbewußtsein, Aspekte und Weltanschauungen des Menschen ändern, man kann ihn aber nicht grundsätzlich besser machen, denn Angst und Mißtrauen werden nicht durch die Verhältnisse hervorgebracht – allenfalls verstärkt oder abgeschwächt – sondern sind die Folge der unvollkommenen Liebesfähigkeit des Menschen. Wenn es überhaupt eine Revolution gibt, die zum Guten führt, dann muß sie im einzelnen Menschen selbst beginnen.

Wattenbek bei Kiel, im Januar 1973 Rudolf Seiß

Inhalt

I. Kritische Reflexion

A. Sexualerziehung und Fortschrittshoffnung

In keinem Jahrhundert hat die Frage nach dem Menschen so im Zentrum allen Forschens und Planens gestanden wie in der Gegenwart. Alle Wissenschaften erhalten Wert und Bedeutung allein von daher. Diese anthropologische Zentrierung der Daseinsfrage hat in einem eskalativen Prozeß zu einer stärkeren Selbstbewußtwerdung des Menschen geführt. Eine weltweite Faszination von der Machbarkeit und den unbegrenzten Möglichkeiten menschlicher Daseinsentfaltung liefert die Dynamik zu den revolutionären Bewegungen aller Schattierungen. Ein Schrei nach Leben und ungetrübtem Glück hat die Menschheit erfaßt. Und dieser Hunger nach Freiheit, Liebe, Gerechtigkeit ist so groß, daß alles, was das Bild dieser Hoffnung beeinträchtigt, als ein vermeidbarer Fehler in der Konstruktion der Gesellschaft und/oder des einzelnen gebrannmarkt wird. Diese Fehler und Fehlkonstruktionen zu beseitigen oder zumindest zu lindern, ist der gemeinsame Antrieb und die alle verbindende Hoffnung im Geiste des Fortschritts. Fortschritt ist fortschreiten zur Selbstverwirklichung und Autonomie des Menschen und / oder der Gesellschaft.

Unter dieser überaus starken Motivations- und Handlungsspannung greift man alles auf, was aufgrund gewisser Ähnlichkeit mit diesem Bild der Sehnsucht von Freiheit und Selbstverwirklichung geeignet erscheint, dem Ziele näherzuführen. Man bietet gleichsam im Detail die Verwirklichung der großen Hoffnungen an, sozusagen als Vorgeschmack und Vorschuß der ersehnten Erfüllung. Die Faszination ist so stark, daß zu einer kritischen Prüfung dieser Vorstellungen der Spielraum der Freiheit fehlt. Es fehlt das entspannte Feld einer inneren Gelassenheit, und man tut etwas, weil doch etwas geschehen muß. So entstand aus der im Detail richtigen Beobachtung, daß der Mensch durch den Menschen ausgebeutet werden kann, die weltweite Hoffnung und revolutionäre Idee sozialer Gerechtigkeit im Zielbild des Kommunismus. In Wirklichkeit hat man aber nur den Teufel durch den Beelzebub ausgetrieben, denn »die radikalen Marxisten beseitigen mit dem Verbot der Profitwirtschaft nur ein Epiphänomen einer von Grund auf verfehlten sozialen Ordnung. Sie verschieben die Aggressivität vom Kampf um die Kasse ganz auf das Gieren nach Ämtern und Posten. Die Menschen suchen dann nicht mehr durch Besitz einander zu schlagen, sondern unmittelbar durch Machtposition und Einfluß« (A. Plack, Die Gesellschaft und das Böse, München 1968, S. 343).

In den kapitalistischen Ländern konnte sich neben dieser Hoffnung, durch den Kommunismus den Weg zur sozialen Gerechtigkeit und Freiheit zu finden noch eine andere Hoffnung ausbreiten, die sogenannte sexuelle Revolution. Auch hierfür gilt, daß eine im Einzelfall richtige Beobachtung zum Vehikel weltweiter Hoffnungen wird. Natürlich gibt es eine triebverdrängende Erziehung, die zur Unfreiheit, zur Gehemmtheit, zur neurotischen Struktur einer Person führen kann. So richtig diese Beobachtung im Einzelfall ist, so fragwürdig ist aber die Hoffnung, aus der Retorte der sexuellen Revolution den befreiten Menschen zu bekommen.

Sexuelle Lust und Lust überhaupt ist nicht eine Erfindung der Gegenwart. Neu ist aber ihre Ideologisierung. Daß der zur Lust befreite Mensch der freie Mensch sei, ist nicht nur eine Utopie, sondern ein Selbstbetrug, der fortlaufend Sündenböcke zeugt, die das überall (noch) sichtbare Leid zu verschulden haben (beispielsweise Juden, Kapitalisten, Christen u. a.). Wir werden erkennen müssen, daß Leid verschiebbar ist, beispielsweise von den Gruppenkonflikten zu interindividuellen Konflikten. Grundsätzlich vermeidbar scheint es dagegen nicht zu sein. Wer diesem Ziel nachjagt, verfolgt ein Irrlicht. Nur ein Utopist kann behaupten, daß die Natur des Menschen gut sei. Wenn das so wäre, müßte man fragen, zu welchem Zeitpunkt und aufgrund welcher Bedingungen, die von Natur aus guten Menschen plötzlich anfingen, sich gegenseitig die Schädel einzuschlagen. Wie ist es denkbar, daß die ansich gute Natur des Menschen Verhältnisse entstehen lassen konnte, die zur innerartlichen Aggression führten. Sind die Menschen, die alles haben, die sich alles leisten können, wirklich die, die in Frieden und Freiheit miteinander umgehen? Ist der Verweis auf die schlechten gesellschaftlichen Verhältnisse denn nichts anderes als eine Verschiebung der persönlichen Schuldfrage vom einzelnen weg auf »die Anderen«? Interessanterweise lesen wir gerade bei H. Marcuse (Triebstruktur und Gesellschaft, Frankfurt 1969, S. 233): »«aber selbst der endliche Anbruch der Freiheit kann diejenigen nicht mehr erlösen, die unter Schmerzen gestorben sind. Die Erinnerung an sie und die aufgehäufte Schuld der Menschheit gegenüber ihren Opfern verdunkeln die Aussichten einer Kultur ohne Unterdrückung.«

Nicht in der Leugnung des Leides, noch im Versuch seiner Liquidierung oder in der Kaschierung durch libidinöse Reaktionsbildungen liegt die Lösung der Daseinsproblematik des Menschen, sondern in der Überwindung des Leides durch Annahme desselben. Annahme des Leides ist nicht identisch mit Lustfeindlichkeit, sondern ist Lust in den Grenzen der Wirklichkeit ohne die Hypothek einer utopischen Verfremdung.

Den nachfolgenden Überlegungen seien einige notwendige Bemerkungen vorausgeschickt, um mögliche Mißverständnisse auf ein Mindestmaß zu reduzieren. Anhand naturwissenschaftlicher Fakten und unter Vermeidung moralischer Setzungen sollen dem Leser Material und Einsicht in Zusammenhänge an die Hand gegeben werden, die es ihm ermöglichen, die Thesen progressiver Sexualerziehung auf ihre Haltbarkeit hin zu prüfen. Die Bezugsebene, von der her diese kritischen Informationen und Reflexionen bereitgestellt werden, ist die Komplexität triebdynamischer Zusammenhänge im Bereich zwischenmenschlichen Verhaltens, wie sie sich werdensgeschichtlich (phylogenetisch und ontogenetisch) herausgebildet haben. Denn wir können feststellen, daß soziologische Erhebungen und kulturanthropologische Vergleiche nicht geeignet sind, Fixpunkte zur Orientierung in den Fragen der zwischenmenschlichen, in Sonderheit der zwischengeschlechtlichen Beziehungen zu erstellen.

Ihre Ergebnisse beschreiben entweder den sogenannten »natürlichen Menschen« (eine Abstraktion!), oder es löst sich das Bild vom Menschen auf in eine unübersehbare Fülle von Varianten. Soziologische Feststellungen sind Augenblicksaufnahmen und zu einer entwicklungsrelevanten Orientierung wegen ihrer interdependenten Relativität wenig geeignet. Während demgegenüber stammesgeschichtlich gewordene Strukturen eine größere Stabilität aufweisen, so daß sich von ihnen her am ehesten Ansatzpunkte bieten, an denen man sich unabhängig von wissenschaftlichen und pseudowissenschaftlichen Modeströmungen zu orientieren vermag.

Wenn bspw. behauptet wird, daß die Aggression nicht endogen gegeben sei, sondern grundsätzlich durch Erziehung erworben werde, weil ohne diese Annahme die These von der Enttabuierung der Triebe keine durchgängige Gültigkeit hätte (A. Plack a. a. O., S. 341), dann handelt es sich um eine Mode-Behauptung, dergegenüber die Beobachtungen aus der Stammesgeschichte über Verbreitung und Bedeutung der Aggression und deren endogene Verankerung mit dem ganzen Gewicht induktiv vorgehender Naturwissenschaften wesentlich stärker zu Buche schlagen.

Dasselbe gilt für die Beurteilung sexuellen Verhaltens.

Der Beitrag der vergleichenden Verhaltensforschung (Ethologie) zur Beantwortung der Frage nach dem anthropologischen Ort der Sexualität wird jedoch zunehmend klarer erkannt.

Zunächst läßt sich feststellen, daß das sexuelle Verhalten ein biologisch äußerst bedeutsames Geschehen ist, eingebaut in das Verhaltensinventar des Individuums und der Art. Es wird gegen inadäquaten Gebrauch durch angeborene Strukturen des Erkennens und Agierens abgesichert.

Die mit der Höherentwicklung der Arten gegebene Lockerung der Verbindung zwischen Sensorik und Motorik (von reflektorischen Orientierungsreaktionen über Instinktverhalten, Versuch und Irrtum bis hin zum einsichtigen Handeln) hat in zunehmendem Maße die Berücksichtigung der Rückmeldung des Handlungseffektes als Modifikator des Handlungsentwurfes möglich gemacht. Auf diese Weise konnte die Erlebnisseite des Handelns evolutiv wirksam werden. Die freie Kombinierbarkeit sensorischer Meldungen und motorischer Impulse geriet unter den Einfluß der Wertigkeit bestimmter Erlebnisse. So ist die sexuelle Erlebnisfähigkeit (Orgasmus) in der Entwicklung der weiblichen Organismen ein sehr spätes Ergebnis der Phylogenese, das erst von den Schimpansen an in Andeutung zu beobachten ist und nur beim Menschen zur vollen Ausgestaltung gelangt. Die Sexualität des Menschen ist nicht mehr starr instinktiv festgelegt, sondern wird entscheidend von der Erlebnisseite her beeinflußt. Auch in diesem Bereich ist der Mensch ein Lernender. Er ist das Wesen, »das die Möglichkeit hat« (Goldstein). Der Mensch kann mit seinen Vorstellungen die Grenzen des Denkbaren überschreiten. Er kann Effekte seiner Handlungen vorwegnehmen und Teilaspekte seiner Verhaltensmuster um eines bestimmten Erlebens, einer bestimmten Lust willen aus dem Zusammenhang herauslösen. So ist es ihm möglich, die phylogenetisch gewordene hierarchische Ordnung des sexuellen Verhaltens in Grenzen umzuordnen, so daß Teilziele (Partialtriebe, S. Freud) zu dominierenden Zielen werden, denen die gesamte Sexualorganisation untergeordnet wird. S. Freud hat die außerordentliche Bedeutung der Erlebniskomponenete im Sexualverhalten des Menschen klar erkannt und die Lust- und Arbeitsfähigkeit als zentrale Ziele der Therapie herausgestellt. Die Besonderheit einer haarlosen Hautoberfläche, die in ihrer Gesamtheit als sensibles Organ wirkt, kommt dieser Lustorientierung des Verhaltens entgegen. So kommt S. Freud mit Recht zu der Feststellung, daß die Art der reizbedingten Erregung mit ihrer spezifischen Lustqualität von größerer Bedeutung ist als der Ort und die Beschaffenheit der Körperstelle, mittels derer die Lust erlebt wird.

Durch die Massenmedien bleibt die Rückmeldung der Lust nicht beschränkt auf die individuelle Erfahrung des einzelnen, sondern wird generalisierbar und kann als kollektiv korrigierte und nivellierte Erwartungseinstellung die Handlung der einzelnen beeinflussen. Durch diesen Prozeß kollektiven Lernens im Bereich allo- und autoerotischen Verhaltens wurde ein bestimmter Katalog »brauchbarer, bewährter« lustgewährender Verhaltensweisen selektiert und dem bewußten Wollen, Planen, Erwarten und Steuern in die Verfügbarkeit gegeben. Die Intimität rückt in den Bereich des öffentlichen Interesses. Solange die Intimität noch vom sozialen Schweigen geschützt war, bestand keine Normierungsbedürftigkeit. Die Variabilitäten lustspendender Verhaltensweisen blieben bis auf grobe Richtlinien hin Privatsache. Jetzt, wo sie durch den Prozeß der Veröffentlichung zu einem allgemeinen sozialen Bewußtseinsbestand werden, gelangen sie auf die Ebne des Normierungsbedürftigen (H. Schelsky, Soziologie der Sexualität, Hamburg 1967, S. 52). Es wird zu untersuchen sein, ob die Normierung des lustspendenden Verhaltens durch die Lust selbst erfolgen kann (alles ist richtig, was Lust bereitet, solange es dem anderen nicht schadet). Wenn wir die Frage nach der Normierung oder auch überhaupt der Normierungbedürftigkeit zurückstellen, so bleibt die Feststellung davon unberührt, und das müssen wir erkennen, daß die sexuellen Beziehungen durch diesen kollektiven Lernprozeß ganz entscheidend von der Lusterwartung bestimmt werden. Diese Lustüberlagerung der Sexualität ist nur eine, wenn auch eine wesentliche Form der Desintegration zwischengeschlechtlicher Beziehungen. Die Sexualität wird reduziert auf die Schwundstufe physiologischer Reaktionen nach dem Motto: »Noch mehr Orgasmen« (Titel aus Twen, März 1971).

Nicht die Sexualität ist das Problem, sondern ihre Desintegration und die dadurch mögliche Verfremdung. In unmittelbarer Beziehung zu der eben genannten Verfremdung der Sexualität durch die Lustkomponente steht die kommerzielle Ausbeutung des Sexualtriebes (das Geschäft mit dem Sex). Außerdem scheint die Dynamik eines isolierten Luststrebens besonders geeignet, um politische Ideen der Masse nahezubringen. Indem man mittels Propaganda und Agitation eine Gedankenverbindung zwischen sexueller Freiheit und politischer Mündigkeit herstellt, erhofft man sich ein Potential zu erschließen, das unter dem Vorspann der sexuellen Revolution geeignet ist, allgemeine politische Umwälzungen zu ermöglichen. Und schließlich gibt es noch eine pädagogische Überfremdung der Sexualität. Der Ruf nach sexueller Aufklärung kam den um eine sinnvolle Erziehungsaufgabe bemühten Pädagogen wie gelegen. Neben den vielen formalen, inhaltsarmen Erziehungszielen (Denken lernen, Kreativität u. a.) gab es nun einen Bereich, wo man auf bestimmte Verhaltensweisen hin erziehen konnte. Im Übereifer bemerkte man allerdings kaum, daß die Welle der Sexualaufklärung im Biologischen steckenblieb und die psychologischen Probleme kaum zur Sprache kamen.

Von welcher Seite auch immer die desintegrierte Sexualität in den Dienst genommen wurde, es fanden sich stets begeisterte Anhänger. Das liegt einmal am spezifischen Charakter des Gegenstandes selbst (Argumentieren als Ersatzbefriedigung), und das liegt auch daran, daß jede Aktion, die in Richtung der oben aufgezeigten Zielprojektion liegt, dem hilflosen Untätigsein ein Ende bereitet. Daß dabei leicht übersehen werden kann, daß nicht das, was neu ist, schlechterdings das Bessere sei. Wir wissen aus der Phylo- und Ontogenese aber sehr wohl, daß es Sackgassen und Irrwege der Evolution gibt.

Wenn als Gegenposition zu den naturwissenschaftlich in vieler Hinsicht fragwürdigen Thesen progressiver Sexualerziehung eine christliche Moral in die Ausführungen hineingelesen wird, dann ist das ein grobes Mißverständnis. Gerade das Gegenteil ist beabsichtigt. Es geht nicht um die Wiedereinführung einer Gesetzlichkeit im Sinne einer »christlichen Moral«. Denn die Geschichte hat uns gezeigt, daß der Mensch durch das Gesetz an die Grenze seiner Möglichkeiten geführt wird. Er wird durch das Gesetz zu der Überzeugung gebracht, daß er es aus sich selbst heraus nicht zu erfüllen vermag. Der Versuch, den Christen durch einen Katalog von Tuns- und Lassensvorschriften zu definieren, hat zu hohen idealen Forderungen geführt, an denen der Mensch zum Heuchler werden mußte.

Die wiederholten Hinweise auf Aussagen des Neuen Testamentes sind eben gerade nicht der Versuch, eine Wiederbelebung jener Moralvorstellungen zu bewirken, sondern sie sollen deutlich machen, daß es eine, die menschliche Existenz tragende und bergende »geistliche Dimension« gibt, die den Menschen in eine ihm höchst mögliche Ganzheit und damit größtmögliche Freiheit stellt, von der her ihm eine Einordnung und Bewältigung seiner Sexualität gelingt. Diese Freiheit macht den Menschen im Unterschied zu der in die Einsamkeit führenden Selbstgesetzlichkeit (= Selbstgerechtigkeit) fähig zu einer Liebe, die

Entfaltung der zwischenmenschlichen-zwischengeschlechtlichen *Kommunikationsformen*

Steuerung Normativität	Erlebnisqualität	Herleitung	Bedeutung
Normativität des Triebes (egoistische, fordernde Norm)	anonym-autonome Sexuallust (Erlebnis unpersönlicher sex. Befriedigung)	physiologische Sexualfunktion	Lusterlebnis, Fortpflanzung
Normativität des ich-zentrierten Erlebens (egozentrische Norm)	sinnliche Liebe (Erlebnis der Sinnlichkeit)	personalintegrierter Sexualtrieb	Befriedigung des Bedürfnisses nach Begehrt- und Geliebtwerden. Befriedigung des Selbstwertgefühls via Geschlechtsrolle
	Romantische Liebe (Erlebnis der Sehnsucht) erotische Zärtlichkeit	Libidinöse Appetenz	
	Sympathie-Liebe (Erlebnis des Verstehens und Verstandenwerdens)	Projektionen: praegenital-infantile Objektbeziehungen (archetypische Muster: Anima, Animus)	Ergänzung des Ich, Stabilisierung und Individuation der Person
Normativität des partnerschaftlichen Erlebens (sozialintegrative Norm)	Band der Liebe (Erlebenis der Lebens- und Schicksalsgemeinschaft) Erlebnis der Liebesgemeinschaft	Umleitung der Aggression, Befriedungszeremonie, Gesellungstrieb, partnerzentrierte Sexualität	Abwehr der gegenseitigen Aggressionen, Annahme des Partners, partnerschaftliche Verbundenheit
Normativität der Mitmenschlichkeit (allgemeine sittliche Norm, Achtung der Menschenwürde)	Nächstenliebe (Erlebnis allgem. brüderlicher Verbundenheit)	Sittliches Gebot (Dekalog) Ideal-humanitäre Verbindlichkeit durch sittliche Entscheidung	Abwehr der innerartlichen Aggression, Ich-Stärkung durch sittliche Leistung
Normativität des Willens Gottes, allgemeines Liebesgebot (theozentrische Norm)	Geistliche Liebe, die auch den Feind zu lieben vermag	Nachfolge Jesu Heiliger Geist Kraft der Auferstehung	Überwindung von Aggression und Angst, Gewinnung von Frieden und Freiheit in Liebe

Tabelle 1

zu lieben vermag, ohne den, sie liebt, an sich zu binden. Es ist eine Liebe unabhängig und frei vom Wiedergeliebtwerden.

Die zwischenmenschlichen, und damit auch die zwischengeschlechtlichen Beziehungen können einen unterschiedlichen Grad an Ganzheitlichkeit und damit Freiheit haben. Nebenstehende Tabelle soll uns das verdeutlichen. Anhand dieser Tabelle 1 können wir erkennen, daß es verschiedene Stufen in der Entwicklung der zwischengeschlechtlichen Beziehung gibt. Es ist eine hierarchische Ordnung, die von der Ich-Zentriertheit wegführt über die Partnerorientiertheit und Gruppennorm hin zu der allgemeinen Gesetzesnorm des Dekaloges und über diese letztgenannte Norm hinausgehend in Anerkenntnis der eignen Grenzen eine Beziehung zum Partner anstrebt, die von einer geistlichen Erfahrung bestimmt wird. Eine echte geistliche Beziehung zwischen zwei Menschen gewährleistet das größte Maß an Freiheit, einer Freiheit, die nicht auf Kosten des Partners geht. Es ist eine Verbundenheit, die den anderen nicht bindet.

Diese Tabelle soll deutlich machen, daß der Mensch sich für die Ebene, von der her er leben möchte, entscheiden kann und muß. Experimentelle Beweise und objektivierbare Gültigkeiten als Entscheidungshilfen stehen ihm nur auf den untersten Ebenen zur Verfügung. Denn exakt beweisen, im Sinne eines wiederholbaren Experimentes, kann man nur einfache Beziehungen innerhalb eines sehr engen, überschaubaren Beobachtungsfeldes. So gibt es auf der eng begrenzten Ebene physiologischer Reaktionen experimentell nachprüfbare Bedingungszusammenhänge. Aber damit ist die Daseinsthematik des Menschen im Zentrum nicht getroffen. Jeder, der etwas von der modernen Kybernetik versteht, weiß, daß die Freiheit eines Systems mit dem Grad integraler Komplexität wächst. Wenn der Mensch nach Freiheit fragt, kann es nicht der Lust, Laune oder Willkür überlassen bleiben, auf welcher Ebene er Sexualität vollzieht. Die Forderung nach einer personal-integrierten Sexualität ist deshalb niemals ein spätkapitalistisches Relikt, wie etliche meinen, sondern ergibt sich zwingend aus naturwissenschaftlichen Beobachtungen: »Wir ahnen, daß hochkomplizierte Systeme voller Überraschungen sind, in keiner Weise deduzierbar aus den Eigenschaften einfacher Systeme« (W. Wieser: Organismen, Strukturen, Maschinen, Frankfurt 1959, S. 35). »Elemente verbinden sich eben mit anderen Elementen zu höheren Einheiten – und wer könnte sagen, ob sich nicht ein Bestandteil, wenn er aus dem Zusammenhang des Ganzen herausgenommen wird, im Moment des Herausnehmens entscheidend verändert?« (W. Wieser, a. a. O., S. 12).

Die Reduzierung von Entscheidungen und Einstellungen auf das, was sich an Hand isolierter Verhaltens-Variablen experimentell belegen läßt, führt notwendig zu einer hochgradigen Einengung des menschlichen Daseins, die der Wirklichkeit unserer Existenz nicht gerecht werden kann. Eine Festlegung auf exakte Beweisbarkeit engt den Spielraum der Entscheidungen so ein, daß die zwischenmenschlichen Beziehungen auf die Ebene elementarer (physiologischer) Reaktionen reduziert werden. Die Forderung nach einer personal-integrierten Sexualität ist kein moralisches Dogma, das man annehmen kann oder auch nicht, sondern Vorbedingung echter Freiheit gegenüber der Scheinfreiheit des Prinzipes: Lust gewinnen und dabei Unlust und Schaden vermeiden.

B. Sexualität im Spannungsfeld ambivalenter Einstellungen

1. Integration oder Desintegration sexuellen Verhaltens

Wenn die moderne Aufklärungsliteratur meint, vor moralischen Indoktrinierungen warnen zu müssen, um Einseitigkeiten zu vermeiden, dann fragt sich der kritische Leser mit Recht nach der neuen Moral, nach den neuen Maßstäben. Eine generalisierte Protestbewegung, die der Beteiligung der Betroffenen sicher sein kann, hat mit großem Enthusiasmus die alten Tabu-Vorstellungen zerschlagen. Die Frage nach neuen Formen der Bewältigung der Sexualität konnte für eine Weile hinausgeschoben werden, da noch immer einige Tabus nicht zerschlagen und Gründe zu finden waren, um alles noch genauer zu zeigen, noch deutlicher zu sagen, und zwar unter dem Kompetenzdruck anschaulicher, wissenschaftlicher Aufklärung im Zeichen des Fortschritts und der Freiheit. Im Trubel der ersten Begeisterung über das, was man unter den Schuttbergen zerschlagener Tabuvorstellungen zu entdecken hoffte, übersah man allzu leicht, daß Freiheit nicht einfach Abwesenheit von Zwang ist, sondern Geborgenheit durch eine übergreifende Ordnung, die den Raum der Freiheit bestimmt. Freiheit ist gekennzeichnet durch Unabhängigkeit, Protest ist äußere Unabhängigkeit bei innerer Gebundenheit.

Nun ist aber ein Zeitpunkt erreicht, an dem diejenigen, die den Tempel abgerissen haben, dringender danach gefragt werden, in welcher Form sie einen neuen Bau aufzurichten gedenken. Und hier begegnen wir jener Kompensation der Verlegenheit, die wir bei einem Kind beobachten, das in der Hoffnung, den Fehler zu finden, ein kompliziertes Werk demontiert hat und nun nicht mehr weiß, wie die Einzelteile zusammengehören: Es übertönt seine Verlegenheit mit dem Gedanken, daß es ja auch schön sei, mit den einzelnen Teilen und Rädchen zu spielen – und bald vergißt es, daß es einmal etwas Heiles, Vollständiges in Händen hatte. Auch in Orwell's Jahr 1984 hatten die Menschen schon vergessen, was Freiheit ist; man hatte es sie vergessen gemacht. Sind wir auf dem Wege zu vergessen, was Liebe ist, bzw. was sie sein kann?

Um bei diesem Bild zu bleiben: Solange nur mit den Einzelteilen gespielt wird, genügt es, Sexualität, in welcher Form auch immer, zu akzeptieren. Wenn man das Ganze nicht mehr sieht, nicht mehr intendiert oder gar als unrealistisch verwirft, dann braucht man auch keine Moral, keine Verhaltensformen, die die Integration der Sexualität in das personale Ganze gewährleisten sollen, dann genügt es festzustellen, wie das jeweilige Detail, das man gerade im Blickfeld hat aussieht bzw. funktioniert: »Manchmal kann der Mann ein Begehren verspüren, aber die erwünschte Versteifung bleibt aus oder geht genau in dem Moment zurück, indem er das Glied einführen will. In diesem Fall wird es gut sein, wenn man abwartet und sie sein Glied erneut mit der Hand oder mit dem Mund zärtlich berührt« (aus dem für Jugendliche im Bereich der Schule Verwendung findenden Aufklärungsbuch Samspel, Verlag Beltz, Weinheim, Berlin, Basel 1968, S. 16).

Es geht uns nicht um eine moralische, »prüde« Gegendarstellung. Das wäre in der Tat ein echter Rückschritt und im Grunde billig. Es soll, wie schon eingangs bemerkt, der in mancher Hinsicht utopisch zu nennende Fortschrittsoptimismus via Sexualaufklärung kritisch geprüft werden. Es spricht sich mehr und mehr herum, daß das »gewußt wie« nicht die Lösung des Problems bedeutet. Es genügt nicht, in einer pragmatischen Erledigungshaltung der Aufklärungspflicht nachzukommen, sondern zu erfassen versuchen, worin das Ganze und wie es aufgebaut werden könnte.

Wenn man die Sexwelle – mit und ohne wissenschaftliche Vorzeichen – als das versteht, was sie kulturgeschichtlich ist, nämlich eine Gegenreaktion auf die Prüderie der Vergangenheit, dann ist es unschwer zu erkennen, daß die Therapie nicht in der Aufdeckung der symptomatischen Reaktion bestehen kann. Das einfache Gespräch darüber gewährleistet noch keine Gesundung. Psychotherapie ist von jeher Einordnung, Integration ungewußter oder verdrängter Inhalte in das Bewußtsein, in die freie Verfügbarkeit der Person. Die Gesundung unserer zwischengeschlechtlichen Beziehungen gelingt deshalb nur dann und nur da, wo die Sexualität ihre anthropologische Ortung erfährt. Es gibt hinreichend anthropologische und ethologische Einsichten, um die Einordnung und Wertung der Sexualität im Insgesamt des Daseinsvollzuges zu ermöglichen.

Nur die isolierte Sexualität ist verfremdbar, wie schon oben gezeigt wurde. Mittels nicht personal integrierter Sexualität entstehen Abhängigkeiten, wird der Mensch manipulierbar.

Es wird jeder, der verantwortlich Sexualerziehung durchführt, ein kritisches Bewußtsein gegenüber einer Sexualpädagogik entwicklen müssen, die in unangemessener Übertragung technischen Denkens, eine im überschaubaren Feld sukzessiv-linear fortschreitende Ereignisfolge innerhalb einer bestimmten Zielprojektion zur Idee des allgemeinen Fortschritts zu hypostasieren* versucht. Nicht jedes Fortschreiten in der Zeit ist eo ipso ein Fortschritt. Wir schließen uns den Bedenken Victor v. Weizsäckers an, der in einem Interview fragte: »Wie fortschrittlich ist der Fortschritt?« Die Abwehr gegen einen forcierten Aufklärungsenthusiasmus wurde mir an Hand eines Diskussionsbeitrages solcherart betroffener junger Damen deutlich.

Im Anschluß an einen sogenannten Aufklärungsvortrag vor den jungen Da-

* hypostasieren = Seine Gedanken zu Sachen machen (Kant)

men einer Oberprima wurden mir in der Diskussion u. a. zwei Fragen gestellt: Eine der Anwesenden wollte wissen, was ein Pariser sei und eine andere, wie denn die Neandertaler es fertig gebracht hätten, den Geschlechtsverkehr zu vollziehen.

Man kann diese beiden provozierend gestellten Fragen mit der Bemerkung beiseite schieben, ein Pariser sei zunächst einmal ein Einwohner aus Paris, und die Frage nach dem Neandertaler entziehe sich der Nachprüfbarkeit. Eine solche Antwort entschärft zwar die Provokation, aber man versperrt sich damit zugleich den Weg zur Reflexion über die hinter diesen und ähnlichen Fragen stehenden Motive. Es ist die Ambivalenz, mit der die Jugendlichen der Versachlichung des Intimbereichs begegnen, und es ist die Skepsis gegenüber der von seiten der Pädagogik geweckten Hoffnung, die sachliche Information könne einen wesentlichen Beitrag zur Bewältigung der Sexualität leisten. Es wäre wohl verfehlt, den Widerstand mancher Jugendlicher gegenüber einem zunehmenden Öffentlichkeitscharakter des Intimbereiches als die Nachwirkung einer gehabten repressiven Erziehung zu deuten oder als eine Scheu zu interpretieren, mit den Erwachsenen über diesen Bereich zu sprechen, weil diese an der Irrationalität des Sexualaktes festhielten. Der Jugendliche spürt vielmehr, daß mit jedem Reden über Sexuelles der individuelle Ausdruckscharakter und Aussagegehalt der im Sexualakt sich vollziehenden Begegnung zwischen zwei Menschen reduziert wird. Er wehrt sich gegen den Verlust einer wesentlichen Möglichkeit, den nicht verwortbaren Inhalten seines Erlebens in der Beziehung zu einem Partner durch die Geste des Leibes Ausdruck zu verleihen. Wir stoßen bei Diskussionen im Bereich der Sexualerziehung, soweit sie nicht in der Vordergründigkeit biologistischer Rezepte steckenbleiben, auf die Notwendigkeit, zwischen Liebe und Sexualität zu differenzieren. Über Sexualität und sexuelle Techniken kann man reden und diskutieren, solange man das sexuelle Geschehen vom personalen Bezug isoliert betrachtet. Ist man dazu nicht bereit, weil eine bestimmte anthropologische Orientierung eine solche Betrachtung nicht zuläßt, oder weil aus einem konkreten Erleben der Einheit zwischen Liebe und Geschlechtlichkeit heraus ein innerer Widerstand gegen eine im Äußeren bleibende wissenschaftliche Betrachtung besteht, kommt es zu der oben beschriebenen Abwehrhaltung. Es gibt Sexualität und Lust ohne Liebe, aber es gibt keine Liebe zwischen geschlechtsreifen Partnern, die nicht Sexualität intendierte. Diese Beobachtung zeigt eindeutig, daß die Liebe der Sexualität übergeordnet ist. Die Einordnung der sexuellen Befriedigung unter die Dominanz des »Bandes der Liebe« verändert die Einstellung zu Sexualität und Lust, begrenzt deren Autonomie. Wer diese Relation nicht akzeptiert, weil er sie nicht erfahren hat oder vielleicht auch nicht erfahren möchte, wird kaum Schwierigkeiten haben, jederzeit über Intimerlebnisse zu reden, während diejenigen, denen die Beziehung zwischen Sexualität und Liebe etwas bedeutet, selten so offen darüber sprechen. Vom Standpunkt der weniger Empfindsamen aus ist es dann leicht, die anderen als unrealistische

Romantiker zu bezeichnen, die in eine Sache, die einfach Spaß macht, ein metaphysisches Geheimnis hineinsehen und sich nicht der rationalen Diskussion stellen. Die Psychoanalytiker wissen, daß diesbezügliches Schweigen nicht notwendig Ausdruck einer Gehemmtheit ist, sondern sehr wohl auch Ausdruck eines Erlebens der Sexualität in einer Liebesbeziehung sein kann, die als einmalig, nicht veräußerbar empfunden wird. In einer solchen Situation wird jedes sachliche Gespräch über Intimes subjektiv als ein Verrat an der Liebe empfunden und abgewehrt.

Wer mit: Abbau von Tabus, detaillierter Information, Diskussion über alles und jedes die Hoffnung verbindet, daß dadurch die Anzahl der Probleme reduziert und die Sexualität bewältigt würde, bezeugt damit, daß er die Differenziertheit und Kompliziertheit zwischenmenschlicher Beziehungen unterschätzt.

Als die Ergebnisse der Psychoanalyse über die Genese von Fehlhaltungen und Neurosen sich mehr und mehr herumsprachen, wuchs der Optimismus der Erzieher, durch eine psychoanalytische Pädagogik in aller Zukunft schwere Fehlentwicklungen vermeiden zu können. Heute setzt man die Hoffnungen in gewissen Kreisen nicht auf eine psychoanalytische Pädagogik, sondern auf eine neue, unter psychoanalytischen Gesichtspunkten konstruierte Gesellschaft. Für beide Intentionen gilt die Kritik von Anna Freud: »Im großen und ganzen bleibt also die psychoanalytische Pädagogik hinter dem Ziel zurück, das sie sich gesteckt hat. Die unter dem neuen Regime aufgewachsene Kinder mögen in mancher Hinsicht anders sein als die Kinder früherer Generationen. Sie sind aber nicht freier von Angst und Konflikten und darum neurotischen und anderen psychischen Störungen nicht weniger ausgesetzt. Der Fehler liegt hier nicht in einem Versagen erzieherischen Handelns, sondern in unseren unberechtigten Erwartungen« (Anna Freud: Wege und Irrwege in der Kinderentwicklung, Stuttgart 1968, S. 17).

Wenn R. Rute (Geschlechtserziehung, wie macht man das?, Wuppertal 1967) noch darüber klagt, daß die Geschlechtserziehung bis heute ein Stiefkind der Pädagogik sei, dann kann man das zum gegenwärtigen Zeitpunkt nicht mehr sagen. Vielmehr wäre zu fragen, ob die schon kaum noch übersehbare Fülle von Veröffentlichungen und der Aufwand an audio-visuellen Unterrichtsmitteln uns nicht allzuschnell über den Kern des Problems hinwegtäuscht und die illusionäre Hoffnung nährt, daß der Mensch nun in aller Zukunft besser und vor allem weniger aggressiv wäre (vgl. A. Plack, 1969). Ziehen wir die Ergebnisse des Modellfalles Schweden zur Beantwortung dieser kritischen Frage heran, so müssen wir feststellen, daß der Optimismus auch durch diese doch im ganzen progressiv eingestellte Veröffentlichung erheblich gedämpft wird. Die Autoren des Buches: Modellfall Schweden (1970) stellen selbst fest, daß es schwierig ist, die Auswirkungen und positiven Konsequenzen des Sexualunterrichtes abzuschätzen. Es zeigt sich zwar, daß die jüngere Generation relativ früh, d. h. im Durchschnitt bis zum Ende des 12. Lebensjahres, über sexuelle Fragen Bescheid weiß (Schwangerschaft, Geburt, Befruchtung, Geschlechtsverkehr, Empfängnisverhütung), aber 58% der 809 befragten Erstgebärenden der Jahrgänge 64–65 hielten den Sexualunterricht nicht für gut, denn er böte ihnen nicht das, was sie wissen wollten. Man sucht den Grund für die schlechte Beurteilung des Sexualunterrichts heute in dem Mangel an Wissen über Zärtlichkeit, Vorspiel, Koitus, Orgasmus und über die Bedeutung von Masturbation und Petting (Bergström/Walon u. a.: Modellfall Schweden, ro ro ro Sexologie Nr. 8027/8028, Hamburg 1970, S. 29 f). Ob die Sexualerziehung, den Verbesserungsvorschlägen der Befragten folgend, befriedigender würde, wenn man die Abstinenzempfehlungen während der Entwicklungsjahre zu Fall brächte, die »unrealistische Glorifizierung der Liebe« vermeiden würde und ihre Lösung aus der Du-Beziehung förderte, weil sie die Sexualität unangemessen individualisiere und sie auf ein Leben zu zweit reduziere, bleibt abzuwarten. Die Kasuistik läßt vermuten, daß eine solche »Verbesserung« doch die damit verbundenen Erwartungen enttäuschen wird.

Der Mensch ist sehr anpassungsfähig. Er wird gewiß auch diese Trennung von Liebe (die notwendig personal ist) und Sexus überleben. Aber es scheint fragwürdig, ob er wirklich dadurch glücklicher wird, wenn das, was zwei Menschen bisher noch intim miteinander verbunden hat, zu einem auswechselbaren Faktor wird, so wie man die Zigarettenmarke gelegentlich wechselt, um öfter mal einen neuen Geschmack zu haben.

Der Eifer, mit dem sich heute die Pädagogik um eine richtige Sexualerziehung müht, ist nicht nur Ausdruck eines recht fragwürdigen Optimismus, sondern auch Kompensation des allgemeinen pädagogischen Unbehagens, daß es schwer geworden ist, etwas zu finden, woraufhin man in einer sich so rasch wandelnden Welt noch erziehen kann. Die Wissensvermittlung beinhaltet so relative Informationen, daß die Weitergabe richtungsweisender Aussagen kaum mehr möglich ist. Erziehung intendiert die Vermittlung von Einstellungen, und das ist mehr als Wissensvermittlung. In der Sexualerziehung meint man ein Ziel gefunden zu haben, das der Relativität wenigstens für eine Zeit zu widerstehen vermag. Schon Freud sprach von einer Erziehung zur Lustfähigkeit und zur Arbeitsfähigkeit.

2. Sex-Welle als Antwort auf das Mißverstehen christlicher Erziehung

Die Sexualaufklärung und -erziehung ist ein Reflex auf die Sexualisierung unseres Lebens. Die Sexualisierung wiederum ist eine Gegenreaktion auf eine Jahrhunderte währende allgemeine Lustfeindlichkeit der Erziehung im christlichen Abendland. So jedenfalls stellen sich einem die Zusammenhänge dar, wenn man die Grundlage der christlichen Erziehung nicht kennt und nicht bereit ist, sich über diese Grundlagen zu informieren, sondern in der bloßen Polemik stekkenbleibt: »Die internationale Organisation des Christentums hält seit Jahrtausenden in jedem kleinen Nest der Welt allwöchentlich zumindest eine sexualpolitische Versammlung in ihrem Sinne ab, denn nichts anderes sind die sonntäglichen Kirchenversammlungen« (W. Reich, Massenpsychologie des Faschismus, Zürich 1934, S. 276).

Die Institution Kirche ist an der Entstehung dieses Zerrbildes christlicher Existenz wesentlich beteiligt. In dem Moment, wo aus einer Kirche von Nachfolgern eine staatliche Nachfolge-Kirche wurde, war für die durch Taufe zu Christen gemachten Bürger eine persönliche Erfahrung des Herausgerufenseins nicht mehr notwendig. Jeder Getaufte war ein Christ, und jeder hielt sich für christlich. Glaube wurde zu einem Für-wahr-Halten von Lehrsätzen. Christsein wurde definiert durch eine Reihe von Tuns- und Lassensvorschriften. Das bedeutete eine Reduzierung christlicher Existenz auf die Schwundstufe moralischer Anstrengungen. Jesus von Nazareth hat seine Kritiker wiederholt darauf hingewiesen, daß es im Vollzug der christlichen Existenz nicht um eine Moral ginge, nicht um einen Kampf des guten Willens gegen das »sündige« Fleisch. Er weist die Anschuldigung der Schriftgelehrten, er triebe den Teufel mit Beelzebub aus, als nicht stichhaltig zurück. Unabhängig davon, was der einzelne in diesem Zusammenhang unter »Teufel« versteht, bleibt als zentrale Aussage die Feststellung, daß es nicht möglich ist, der Macht des Bösen auf eigener Ebene wirksam zu begegnen. Zu derselben Einsicht kommt die moderne Gesellschaftskritik: »Eine Ethik aber, die den Menschen nur predigt, sie sollten um Himmels willen einander lieben, ohne daß dabei gefragt wird, wie die Liebe sich durchsetzen soll, eine solche Ethik macht sich selber zum Komplizen des Bösen« (A. Plack, S. 339), sie überfordert den Menschen und zwingt ihn zu einem unnatürlichen Leben (Plack, S. 347, 341).

Paulus dagegen schreibt im Sinne der Aussage Jesu, daß der Mensch letztlich nur in der Kraft des Heiligen Geistes die Aggressionen und alles, was Menschen voneinander trennt, überwinden könne (Römer 8; 13).

Wer nicht bereit ist, diese andere Ebene (Kraft des Heiligen Geistes) zu akzeptieren, muß die Aggression für ein Produkt falscher Erziehung halten (Plack, S. 341) und den Glauben an die gute Natur des Menschen, (Plack, S. 339), propagieren, wenn er angesichts der aggressiven Wirklichkeit nicht verzweifeln will. Er muß den Weg der Selbsterlösung des Menschen proklamieren in der Hoffnung, daß diese gute Natur des Menschen sich durchsetzte, wenn man ihr nur die nötigen Freiheiten gäbe. Exemplarisches Prüfstein dieser Hoffnung ist nach Plack die absolute sexuelle Freiheit (a. a. O., S. 337). So erscheint die sexuelle Freiheit als der Weisheit letzter Schluß für die Wandlung des Menschen zum Guten. Von daher verstehen wir, daß die Thesen zur Sexualerziehung geradezu mit dem Pathos eines Sendungsbewußtseins propagiert und agitiert werden.

Der Hinweis auf die Unzumutbarkeit, Gebote und Forderungen des Neuen Testamentes mit menschlichen Anstrengungen erfüllen zu wollen, ist also nicht neu, sondern wurde von Jesus Christus selbst klar dargestellt.

Die Sehnsucht des Menschen nach Frieden und Glück, nach dem Paradies, ist so alt wie die Menschheit sich ihrer Endlichkeit und Ungeborgenheit inne wurde. Die Hoffnung auf Erlösung, auf Paradies und Glück wurde zu allen Zeiten formuliert und ist bis in die Gegenwart hinein nicht verstummt. So äußerte Rudi Dutschke in einem Spiegelinterview, noch nie wären wir dem Garten Eden so nahe gewesen wie in der heutigen Zeit. In der Suche des Paradieses sind sich alle Menschen einig, nur in der Frage, wie es zu erlangen sei, scheiden sich die Geister: Während den einen der Glaube an die Vervollkommnung der menschlichen Natur als Täuschung erscheint, halten die anderen daran fest, daß sie zu erreichen sei, wenn man die Verhältnisse vervollkommne. Wie aber, muß man sich fragen, soll der unvollkommene Mensch entscheiden, wie will er beurteilen, welche Verhältnisse die Vollkommenheit gewährleisten? Und selbst wenn er es wissen sollte: Wie sollten die vollkommenen Verhältnisse von unvollkommenen Menschen verwirklicht werden? Durch Veränderung der Verhältnisse werden lediglich die Lebensbedingungen so geändert, daß es auf dem Wege über die Anpassung durch Mutation und Selektion zum Überleben oder auch zum Aussterben einer Art kommt. Durch Veränderung der Verhältnisse wird der Mensch zwar anders, aber ob er gut wird, ist die zweite Frage. Der Gedanke des Erlöstwerdens ist nicht denkbar ohne den persönlichen Schritt einer Entscheidung, durch den der Raum des empirisch Faßbaren verlassen wird. Mit der Forderung nach Änderung der Verhältnisse kaschiert der Mensch seine Flucht vor dieser Entscheidung.

Wenn es so sein sollte, daß die Natur des Menschen gar nicht anders als gut sein könne (A. Plack), dann wäre doch zu fragen, wie dann die Geschichte der Menschheit eine so blutige sein konnte und noch ist. Von einem schlechten Baum können nur schlechte Früchte kommen, auch wenn er durch veränderte Umweltbedingungen noch so gut wachsen sollte, könnte man in Anlehnung an das bekannte Gleichnis sagen. Der Versuch, das Böse in unserem Dasein auf die bösemachenden Verhältnisse zu schieben, ist nichts anderes als ein uralter Abwehrmechanismus gegen die Erkenntnis, die Schuld bei sich selbst zu suchen. Die immer wieder aufflammende Hoffnung, der Mensch könne sich durch Einsicht, Vernunft, Willen, Heer und Macht selbst erlösen, entspringt der Faustischen Überschätzung der menschlichen Möglichkeiten:

»Geschrieben steht: Im Anfang war das Wort, hier stock ich schon, wer hilft mir weiter fort? Ich kann das Wort so hoch unmöglich schätzen.

Ich muß es anders übersetzen ... mir hilft der Geist, auf einmal seh ich Rat und schreibe getrost: Im Anfang war die Tat« (Goethe, Faust I).

Gegen diese Übermächtigkeit einer auf Leistung und Selbstbehauptung hin (»Jeder ist seines Glückes Schmied«) ausgerichteten und ausgebildeten Denkstruktur hat sich auch die Botschaft des Neuen Testamentes nicht generell durchsetzen können, denn sie ist primär ein Angebot der Hilfe für die, die nicht zu stolz sind, sich helfen zu lassen. Durch die allgemeine Christianisierung geriet die neutestamentliche Botschaft unter leistungsorientierte Motivationsstrukturen abendländischen Denkens. Aus dem helfenden Gott wurde der fordernde Gott, aus der Aussage des Neuen Testamentes wurde die Theologie der »guten Tat«. Die Verfremdung des Evangeliums durch Gnostizismus und Werkgerechtigkeit forderte vom Christen einen Existenzvollzug, zu dessen Verwirklichung ihm die Kraft fehlte. Aus diesem Mangel resultiert der untaugliche Versuch, durch Schuldgefühle und Gewissensängste zu erreichen, was durch die Kraft der Auferstehung ermöglicht werden sollte. Obwohl die meisten Christen wissen, daß der Maria bescheinigt wurde, sie habe das bessere Teil erwählt, wird auch heute im Namen des Christentums ein sozialer Aktivimus verkündigt, der wiederum an der Quelle der christlichen Existenz vorübergeht. Wir sollten bedenken, daß geschrieben steht: »Im Anfang war das Wort«, d. h. Hinhören und Besinnung und nicht: die Tat, der Aktivismus, das Leistungsprinzip. Sie sind das Sekundäre. Bestand das offzielle Christsein der Vergangenheit in moralischen Verpflichtungen, so wird das der Gegenwart als eine Summe sozialer Anstrengungen deklariert. So ist der alten und der neuen Interpretation des Christentums gemeinsam, daß an die Stelle des unsichtbaren persönlichen Gottes der Götze des sogenannten christlichen Verhaltens tritt. Es ist einfacher, sich auf etwas Sichtbares hin, und sei es noch so anstrengend, auszurichten, als sich an das Unsichtbare zu halten, an das Wort. In einer Verkennung dessen, was ein Leben in Jesus Christus ist und wie es geschieht, wurde die Leib- und Lustfeindlichkeit zum Zielpunkt christlichen Lebens. Die Milderung oder Abwendung dieser Zwänge wurde zum Schein der Freiheit.

3. Die Befreiung des Menschen von Repressionen im Zwielicht von Wirklichkeit und Illusion

Wie wir darstellten, wurde die christliche Existenz in Form eines speziellen Verhaltenskataloges dem Leistungsprinzip untergeordnet, und die »fromme« Leistung bestand in der Verbesserung des Menschen durch Unterdrückung der Begierden des Fleisches. Die Moral wurde zum großen Gegenspieler der Lust. Der Mensch der leistungsorientierten Gesellschaft geriet in verstärktem Maße in das Konfliktfeld: Lust/Realitätsprinzip (S. Freud). Deshalb führt die Beseitigung der moralischen Leistung durch Liquidierung der Tabus zur Befreiung der Lust, aber nicht zur Freiheit des Menschen. Die intellektuell konsequente Linke durchschaut den faulen Burgfrieden der Beruhigung der Gemüter mittels Sexualaufklärung im Sinne Schwedens. Unter der Überschrift: »Repressive Entsublimierung im Gewande totaler Sexualfreiheit« setzt sich R. Reiche (Sexualität und Klassenkampf, Frankfurt 1969) mit der »bürgerlichen Variante der Sexualreform« auseinander, indem er Lars Ullerstams Thesen (in: Die sexuellen Minderheiten, Hamburg 65), von letzterem selbst als radikal progressiv bezeichnet, eine Methode nennt, die gewährleistet, daß in der leistungsorientierten Gesellschaft doch alles beim alten bleibt, nur mit dem graduellen Unterschied, »daß die Gesellschaft auch auf dem Gebiet der Sexualität nach dem Wohlfahrtsprinzip Institutionen zur Pflege der Perversionen einrichtet« (R. Reiche, S. 193). Zum Beleg dieser Behauptung zitiert Reiche einschlägige Äußerungen Ullerstams: »Die Filme sollten Onanie, heterosexuelle Geschlechtsakte, Sodomie, kollektive Sexualität und ähnliches zeigen, damit verschiedenen Geschmacksrichtungen Rechnung getragen wird. Es wäre gut, es in einigen der Lokale so einzurichten, daß im Saal masturbiert werden könnte« (Ullerstam, zitiert nach R. Reiche, a. a. O., S. 142). Der Zusammenhang von Leistungsdruck, Konsumhaltung und allgemeiner Sexualisierung kann nicht übersehen werden. 25 Millionen Wochenblätter, die in der Bundesrepublik erscheinen, benutzen den sexuellen Auslösern als Blickfang. Sie befriedigen ein allgemeines Bedürfnis der Massen und wecken es gleichzeitig immer neu. Wir werden auf die Dauer die fortschreitende Sexualisierung bis zur absoluten Verletzung jeder Intimgrenze kaum aufhalten können, weil der Sexualtrieb unter eine Fremdbestimmung geraten ist. Im sexuellen Rausch wird der Konflikt vergessen, der Schmerz betäubt, die Entkrampfung für einen Augenblick gelöst. Drogenrausch und sexueller Lustrausch sind Kennzeichen ein und derselben notvollen Grundbefindlichkeit des Menschen, die den Stress des Alltags auf diese Weise für einen Augenblick zu vergessen versucht.

Solange in und mittels der Sexualität noch der Partner gesucht wurde und gemeint war, konnte sie als Fluchtort für den von der Härte und der Not des Lebens betroffenen Menschen fungieren. Mit ihrer Isolierung von der personalen Beziehung und Begegnung (Von Liebe ist nicht die Rede!) entfiel notwendigerweise das Finden des Partners. Der andere wurde zu einem Objekt, dessen Wert durch Angebot und Nachfrage eingeschätzt und geregelt wurde. Da war nicht mehr der zum Mittragen, Mitverantworten, auch zum Mitweinen bereite Partner, sondern ein Gegenüber mit dem alleinigen Ziel, gemeinsam das zu tun, was offensichtlich Spaß machte. In diesem Vergnügen wurde der Realitätsbezug reduziert, so daß eine Fehleinschätzung der Wirklichkeit des Gegenüber daraus folgte. Und die häufig wiederholte Wirkung dieser reduzierten, aber lustbetonten Wirklichkeitserfahrung läßt die Meinung entstehen, daß man ohne den anderen nicht leben könne. Das aber ist Gebundenheit und nicht partnerschaftliche Liebe. Als junger Mensch durchschaut man diese Zusammenhänge nicht so schnell. Man ist fasziniert von der gegenseitigen Anziehung, vom erotischen Vergnügen, von der sexuellen Stimulation. Man hat aber kaum gelernt, aufeinander zu hören. Man sucht nicht Geborgenheit beim Partner, sondern flieht in das gemeinsame Verliebtsein, in die Faszination der Lust. Eine wesentliche Verschiebung tritt als Folge dieser Akzentsetzung ein: Nicht mehr Person-Sein, sondern Sexy-und Potent-Sein sind gefragt und erwünscht.

Damit ist die sexuelle Begegnung, wenn sie des personalen Bezuges entbehrt, als Bergungsort nicht mehr geeignet, sondern sie wird selbst ein Teil des Leistungsprinzipes und zielt nicht mehr ab auf Ruhe am und im Partner, sondern bezweckt Vergessen im Rausch.

Natürlich wissen wir, daß so gekennzeichnete Beziehungen zwischen zwei Menschen noch nicht die Regel sind. Aber je häufiger Thesen verbreitet werden, die die Notwendigkeit einer personalen Beziehung leugnen oder sie verunglimpfen, je mehr werden diese Entartungen zunehmen.

Sexualität ist aber als Rauschmittel nur bedingt geeignet, denn der notwendigen Dosissteigerung über zusätzlich wirkende Stimulierungen sind natürliche Grenzen gesetzt. Hierdurch erklärt sich das Anwachsen der Literatur über Liebestechniken, Geschlechtspositionen bis hin zu Pornographiemessen. Es ist deshalb folgerichtig, daß da, wo die Sexualität als Rauschmittel nicht mehr hinreichend euphorisierend wirksam ist, zu anderen Rauschmitteln übergegangen wird. Die psychodele Welle folgte zwangsläufig der Sexwelle.

Man kann anhand dieser Entwicklung erkennen, daß der Mensch weder durch Leugnung seines Fleisches noch durch forcierte Enthemmung seiner Lust die Freiheit findet, die er sucht. Sebastian Haffner charakterisiert mit der ihm eigenen treffenden und gescheiten Ironie diesen Sachverhalt: »Ich behaupte: Es ist kein Zufall, daß die Sexwelle aus den puritanischen Ländern kommt. Vielmehr ist die Sexwelle tatsächlich der gute alte Puritanismus, nur auf den Kopf gestellt. Sex ist nämlich ursprünglich die Erfindung der Puritaner. Natürlich, sie nannten es nicht Sex, sie nannten es Unzucht, und sie waren nicht dafür, sie waren ganz und gar dagegen. Aber es war dieselbe Sache, und die entscheidende Operation, die Entzauberung, Versachlichung und brutale Isolierung des Sexuellen war vollzogen. Die heutigen Propheten des Sex brauchen daran nichts zu ändern, und sie arbeiten mit denselben Begriffen. Nur sind sie jetzt nicht mehr (wie ihre puritanischen Väter) dagegen, sondern dafür, aber merkwürdig! Sie sind eigentlich aus denselben Gründen dafür, aus denen ihre Ahnen dagegen waren: nämlich um der Reinheit willen. Der einzige Unterschied, und vielleicht ist er gar nicht so groß, ... besteht darin, daß die alten Puritaner sich vom Sex reinigen wollten und die neuen umgedreht durch Sex« (»Wider die allgemeine Sex-Pflicht«; in: Deutsches Panorama, Februar 1966).

Der Gehemmte und der forciertEnthemmte sind beides Symbole ein und desselben untauglichen Versuches, den Menschen zur Freiheit zu führen.

Freud hält eine wirkliche, d. h. wirksame Befreiung des Menschen aus der Spannung zwischen Lust- und Realitätsprinzip nicht für möglich. Marcuse stellt die Richtigkeit dieser Annahme in Frage: »Die historische Möglichkeit, vielleicht sogar die historische Notwendigkeit einer allmählichen Befreiung der Triebentwicklung aus der Überwucherung (durch das Realitätsprinzip, der Verf.) muß ernstgenommen werden, wenn die Kultur sich zu einem höheren Zustand der Freiheit entwickeln soll« (Marcuse: Triebstruktur und Gesellschaft, Frankfurt 1968, S. 134). Der Wurzelgrund jenes konfliktträchtigen Verhältnisses zwischen Lust- und Realitätsprinzip liegt nach Marcuse in der Not des Lebens, im Kampf ums Dasein. Die Überwindung des Mangels läßt es ihm möglich erscheinen, daß die Verzerrung der Triebstruktur durch die Dynamik: Lust/Realität aufgehoben werden könnte. Wenn die Struktur der Triebe, d. h. auch ihr asozialer Charakter, historisch ist, dann wäre zu fragen, ob es unter den gegenwärtigen Daseinsbedingungen eine Chance gibt für eine nicht bedrängende, nicht unterdrückende Libidoentwicklung. Wie aber kann der Mensch aus seiner leistungsorientierten Grundhaltung herausgeführt werden, um zu einer freien Libidoentwicklung zu gelangen? Marcuse setzt seine Hoffnung auf die psychische Funktion, die vom Realitäts- und Leistungsprinzip relativ freigeblieben ist, die Funktion der Phantasie, und verweist auf Freud: »Mit der Einsetzung des Realitätsprinzips wurde eine Art Denktätigkeit abgespalten, die von der Realitätsprüfung freigehalten und allein dem Lustprinzip unterworfen blieb. Es ist das Phantasieren, welches bereits mit dem Spielen der Kinder beginnt und später als Tagträume fortgesetzt die Anlehnung an reale Objekte aufgibt.« (S. Freud, Gesammelte Werke VIII, London 1943, S. 234)

Diese Überlegungen bringen uns in Verbindung mit der Grunderkenntnis der Vergleichenden Verhaltensforschung, daß es zwischen spielender Neugier und dem Forschen nur graduelle Unterschiede gibt. Neugier und Spiel sind Appetenzverhalten im entspannten Feld. Neugier und Spiel entfalten sich nur dann, wenn kein äußerer Mangel besteht und die Bedürfnisse einen mittleren Befriedigungsgrad erreicht haben. In einer Wirtschaft, deren Rhythmus durch Angebot und Nachfrage geregelt wird, ist es notwendig, immer neue Bedürfnisse zu wekken. Von daher ist es für den einzelnen schwer und für die Gesamtheit der Gesellschaft unmöglich, jenen mittleren Grad an Bedürfnisbefriedigung herzustellen. Marcuse hofft auf einen Ausweg aus diesem Zirkel zwischen Bedürfnisweckung und Befriedigung, wenn der Mensch dahin erzogen wird, Phantasie und Spiel als Funktionen zu erkennen, die der einseitigen Leistungsorientiertheit entgegenstehen. Er sieht den Zeitpunkt für gekommen, wo der allgemeine Mangel behebbar und damit das Jahrtausende herrschende Fixiertsein an das Habenwollen aufhebbar sein könnte, wenn die Kräfte bewußt gemacht würden, die vom Realitäts- und Leistungsprinzip bislang verdeckt waren. Durch die Dynamik zwischen Realitäts- und Leistungsprinzip sei die Lust als eine spezifische Beziehung zur Umwelt deformiert und verzerrt worden. Die Ursprünglichkeit dieser unmittelbaren Beziehung des Triebes zur Umwelt müßte neu entdeckt werden. »Ursprünglich enthält das Ich alles, später scheidet es eine Außenwelt von sich ab. Unser heutiges Ichgefühl ist also nur ein eingeschrumpfter Rest eines weitumfassenderen, ja eines allumfassenden Gefühls, welches einer innigeren Verbundenheit des Ichs mit der Umwelt entsprach« (Sigmund Freud, Das Unbehagen in der Kultur, Fischer Bücherei Nr. 47, S. 95).

Mit dem Ende des Daseinskampfes durch Wegfall der Mangelsituationen wäre also eine fundamental andere Bezogenheit zur Realität denkbar. Dieser Beziehung entspräche eine Kultur ohne Unterdrückung und Verdrängung. Die Sublimierung wäre dann nicht mehr Folge eines Triebschicksals unter einem verdrängungsetzenden Realitätsprinzip, sondern müßte gesehen werden als eine Erweiterung der Libido. Diese Erweiterung der Libido bedeutet Erotisierung der Gesamtpersönlichkeit und ist ihrem Wesen nach zu unterscheiden von der Freisetzung gehemmter Sexualität innerhalb eines repressiven Realitätsprinzips. Es handelt sich also um eine Ausweitung der Libido unter den Bedingungen einer Gesellschaft, die das freie Spiel individueller Bedürfnisse und Fähigkeiten ermöglicht und wäre zu unterscheiden von der explosionsartigen Freisetzung gehemmter sexueller Impulse, wie wir sie heute erleben und durch die sexuelle Aufklärung unterstützen.

Es scheint mir richtig gesehen und aus der Trieb-Dynamik zwingend herleitbar, daß eine einfache Freisetzung der gehemmten Sexualität nicht der Weg zur Befreiung und Befriedigung des Menschen ist. Und das Unbehagen gegenüber der Sexwelle und dem pädagogischen Aufklärungsenthusiasmus ist sicherlich nicht nur das Ressentiment einer unbelehrbar rückständigen Gesellschaft etablierter Moralisten, sondern ein Ahnen davon, daß auf diesem Wege doch nicht die Lösung liegt und daß man diese Aufklärung nur aus einem tiefen Gefühl der Schuld und des Versagens heraus tut, weil doch etwas geschehen muß und man nichts Besseres weiß. Der Beifall der Jugend kann beim wenig gefestigten, ichschwachen Erzieher den Eindruck erwecken, als befände er sich doch auf dem richtigen Wege und als wäre nichts weiter zu tun und zu überlegen.

Selbst wenn es möglich wäre, die antagonistischen Beziehungen zwischen Lust- und Realitätsprinzip aufzuheben und eine freie Entfaltung der Libido zu ermöglichen, Eros und Lebenstrieb in einer noch nie dagewesenen Weise zur Entfaltung zu bringen, bedeutete das noch nicht die Lösung der schwerwiegenden Frage nach Gut und Böse, auf deren Beantwortung keine Kultur verzichten kann. Marcuse will nicht die Verhältnisse zum Guten ändern, sondern sucht letztlich den (erlösten) Menschen, der um das wirklich und wirksam Gute weiß: »Die Freiheit des einzelnen und die der Gesamtheit könnte vielleicht durch einen allgemeinen Willen in Einklang geraten, der sich in Einrichtungen zugunsten der individuellen Bedürfnisse äußern könnte. Wer hat aber das Recht, um die gültigen Maßstäbe zu setzen? ... Von Plato bis Rousseau besteht die einzig ehrliche Antwort in der Idee einer erzieherischen Diktatur, die von denen ausgeübt wird, denen man zutrauen könnte, daß sie das Wissen um das wirklich Gute erworben haben« (H. Marcuse, Triebstruktur und Gesellschaft, Frankfurt 1965, S. 272). Vielleicht müssen wir warten, bis eine größere Anzahl christlicher Kommunitäten entstehen, in denen Menschen leben, die durch persönliche geistliche Erfahrung und persönliche Bindung an Jesus Christus mit ihrem Leben und mit ihrer Liebe zueinander bezeugen, daß sie das Wissen um das wirklich Gute erworben haben. Ein Mitglied des Zentralkomitees der K. P. der Volksrepublik China soll geäußert haben, als er zum Zwecke der Liquidierung einer solchen Kommunität Christen begegnete: »Das Kirchenvolk sollte mit marxistischem Gedankengut vertraut gemacht werden und gar bald statt Jesus Mao verehren und ihm folgen. Was uns bei den großen Kirchen gelungen ist, geht hier nicht. Statt Organisation finde ich hier lebendigen Organismus, der funktioniert, wo jeder für den anderen denkt und arbeitet ... und vor allem – sie lieben einander. Hier finde ich keine starke Kirchenmacht, hier ist erfinderische Liebe am Werk. Nichts fasziniert mich seit gestern mehr als diese Menschen. Diese Menschen sagen, sie seien Christen – und sie sind es auch. Alles haben sie miteinander gemeinsam. Sie leben kommunistischer als ich, als wir alle in China. Sie sind nicht eins in der Liebe zu einer Idee, sondern eins in der Liebe zu der Person Jesu« (G. J. Rötting; rot oder tot, Ludwigshafen 1969, S. 88).

Angesichts der Unmöglichkeit, mittels rationaler Einsichten begründen zu können, was das wirklich Gute sei, flüchten viele in den Pragmatismus überschaubarer Verhältnisse und operationaler Definitionen des menschlichen Seins und beruhigen sich mit der Verabsolutierung des Relativen. Dabei treiben sie die jungen Menschen von einer Ideologie zur anderen, wecken Hoffnungen, setzen Enttäuschungen, und das alles, weil man sich angesichts des erreichten Überflusses dem Paradiese so nahe fühlt wie noch nie in der Geschichte der Menschheit und krampfhaft nach den Ursachen dafür sucht, warum das so nahe Paradies doch so fern ist. Marcuse hat aber richtig erkannt, daß die Frage nach Gut und Böse eine von Besitz oder Nichtbesitz, von Überfluß oder Mangel unabhängige Frage ist. Der Wurzelgrund des Bösen liegt nicht in einer ungerechten Besitzverteilung. Er liegt tiefer: Im Mißtrauen der Menschen gegeneinander, d. h. im Mangel an oder in der Abwesenheit von Liebe. Konrad Lorenz führt den Wettbewerb, das Leisten- und Geltenwollen, die innerartliche Aggression auf das Rivalisieren zwischen den Artgenossen zurück. Als Beispiel verweist er auf den Argusfasan. Die Armschwingen dieses Tieres dienen als Balzorgan und sind so riesig, daß der Hahn kaum noch fliegen kann und in Gefahr steht, von einem Raubtier gefressen zu werden. Die Selektion hat sich hier in eine verderbenbringende Sackgasse verirrt. Solche Entwicklungen finden wir immer dann, wenn der Wettbewerb der Artgenossen ohne Beziehung zur außerartlichen Umwelt allein Zuchtwahl treibt. Lorenz vergleicht diese »Unvernunft« der Evolution mit dem Tempo unserer modernen Industriegesellschaft: »Die Hast, in die sich die industrialisierte und kommerzialisierte Menschheit hineingesteigert hat, ist in der Tat ein gutes Beispiel einer unzweckmäßigen Entwicklung, die ausschließlich durch den Wettbewerb zwischen den Artgenossen bewirkt wird« (K. Lorenz: Das sogenannte Böse, Wien 1963, S. 65). Nach Lorenz scheint es für die Menschheit ebenso unmöglich, das Ende ihres Rivalisierens durch einen Beschluß herbeizuführen, wie es unmöglich ist, daß die Argusfasanen beschließen könnten, sich in aller Zukunft nicht mehr so große Armschwingen wachsen zu lassen. Ergo: Nicht der Besitz, sondern das Rivalisieren, Imponieren und Mißtrauen sind das Böse schlechthin. Er hat den Eindruck, als »sei der intraspezifische Wettbewerb die Wurzel alles Bösen« (S. 66).

Versuchen wir an dieser Stelle zu entscheiden, welcher Hypothese hinsichtlich des Ursprungs des Bösen die größere Wahrscheinlichkeit zukommt, dann sind wir vermutlich mit den stammesgeschichtlich begründeten Überlegungen der Wahrheit näher. Rivalisieren und Imponieren sind als Problem älter als Besitz, bzw. Nichtbesitz von Produktionsmitteln. A. Plack hat in seiner kritischen Studie zur Situation der modernen Gesellschaft diesen Zusammenhang klar aufgezeigt: »Die marxistische Ethik setzt alle Hoffnung auf die Abschaffung des Kapitals ... Sie muß sich aber sagen lassen, daß sie mit ihrem Kampf gegen die Ausbeutung noch lange nicht auf anthropologischem Grund steht. ... Sie (die Marxisten) verschieben die Aggressivität vom Kampf um die Kasse ganz auf das Gieren nach Ämtern und Posten. Die Menschen suchen dann nicht mehr durch Besitz einander zu schlagen, sondern unmittelbar durch Machtpositionen und Einfluß. ... Wo niemand mehr persönliche Besitzrechte auf Luxusgüter geltend zu machen hat, da sieht das Prestigedenken einfach davon ab zu besitzen und heftet sich an das Privileg ihrer Benutzung.« (A. Plack: Die Gesellschaft und das Böse, München 1968, S. 343)

Wenn man also sieht, daß der Mensch weder durch eine »Gerechtigkeit« in der Verteilung der Besitzverhältnisse Frieden finden könnte, noch durch eine allgemeine Sexualisierung Freiheit, weil ja gerade das Interesse am Geschlechtlichen das Imponieren und Rivalisieren hervorzurufen scheint, so erkennt man die Ausweglosigkeit und Hoffnungslosigkeit des Menschen, der auf diese Weise den Weg ins Paradies sucht. Es bleiben ihm letzten Endes nur Bekenntnisse als Ausweg: die Hoffnung, daß die Selektion vernünftige Selektion treibe (K. Lorenz), oder die Überzeugung, daß die sexuelle Freiheit zur allgemeinen Befreiung führe, oder der Glaube an einen lebendigen Gott, der den einzelnen und die Menschheit zu erlösen vermag. Wenn wir zwischen diesen Glaubenshoffnungen zu wählen haben, dann scheint es doch sinnvoll, sich auf jenen Glauben zu stützen, der nachweisbar Menschen zu erlösen und zu befriedigen vermag, der nicht auf irgendeine ferne Zukunft vertröstet, wo die Menschen vernünftig genug und die Verhältnisse ideal geworden sein werden, so daß jeder jeden ohne Anstrengung zu lieben vermag. Wir sollten den Weg wählen, der hier und jetzt dem Einzelnen wirksame Hilfe zur Bewältigung des Daseins und echte Liebe (1. Korintherbrief, Kapitel 13) anbietet. Diese Hilfe im Einzelfall wird von vielen Menschen als geistliche Erfahrung bezeugt. Die Revolution beginnt im Menschen und nicht in den Verhältnissen. Nur wer über seinen persönlichen Problemen und deren Lösung resigniert hat, verschiebt sie aus Selbstschutz auf die Gesellschaft, entzieht sich dem persönlichen Konflikt, indem er fordert und hofft, daß die veränderten Verhältnisse die Probleme seines Lebens lösen werden. Diese Zukunftshoffnung erscheint ihm, weil rational vorstellbar, realistischer als die Hilfe durch einen unsichtbaren Gott. Um die geistliche Dimension für eine wirkliche zu halten, ist es nötig, rationalistische Einengungen und Vorurteile aufzugeben. Wir werden die Wahrheit und das wahre Leben nicht durch theologische, dogmatische Streitigkeiten erkennen. Wir werden es entweder erfahren, oder wir werden es nicht besitzen. Und wir suchen es in der Regel erst dann, wenn wir die Grenzen der eigenen Möglichkeiten akzeptiert haben.

Mit dem Aufbruch der Naturwissenschaften wurde die Frage nach dem, »was die Welt im Innersten zusammenhält«, zunehmend von pragmatisch-technologischen Problemen überdeckt. Es schien sinnlos, eine Frage zu stellen, die sich nicht mit den Mitteln naturwissenschaftlicher Empirie beantworten ließ. Die zunehmende Kritik an Metaphysik und Religion bezog sich zunächst auf inhaltliche Aussagen dieser Transzendenz. Naturwissenschaft und Glaube an einen Gott schienen sich auszuschließen. Es war auch relativ leicht zu beweisen, daß dieser Gott nicht zu entdecken, nicht anwesend, nicht zu erkennen sei. Man konnte ihn für tot erklären. Diesen Gott aber, den man meinte für tot erklären zu müssen, hat es nur in der Vorstellung der Menschen gegeben. Es ist nie der lebendige Gott gewesen. Die Gottesleugner haben hier in der Tat offene Türen eingerannt, indem sie etwas für tot erklärten, was nie lebendig war. Sie haben einen Götzen vom Thron gestoßen. Glaube ist ja nicht ein Fürwahrhalten und auch nicht eine Frage an die Grenzen meines Vorstellungsvermögens. Glaube beruht auf einer Offenbarungs-Erkenntnis, die sich durch nichts ersetzten läßt, und die sich der naturwissenschaftlichen Methodik auch nicht stellt. Virchow soll gesagt haben, er habe viele Leichen seziert, aber die Seele nicht gefunden. Warum hat dieser gescheite Mann die Seele nicht finden können? Ganz einfach, er hat sie an der falschen Stelle gesucht: beim Toten. Der Mensch ist aber eine lebendige Seele. Virchow benutzte eine falsche Methode und suchte da, wo es nichts zu finden gab, weil er nicht die innere Weite hatte, die Empfehlungen anderer ernst zu nehmen und da zu suchen, wo es ihm unmöglich schien. Stellte sich die Frage nach Metaphysik, Religion und der Existenz Gottes als ein steriles erkenntnistheoretisches Problem, dann wäre die Feststellung, daß es nichts Höheres gibt, eine schlichte Belanglosigkeit. Weil aber der Mensch in seiner Vergänglichkeit, ob er es wahrhaben will oder nicht, von dieser Frage existentiell betroffen ist, kann das Sichlossagen von der höchsten Autorität bzw. ihre Leugnung nicht ohne Folgen sein für Daseinsverständnis und -vollzug.

Auch S. Freud wollte die Zehn Gebote nicht leugnen. Er suchte nur nach einer natürlichen Begründung, weil ihm das Risiko zu groß schien, ethische Forderungen, die er für den Fortbestand der menschlichen Gesellschaft für unentbehrlich hielt, von dem persönlichen Glauben an diesen Gott abhängig zu machen. Er war der Überzeugung, die Vernunft müsse zu ganz ähnlichen Forderungen führen, daher hielt er den Weg über Gott für einen Umweg (Freud, Gesammelte Werke, Band 14, London 1952). Andererseits war er in Hinsicht auf die Wirksamkeit der Vernunft als Regulativ zwischenmenschlichen Verhaltens recht skeptisch, denn in einem Brief an Albert Einstein, in dem er sich zum Problem des Friedens in der Welt äußert, schreibt er, sein Vertrauen in die Vernunft der Menschen sei mit Mühlen vergleichbar, die so langsam mahlten, daß man verhungerte, ehe das Mehl erschiene.

Der seit der Gnosis währende Versuch, die Religion dem Bereich der Vernunft zuzuweisen, hat sich als unhaltbar erwiesen. Für viele war Gott damit tot und man stellte sich auf den Boden objektivierbarer Tatsachen, des mittelbar oder unmittelbar sinnlich Gegebenen. Andere begriffen, daß möglicherweise nicht Gott tot war, sondern nur das Instrument untauglich, mit dem man versuchte, diesen Gott zu erfassen. Letztgenannte waren deshalb fähig, Aussagen über die Wirklichkeit Gottes nicht am Kriterium rationaler Begründbarkeit zu messen. Sie anerkannten die Begrenztheit der intellektuellen Kompetenz. Der Mensch dagegen, der an einem durch naturwissenschaftliche Methodologie begrenzten Erfahrungsfeld festhielt, konnte sein Heil nicht mehr bei dem unbekannten Gott suchen und griff deshalb die Entdeckung der Psychoanalyse auf, die ihm versprach, durch die Annahme vormals verdrängter Triebe, zu gesunden = heil zu werden. Die Psychoanalyse wurde zur Ersatzheilsbotschaft. Der Psychoanalytiker verdrängte den Seelsorger. Die letzte Basis dieser Ersatzreligion mußte der Glaube an das Gute im Menschen sein. »Die Wissenschaftlichkeit der Ethik legitimiert sich nur durch Rücksicht auf die ungebrochene Natur des Menschen. Solche Rück-Sicht mag auch erst in Form einer Frage bestehen« (A. Plack a. a. O., S. 21, 25). Diese ungebrochene Natur des Menschen, »die ja nicht böse sein kann«, (A. Plack a. a.O., S. 339) ist die Garantie dafür, daß ihre ungehinderte Entfaltung im Einzelfall und im allgemeinen von selbst das Gute in Erscheinung treten läßt.

So hat die Religion versagt, weil sie aus Gott einen Götzen machte. Der gute Wille, die moralische Anstrengung vermochten den Menschen auch nicht zu verbessern, ihre Bemühungen brachten ihn vielmehr nur in Widerspruch zu sich selbst, zu seiner »Natur«. So hat man moralische Anstrengung, guten Willen und Religion verworfen und verläßt sich nun darauf, daß es die ihrer Natur nach »guten Triebe« schon schaffen würden, wenn man ihre freie Entfaltung gewährleistete: »Wenn es der anthropologische Sinn einer Ethik ist, den Menschen mit sich selber zu versöhnen, dann kann sie ihm nur dazu raten, sich selber anzunehmen in seiner vollen Leibhaftigkeit. Da die vitalen Antriebe nur unersättlich erscheinen, solange sie nie ganz befriedigt werden, ergibt sich daraus die Erlaubnis, ja die Forderung einer unbedingten sexuellen Freiheit« (A. Plack a. a. O., S. 337). Wir sehen, daß diese Entwicklung eine gewisse Folgerichtigkeit enthält. Es ist eine Entwicklung, die M. Horkheimer (Zur Kritik der instrumentellen Vernunft, Berlin 1967) für irreversibel hält. Sie führt zur Herrschaft einer rein operativ-technischen Ratio, durch die der Mensch und seine Bedürfnisse verwaltet werden. Wir werden noch sehen, daß diese latent sublime oder manifest grobe Vergewaltigung des Menschen eine wichtige Ursache für den Protest der Heranreifenden ist. Der junge Mensch lehnt sich gegen dieses Verwaltetwerden und Gelebtwerden auf, er will sich von diesen Fesseln befreien und ist bereit, das Gefühl subjektiver Willkür, infantiler Wunscherfüllung als Ersatz für die echte Freiheit zu nehmen, die er sucht, aber nicht zu sehen vermag. R. Reiche (Sexualität und Klassenkampf a. a. O.) hat die Vordergründigkeit jener Scheinfreiheit klar erkannt: »Durch die spezifisch repressive Weise, in der gegenwärtig die klassischen Abstinenzforderungen gelockert werden, wird kollektive Dummheit erzeugt« (S. 145). Wir sehen, daß der progressivste linke Flügel, der sich wesentlich an Marcuse orientiert, die propagierte sexuelle Freiheit als Scheinfreiheit empfindet. Die emanzipierte Sexualität, so nahe sie auch den Thesen der antiautoritären Bewegung zu stehen scheint, befreit den Menschen nicht von der Wirksamkeit des repressiven Realitätsprinzips. Der Mensch erscheint ihnen erst da wirklich frei, wo er nicht mehr gezwungen ist, unter den autoritären Strukturen einer repressiven Gesellschaft zu leben. Die Antworten auf die Fragen nach dem Weg hierzu bleiben verworren und hilflos, und man nimmt Zuflucht zu Aktionen, in der Hoffnung, es könne vielleicht doch etwas Gutes herauskommen, weil ja alle »guten Willens« seien: »Die Kommune I hat versprochen, die allgemeinsten Schwächen der Linken mit einem radikalen neuen und einzigartigen Organisationsmodell zu lösen. Sie hat getan, als sei die unerträgliche Spannung, unter der alle Unglücklichen in der Tat mehr oder weniger leiden, mit einem individuell vollzogenen Stop des Zwanges zur Dauer-Reflexion und ihrer Ersetzung durch die individuell primär befriedigende Aktion zu überwinden« (R. Reiche a. a. O., S. 153). Man verstand sich als funktional bestimmte Kommune ohne festes Programm, deren Ziel lediglich sei, den Bruch mit der bestehenden Gesellschaft modellhaft vorwegzunehmen. Weil man das Positive, den wirklichen Ausweg nicht zu formulieren, nicht zu erkennen vermag, erklärt man das Negative zum Wert, bleibt in der bloßen Negation des Bestehenden stecken und kreiert eine negative Anthropologie. Es ist interessant, daß Marcuse den letzten Grund für diese vergebliche Mühe klar sieht: »Die Erinnerung an die aufgehäufte Schuld der Menschheit gegenüber ihren Opfern verdunkelt die Aussichten auf eine Kultur ohne Unterdrückung« (H. Marcuse, Triebstruktur und Gesellschaft a. a. O., S. 233). Der Mensch kann seine Schuld weder umgehen noch durch Protest überschreien, weder durch Erotisierung überspielen, noch im Rausch ertränken. Nicht Ich-Stärke und Orgasmusfähigkeit sind der Weg zur Freiheit, sondern die Bereitschaft zur Vergebung und zur Liebe, die unabhängig sind vom Geliebtwerden.

C. Die Sexualerziehung im Kontext der Reifekrise

1. Autoritätskonflikt, Selbstverständnis und Identitätsfindung

Wenn wir fragen, warum denn viele Jugendliche an einem illusionären Fortschrittsoptimismus festhalten, dann sind verschiedene Gründe hierfür anzugeben. Zunächst fehlt der Jugend weithin eine faszinierende Idee. Sie ist offen für alles Neue und begeistert von allem, was ihrer Ablösungsthematik entgegenkommt. Wenn dazu die antiautoritären Parolen in so lustbringenden Verpackungen angeboten werden (sexuelle Freiheit = politische Mündigkeit), dann ist es für den einzelnen sehr schwer, solche libidinös besetzten Thesen infragezustellen.

Die entwicklungsimmanente Aufgabe der Reifezeit besteht im Suchen der eigenen Identität. Der Jugendliche sucht eine Antwort auf die Fragen: Wer bin ich, wie wirke ich, was ist der Sinn meines Lebens? Die von der Psychoanalyse geschaffene Theorie von der Heilwerdung durch Selbstannahme und Selbstverständnis kommt der Situation des Jugendlichen entgegen, weil er außerhalb seiner selbst nichts Stabiles, Konstantes mehr findet, was er als gültig und für seine Identitätsfindung als geeignet erlebt. Daß der Jugendliche seine Schwierigkeiten diesem Entwicklungskonflikt gar nicht bewußt zuordnet, liegt daran, daß seine Not zur Tugend umfunktioniert wird. Die schicksalhafte Ablösung vom Elternhaus wird zum politischen Programm. Aus der konflikthaften Entscheidungsschwierigkeit und Entscheidungslosigkeit wird die Tugend der Toleranz gemacht, Entschiedenheit als repressive Engstirnigkeit abgetan, Maßstabs- und Maßlosigkeit als individuelle Freiheit kaschiert. Dadurch wird es dem einzelnen schwer, seine Labilität und Abhängigkeit rational zu erkennen und sie zu verarbeiten. Leicht hält er Ich-Schwäche und Labilität für fortschrittliche Unabhängigkeit. Sollte er in einer klaren Minute einmal diese Verschiebungen und Motivveredelungen ahnen, so hört er, daß Verunsicherung ein Ziel der Erziehung sei. So ist intellektuell scheinbar alles in Ordnung, und man fühlt sich identisch mit den Irrlichtern und den Wirrköpfen unserer Zeit. Aber das Unbewußte ist von diesem Fortschritt nicht so einfach zu überzeugen. Es gibt zunehmend mehr neurotische und psychotische Reaktionen, wodurch belegt ist, daß der Mensch seine Existenz fehlinterpretiert und diese sogenannte Freiheit ihn an die Grenze seiner Anpassungsfähigkeit führt. Das gilt für den Einzelfall, und das gilt für die Gesamtsituation. Daß diese Jugend leidet, zeigen die Tatsachen. Ryle (Cambridge) hat festgestellt, »daß die Zahl der Selbstmorde in Cambridge prozentual zehnmal, in Oxford prozentual siebenmal so hoch ist wie in der übrigen Bevölkerung ... Neurosen sind in der Bundesrepublik bei Studenten dreimal so häufig wie bei nicht-studentischen Vergleichsgruppen« (R. Heiß in: A. Mitscherlich: Das beschädigte Leben, München 1969, S. 29).

Unter dem Eindruck naturwissenschaftlichen Denkens und Experimentierens klammert sich der Jugendliche an die Machbarkeit, Erfahrbarkeit, Prüfbarkeit und Beherrschbarkeit aller Probleme, auch der Probleme seines Lebens, seiner Reifezeit. In dem Maße, wie sich die Wissenschaften vom Menschen messender Verfahren bedienen, wächst die Überzeugung und Hoffnung, daß schließlich auch der Mensch eines Tages genau zu berechnen, seine Zukunft zu planen, sein Glück zu garantieren sei. Im Jugendlichen selbst lebt etwas von dieser Hoffnung auf Erlösung durch Wissenschaft.

Der Fortschrittsoptimismus bekommt aber nicht nur von daher seine Impulse, sondern bezieht sie noch aus einer Fehlinterpretation der darwinistischen Evolutionslehre. Der in ihr formulierte »Glaube« an die Höherentwicklung der Arten angesichts der nicht zu übersehenden Erfolge naturwissenschaftlicher Technologie konnte zu der Einstellung führen, daß wissenschaftlicher Fortschritt

Fortschritt schlechthin sei. Von daher ist es relativ leicht, eine neue Idee, ein Programm als fortschrittlich zu erklären, wenn es im Gewande wissenschaftlicher Thesen auftritt. Der Fortschrittsoptimismus der Ideologen lebt vom guten Namen der Naturwissenschaft und Technik. Weil in der Technik Weiterentwicklung mit Fortschritt in der Regel identisch ist, hält man bereitwillig auch im Bereich der zwischenmenschlichen Beziehungen und der soziokulturellen Bedingungen jeden vom alten abweichenden Gedanken für einen Fortschritt, sofern er mehr subjektive Freiheit zu versprechen scheint. Natürlich können wir nicht einfach stehenbleiben, die Entwicklung geht ja in der Tat weiter. Aber was im Bereich der Technik kaum ein Problem ist, daß man nämlich auch einen Irrweg einmal zu Ende gehen kann, um dann festzustellen, daß sich ein bestimmter Entwurf als nicht brauchbar erweist, wird im Bereich der Beziehungen der Menschen untereinander zu einem Problem, dessen Auswirkungen wir nicht abzuschätzen vermögen (man denke nur an die nicht ausdiskutierten Wirkungen der Ganzheitsmethodik). In so komplexen Beziehungen können wir nicht gedankenlos probieren, in der Hoffnung, es werde schon etwas Vernünftiges dabei herauskommen. Hier gilt es, sorgfältig alle Faktoren und Erscheinungen zu prüfen, um Rechenschaft darüber abgeben zu können, was denn möglicherweise der richtige Weg sei. Nach allem, was bisher festgestellt wurde, scheint es nicht mehr so einfach, die sexuelle Revolution schlechthin als einen nicht zu überbietenden Fortschritt zu betrachten. Es bedarf der sehr gründlichen Prüfung, um verantwortlich aussagen zu können, was für den einen oder anderen in seiner Entwicklung ein wirklicher Fortschritt ist, um es, von dem zu unterscheiden, was leichthin als Fortschritt plakatiert wird, sich aber später negativ auf die Gesamtentwicklung und Lebensbewältigung des Betroffenen auswirkt. »Insofern finde ich die Frage: Ist Fortschritt wirklich Fortschritt oder nur technischer Fortschritt? eine ziemlich schwierige Frage. Die Gleichsetzung von Fortschritt und Glück ist eine ziemlich bedenkliche Sache« (Viktor v. Weizsäcker in einem Interview über die Frage: Was wird aus dem Menschen? in: Die Zeit, 2. 1. 70).

Der Ruf der Jugend nach sachlich-naturwissenschaftlicher Aufklärung ist ein Zeichen unserer Zeit. Der Jugendliche knüpft an diese Aufklärung die Hoffnung, daß seine Probleme lösbar, Unglück vermeidbar und Glück machbar seien (s. O. Kolle). Auf Grund seiner Entwicklung in der Reifezeit erliegt er leicht aber nicht zwingend der Faszination des Geschlechtlichen. Und er verwechselt Liebe und Begehren, Begehrtwerden und Geliebtwerden, zumal die Massenmedien diese beiden Sachverhalte ständig vermischen. Wenn er in einer Anzeige liest: »Liebe ohne Furcht«, dann wird er geschlechtliche Leidenschaft für Liebe halten, die wirkliche Liebe dabei aber nicht entdecken können, von der es heißt, daß sie die Furcht austreibe. In der Geschlechtsbeziehung wirken ein metaphysisch-sinngebendes Prinzip und ein kausal-technisches Element. Das positivistische Denken schiebt den kausal-technischen Aspekt in den Vordergrund und verschweigt bzw. überlagert den metaphysischen, wertet ihn ab oder bekommt ihn gar nicht ins Blickfeld. Die Beziehungen zwischen den Geschlechtern werden auf diese Weise unter dem Gesichtspunkt des äußeren Funktionierens dargestellt. In der Veröffentlichung: Modellfall Schweden (a. a. O.) findet man keine bemerkenswerten kritischen Äußerungen. Es scheint in diesem Modell keine Schwächen zu geben. Das von 140 schwedischen Ärzten der Regierung 1963 vorgelegte Gutachten, worin sie zur geschlechtlichen Disziplin unter den Jugendlichen aufrufen, wird verschwiegen. Unerwähnt bleibt auch eine Äußerung des Mitherausgebers von »Samspel« (a. a. O.), des Psychoanalytikers Sjovall aus Stockholm, auf einer Konferenz der International Planned Parenthood Federation (IPPF) in London: »In Schweden debattiert man zur Zeit nicht mehr über die zunehmend sexuelle Exhibition der Jungen und Mädchen, sondern darüber, daß ihnen die Sache keinen Spaß mehr mache« (aus: FAZ vom 4. 7. 65). Mit Recht beklagt H. Kentler: »Wer der Sexualität derart Geist und Seele austreibt, daß er von ihr nur noch in einer Bürokraten- und Ingenieursprache wie bei der Bildbeschreibung eines Fahrrades reden kann, der weiß dann freilich in seinen Erziehungsgeschäften mit Sexualität nichts mehr anzufangen.« (in: Die Zeit, Nr. 6, vom 7. 2. 69, S. 56 f) Kentler irrt jedoch, wenn er meint, diese Technisierung der Sexualität sei zu vermeiden, wenn durch praktische Einübung in sexuelles Verhalten die Sexualität kultiviert würde. Naturwissenschaftliche Belehrung und praktische Anweisungen erleichtern das Geschlechtsleben, ohne es innerlich zu vertiefen. Das einzig greifbare Ergebnis der Geschlechtserziehung im Modellfall Schweden ist eine Vorverlegung des Zeitpunktes des ersten Geschlechtsverkehrs. Es bleibt abzuwarten, ob auch bei uns das Ergebnis der Sexualerziehung lediglich darin besteht, daß der Geschlechtsverkehr zeitlich vorverlegt wird, die wesentliche Aufgabe aber, die Hinführung zum anderen Geschlecht und zur Bewältigung der Geschlechtlichkeit, unterbleibt.* Sexualaufklärung und Sexualerziehung sind ohne Einbettung in eine breit angelegte pädagogische Aufklärung sinnlos. Nur da, wo wir der Jugend ihre zentralen Entwicklungsaufgaben nachweisen, ihr die Reifethematik bewußt machen, können wir hoffen, daß sie auch die Fragen der Beziehung zwischen den Geschlechtern zu einer ihrem jeweiligen Reifestatus entsprechenden Lösung führen.

In dem Maße, in dem der Jugendliche die Dynamik seiner Reifezeit versteht und sich innerhalb dieses Geschehens zu begreifen beginnt als einer, dem Entwicklung aufgegeben ist, können wir erwarten und hoffen, daß die Aufklärung erzieherisch wirkt und nicht nur den Eindruck hervorruft, daß die Sexualität Spaß mache. Liebe ist mehr als Sexualität und Sexualität mehr als Lust. Die

* Vergleicht man die Untersuchungen des Hamburger Institutes für Sexualforschung aus dem Jahre 1968 (Giese und Schmidt) mit der aus dem Jahre 1970 (Sigusch), dann läßt sich feststellen, daß in dem durch die Untersuchungen erfaßten Erhebungszeitraum von 8 Jahren der Zeitpunkt des 1. Geschlechtsverkehrs um durchschnittlich 5 Jahre gesunken ist: ♂ 1962: 22;3 – 1970: 17;5/ ♀ 1962: 22;8 – 1970: 17;5 (nach: U. Undeutsch, Gutachten für die Bundesarbeitsstelle Aktion Jugendschutz, 1971, S. 50).

entwicklungspositive Lösung der Probleme der Geschlechtlichkeit bedarf einer sachlichen Aufklärung, eines Informiertseins und Wissens um äußere Fakten und Funktionsabläufe. Aber das reicht nicht aus: Es muß notwendig noch ein anderer Aspekt hinzukommen, die Hinführung zur Liebe, denn sie allein ist das Band der Vollkommenheit. Diese »metaphysische Tiefendimension der Geschlechtlichkeit« (W. Kretzschmer) kann nicht sachlich durch definierbares Wissen gelernt werden. Sie wird da erworben, wo sie als Dimension des Geschlechtslebens vom Erzieher überhaupt ernstgenommen, als notwendig erkannt und in stetig neuen Formulierungsbemühungen dem Jugendlichen zum Verständnis gebracht wird (Lernen durch Imitation und Identifikation).

Das zentrale Problem, das der Jugendliche heute in seiner Reifezeit zu bewältigen hat, ist primär nicht das der Sexualität, sondern die Bewältigung der Spannung zwischen Autonomie und Abhängigkeit. Dem Jugendlichen, der seine Autonomie in Gestalt einer inneren Festigkeit gefunden hat, fällt es leicht, auch die Probleme seiner Geschlechtlichkeit zu bewältigen.

Am Ende einer internationalen Lehrertagung in Trogen, Schweiz (1969) über den Fragenkreis der Autoritätskrise in der Erziehung war ich beeindruckt und bedrückt zugleich von der Fülle der Aspekte, unter denen dieser komplexe Sachverhalt gesehen, geordnet und gedeutet werden kann. Der Vielfältigkeit der Äußerungsformen steht eine ebensolche Vielschichtigkeit der Deutungen und Erklärungen gegenüber.

Mit zunehmender Beschleunigung des Entwicklungstempos in Wissenschaft und Technik ist die auf Tradition beruhende Innenleitung des Menschen mehr und mehr zurückgegangen. Die sich als wissenschaftlich verstehende »Verhaltenstherapie« ist ein Therapie-Modell der Außenleitung des Menschen, eine Reduktion des Menschen auf das Reiz-Reaktions-Muster. Das von den Vätern Ererbte erweist sich als überholt oder nicht mehr hinreichend gültig, brauchbar, nützlich, um die Probleme der Gegenwart zu bewältigen. Mit zunehmender Beschleunigung der Entwicklung wurde die Jugend zum Repräsentanten der Veränderung, zum Symbol des Neuen, des Fortschritts: Wer die Jugend hat, besitzt die Zukunft. Im Vergleich zur Generation seiner Eltern nimmt der Heranreifende heute viel früher an den Problemen der Gesellschaft, in der er lebt, teil, ihm wird viel früher Verantwortung zugemutet (manchmal offenbar aus Hilflosigkeit der älteren Generation), aber ihm wächst auch viel früher Verantwortung zu. Das Jahrhundert des Kindes ist zu Ende, vergangen ist jene sterile, in Watte verpackte homogene Atmosphäre, in der Kindheit und Jugend verbracht wurden. Die vom Menschen veränderte Welt braucht den neuen Menschen: Biologie, Psychoanalyse, Medizin und Pädagogik versuchen, ihn zu schaffen. Die für unser Jahrhundert auffällige Akzeleration stellt die Reaktion des Organismus auf diesen Sachverhalt dar. Sie ist Anpassung an eine allgemein technisch-zivilisatorisch determinierte Beschleunigung der Entwicklung. Vielfach wurde verkannt, daß hierdurch der Jugend ein Einfluß und eine Mächtigkeit schicksalhaft zugewachsen sind, ja aufgezwungen wurden, denen sie geistig nicht hinreichend gewachsen ist. So besteht ein Mißverhältnis zwischen ihrem Auftreten, ihrem Autoritätsgefühl einerseits und dem Mangel an notwendiger Erfahrung andererseits, um zu einem ausgewogenen Urteil und verantwortlichem Handeln kommen zu können. Der schwache, unverantwortliche Erwachsene ist vielfach aus dem Felde gegangen und hat mit der Geste fortschrittlicher Gesinnung der Jugend weite Bereiche überlassen, sie dabei aber letztlich allein gelassen. Dadurch wird die für eine Kultur notwendige Kontinuität zwischen den Generationen in unverantwortlicher Weise aufs Spiel gesetzt.

Im Prozeß der entwicklungsbedingten Ablösung und Verselbständigung wurde die vom Jugendlichen in Anspruch genommene Möglichkeit, sich zu betätigen und zu bewähren, von seiten des Erwachsenen nicht klar gesehen, sondern als kompensatorisches Besserwissenwollen interpretiert. Weil man sich an entscheidender Stelle weiter auf die Kraft der Tradition verließ, und die sich formierenden Kräfte der Jugend nicht wirklich ernst nahm und das Gespräch suchte, sondern sie und sich selbst lediglich durch graduelle Zugeständnisse zu beruhigen und zu beschwichtigen versuchte, wurde die Jugend mit dem Erlebnis konfrontiert, das ihr eingeräumte Vertrauen sei doch nur eine mehr oder weniger hohle Geste gewesen. Heute zwingt uns die Jugend zum Gespräch, und wir können froh sein, wo sie noch das Gespräch mit den Etablierten sucht.

Die erziehende Generation sollte ihre Verantwortung wieder sehen und neu ergreifen. Zur Verantwortlichkeit gehören Eindeutigkeit und Entschiedenheit; wo Relativität zum Vorwand der Unverbindlichkeit wird und sogenannte Toleranz die Standpunktlosigkeit verschleiert, sind angesichts der Pluralitäten unseres Daseins Eindeutigkeit und Entschiedenheit schwer herzustellen. Unklarheit, Unsicherheit und Uneindeutigkeit wirken aber lähmend auf Entscheidungsfähigkeit und Handeln des einzelnen und fördern die Tendenz, sich mehr den Systemen der Gesellschaft (dem Apparat einer Verwaltung oder der Autonomie bestimmter Bedingungsgefüge) zu überlassen, als in Eigeninitiative zu agieren.

Diese persönliche Unsicherheit des einzelnen in der Situation der Entscheidung wirkt verunsichernd zurück auf die Jugend. Es entsteht die Unruhe einer Jugend, die zur Bewältigung ihrer Reifeproblematik eines Haltes auf der Ebene personaler Begegnungen bedarf.

Die auftretenden Schwierigkeiten sind letztlich Mißverständnisse zwischen den Generationen, die da noch vertieft werden, wo der Jugendliche den Erwachsenen kaum noch als Person zu erkennen vermag, als einen, der souverän ist und nicht Sklave seiner Verhältnisse.

Entwicklung des Menschen ist soziales Lernen, d. h. Lernen durch Nachahmung und Identifizierung. Dieses Imitationslernen ist an die Bedingung erlebter Kompetenz und Überlegenheit gebunden: Nur wer oder was kompetent erscheint, wird nachgeahmt. Erlebt der Jugendliche den Erwachsenen aber als inkompetent, dann werden die sozialen Lernprozesse gestört.

Je mehr der Erwachsene als unsicher erlebt wird, um so fragwürdiger werden aus der Sicht des Jugendlichen jene sozialen Gebilde, die als Repräsentanten der Etablierung ihrer Struktur nach Kompetenz beanspruchen. Der Jugendliche erlebt sie notwendig als leere autoritäre Formen, weil ihm zur inhaltlichen Bejahung und Annahme das Kompetenzerlebnis fehlt. Es widerstrebt ihm, sich ihnen anzupassen; wird er durch die bestehenden Verhältnisse dazu gezwungen, protestiert er dagegen.

Die Reaktion von seiten der Erwachsenen auf diesen Protest besteht in 3 möglichen Formen:

a) bedenken- und gedankenloses Abbauen solcher Rangordnungsstrukturen (Demokratismus),
b) kompensatorische Verfestigung, Verhärtung tradierter Strukturen, Rückzug auf die formal-rechtliche Mächtigkeit des Apparates, des Gesetzes (Gesetzlichkeit, Formalismus, Heuchelei),
c) Reduzierung des Konfliktes durch Zwischenschaltung der unverbindlichen, trennenden Sachebene; ein Musterbeispiel hierfür ist die falsche Sexualaufklärung nach dem Motto: »gewußt wie« unter Ausklammerung personaler Wertungen.

Auf seiten des Jugendlichen führt der erste Weg zur inneren Verachtung des Erwachsenen. Ein Beispiel hierfür ist der untaugliche Versuch der Kirche, unter Verleugnung ihres eigentlichen Auftrags alles zu tun, um nur die Jugend »in die Kirche zu bekommen«. Wer um die Jugend buhlt, verschenkt die Möglichkeit, sie zu führen oder zu erziehen. In solchem Bemühen begegnet der Jugendliche dem Symbol des schwächlichen Vaters, den er nicht zu achten vermag.

Der zweite Weg führt zum äußeren Protest gegenüber der Gesellschaft und ihren Normen. Es ist der Protest gegen den übermächtigen aber inkompetenten Vater: Symbol der hohlen Autorität.

Der letztgenannte Weg überfordert den Jugendlichen weithin, weil ihm zu einem verfrühten Zeitpunkt Sachinformationen ohne Deutung und Interpretation vorgelegt werden; er vermag sie noch nicht selbst zu interpretieren, das für ihn Gültige, Wesentliche vom Ungültigen, Unwesentlichen noch nicht hinreichend scharf zu trennen. Der Jugendliche fühlt sich alleingelassen und verraten.

Die Lösung dieser Schwierigkeit liegt in einer Wiedergewinnung der Erziehungssicherheit. Während der frühen Kindheit ist sie emotionalaffektiv bedingt, in der späten Kindheit und Reifezeit rational auf der Einsicht in die komplexen Zusammenhänge der Reifezeit begründet. Neben dieser Sicherheit durch Wissen braucht der Erwachsene ein grundständiges Vertrauen in die Entwicklungsmöglichkeiten des Heranwachsenden.

Wird in diesem Zusammenhang auf die Funktion des Verstehens hingewiesen, so kann damit keinesfalls ein schwächliches, resignierendes Verständnis-Haben gemeint sein, hinter dem sich im Grunde Unsicherheit und Hilflosigkeit verbergen. Wirkliches, d. h. wirksames Verständnis-Haben meint ein auf Einsicht und Liebe gegründetes Vertrauen.

Die Soziologen haben sich nach dem letzten Weltkrieg sehr ausführlich mittels statistischer Analysen darum bemüht, ein jeweils treffendes Bild der Jugend zu erhalten. Es ist interessant, in welch rascher Folge sie zu unterschiedlichen Ergebnissen gelangten. Allein im deutschen Sprachraum gab es innerhalb von 10 Jahren 3 jeweils markante, aber doch recht verschiedene Interpretationen. H. Schelsky (1957) nannte die junge Generation eine skeptische. Schon 5 Jahre später kam K. Pfaff zu dem Schluß, die junge Generation sei eine reflexionsmüde: »Der junge Mensch will die Welt nicht stürzen, stellt sich ihr nicht entgegen« (Die Welt der neuen Jugend, Köln 1962). Nach weiteren 4 Jahren stellt Graf Blücher die These auf, das hervorstechendste Merkmal der Jugend sei deren Unbefangenheit.

Ohne die sehr unterschiedlichen Ergebnisse als falsch bezeichnen zu wollen, zeigen sie uns aber, daß es sich um typisierende Augenblicksaufnahmen handelt, die den Wandel der Jugend selbst nicht wiederzugeben vermögen. Wir benötigen dringend eine psychodynamische Betrachtungsweise, die in der Lage ist, das Verhalten der Jugend aus ihren Entwicklungsbedingungen herzuleiten. Bilder helfen uns auch dann nicht weiter, wenn sie das statistische Gütezeichen tragen.

Durch breit angelegte kulturanthropologische Vergleiche weiß man heute, daß die herrschenden Ideen und gesellschaftlichen Systeme Dichte und Art der seelischen Belastung stark beeinflussen. Konflikthäufigkeit und Entwicklungsprobleme des einzelnen sowie bestimmter soziologischer Gruppen werden entscheidend von diesen Bedingungen mitbestimmt. Daher müssen die Hoffnungen und Wünsche, die sich an eine Liberalisierung der Sexualität knüpfen, letztlich als Fluchtpunkt in einem Zustand allgemeiner Verunsicherung verstanden werden. Wir wissen aus der Psychodynamik des Konfliktgeschehens (R. Seiß, 1969), daß die Lust eine regressive Qualität darstellt und damit nicht nur Quelle eines vergnüglichen Spaßes ist, sondern auch die Möglichkeit in sich birgt, aus der rationalen Verunsicherung auszubrechen und in die Sicherheit instinktivnahen Verhaltens zu fliehen. Das Agieren auf einer elementaren, triebnahen Ebene gewährleistet Erlebnisse der Sicherheit, Bestätigung, Orientierung, die der Jugendliche auf der Ebene rationaler Weltbegegnung nicht so leicht zu erlangen vermag. Deshalb betonen wir noch einmal: Die Unruhe der Jugend muß aus ihren psychodynamischen Existenzbedingungen heraus verstanden werden. Typisierende Beschreibungen bleiben nur an der Oberfläche der jeweilig aspektiven Betrachtung.

Um die Psychodynamik der Reifezeit zu begreifen, wollen wir von einem schichttheoretischen Ansatz ausgehen und unter Berücksichtigung kultursoziologischer und triebpsychologischer Fakten versuchen, die verschiedenen Ebenen herauszuarbeiten, von denen das Kräftespiel der Reifezeit mitbestimmt wird.

Zutiefst ist der Jugendliche in seiner Offenheit, Verletzlichkeit und Unsicherheit von der weltweiten Labilisierung der Daseinsbedingungen betroffen, die der

Erwachsene durch Flucht in Familie, Beruf und andere pragmatische Aufgaben notdürftig zu verschleiern vermag. Es ist die tiefliegende Schicht elementarer Ängste, Leiden an der Sinnleere und an der Einsamkeit. Dieser Ebene emotionaler Verunsicherung aufgelagert ist die Ebene rationaler Verunsicherung (Orientierungskonflikt). Diese rationale Verunsicherung findet ihren Niederschlag in der Erschwerung einer Rollenfindung durch Identitätsprozesse. Zuoberst liegt die Schicht der individuellen Trieb- und Antriebskonflikte, die sich aus dem persönlichen Entwicklungsschicksal der Triebe ergeben.

C. G. Jung hat die Entstehung der Neurosen auf die Verschiebung des Gleichgewichtes zwischen rationalem und irrationalem Pol zurückgeführt, und zwar zum Pol des Rationalen hin. In der Tat wird durch eine einseitige Betonung der Wissenschaft, des Experimentes und der Machbarkeit eine Lebenseinstellung geformt, die es schwer macht, integriert zu leben. Der junge Mensch, speziell der junge Akademiker, identifiziert sich weitgehend mit einer distanzierenden, analytisierenden und objektivierenden Betrachtung seines Lebens und seiner Daseinsbezüge. Zur Spannung kommt es dadurch, daß er seine puberalen Hoffnungen mit wissenschaftlichen Thesen »belegt«. Er überschätzt dabei die Bedeutung der Wissenschaft und übersieht, daß das ihn faszinierende Wissen nicht hinreicht, um die komplexen Beziehungen triebmäßig-kultureller Verhaltensweisen zu steuern. Er leidet dann unter der Diskrepanz der vermeintlichen Richtigkeit seiner Erkenntnisse und der Unfähigkeit, diesen Erkenntnissen gemäß zu leben. Er entlastet sich dadurch, daß er die bestehenden gesellschaftlichen Verhältnisse für diese Diskrepanz verantwortlich macht und ihre gewaltsame Änderung fordert. Graf Blücher (1966) nennt deshalb die akademische Jugend die strukturleitende Schicht der gegenwärtigen Unruhebewegung. In dieser soziologischen Gruppe ist die Diskrepanz zwischen Erkennen und Tun auch größer als in irgendeiner anderen. Das gilt besonders für diejenigen, die meinen, mehr über den Menschen und seine Daseinsbedingungen zu wissen als der Durchschnitt der Akademiker. Die Zentren der studentischen Unruhen liegen deshalb in den Fächern Soziologie, Politologie und Psychologie.

Der Gebildete, wie auch der Mann von der Straße, erfahren täglich, wenngleich auf verschiedenen Ebenen, die Grenzen ihres Bewirkens, ihrer Einflußnahme. Diese Grenzen werden nicht mehr schicksalhaft hingenommen, sondern man lehnt sich gegen sie auf. Wo der junge Mensch über den Hintergrund seiner puberalen Erwartungen und über die Grenzen seiner intellektuellen Möglichkeiten zur Bewältigung des Lebens nicht aufgeklärt wird, bereitet er sich selbst Enttäuschungen: »Objektiv konterrevolutionär wird die subjektive revolutionäre Haltung dort, wo sie bei den jungen unglücklichen Linken die Hoffnung freisetzt, alle ihre Hoffnungen ließen sich heute erfüllen, alle ihre Leiden heute abschaffen. Die Täuschung dieser Hoffnung hat bei vielen Kommune-Nachbildungen in der Bundesrepublik zu persönlichen Zusammenbrüchen oder zu tief resignativen Haltungen geführt« (R. Reiche a. a. O., S. 155).

Aus der Enge eines rationalen Weltbildes und seiner Wissenschaftsgläubigkeit findet der Jugendliche von selbst nicht heraus. Er hält für richtig, für notwendig, was an Thesen über sexuelle Freiheit unter der Schützenhilfe der Wissenschaft gesagt wird und unterliegt beispielsweise auch solchen Aussagen wie der pädagogisch irrelevanten von Kentler: »Grundlage und Richtschnur aller Sexualerziehung muß die Einsicht sein, daß das augenblickliche Glück des Heranwachsenden nicht einem künftigen aufgeopfert werden darf« (H. Kentler: Für eine Revision der Sexualpädagogik, München 1969, S. 30). Im übertragenem Sinne heißt das, wenn es das ganze Glück eines Zehnjährigen ist, Auto zu fahren, dann sollte doch keiner auf den Gedanken kommen, ihn nicht fahren zu lassen. Interessanterweise ist man hier durchaus bereit, das Glück des Augenblicks einem zukünftigen zu opfern. Warum? Weil man weiß, daß es für den Jugendlichen gefährlich sein könnte, mit 10 Jahren ein Auto zu steuern. Wer aber will entscheiden, ob der Geschlechtsverkehr zum frühstmöglichen Zeitpunkt für die Gesamtentwicklung eines Jugendlichen nicht gefährlicher ist als das Autofahren eines Zehnjährigen? Man beachte, daß das viel gepriesene Lernen und Üben im griechischen Askesis heißt, daß »der Mensch von Natur aus auf Kultur und Übung angewiesen ist. Er ist von Natur ein asketisches Wesen und das bedeutet, daß er ein verdrängendes Wesen sein muß. Die notwendige Gabe der Verdrängung macht es dem Menschen erst möglich, als Mensch zu leben, sich als Person von der Macht nur naturhafter Abläufe zu lösen« (A. Görres: Methoden und Erfahrungen der Psychoanalyse, München 1965, S. 143). Ich messe diesen Aussagen Görres als eines wissenschaftlich profilierten, international anerkannten Psychoanalytikers mehr Gewicht zu als pädagogischen Thesen moderner Aufklärungsideologen.

Wir wissen auf der einen Seite zu viel, auf der anderen Seite zu wenig: Zu viel insofern, als wir vor immer neuen Möglichkeiten stehen, etwas auszuprobieren, zu wenig deshalb, weil wir die Probleme, die sich aus den neuen Möglichkeiten ergeben, nicht zu übersehen in der Lage sind. Erinnern wir uns an den Zauberlehrling, der die Geister rief und sie nicht wieder los wurde. Die junge Generation träumt von der Sofortlösung ihrer und aller Probleme. Sie projiziert dabei einen erheblichen Teil ihrer eignen puberalen Befindlichkeit nach außen in die Gesellschaft und verwendet die Bühne der Öffentlichkeit als Szenerie, vor deren Hintergrund sie ihre Konflikte psychodramatisch agieren kann.

In den studentischen Unruhen und Revolten sind »tatsächlich alle Züge der Pubertätskrisen und Pubertätsneurosen zu finden. Der Slang, den diese Jugend spricht, ist durchschwängert von Ausdrücken aus der Analsphäre. Als ob diese deutliche und kräftige Sprache den wahren Mann kennzeichnet. Wie der Pubertierende verächtlich auf die Alten und die Gesellschaft blickt, so der jugendliche Revolutionär. Alles ist verkehrt. Was immer von den Alten gemacht wird, ist Unsinn. Nehmen die Alten solches Geschehen krumm, so ist man erfreut, lassen sie es schweigend geschehen, versucht man es aufs neue mit stärkeren Mitteln«

(R. Heiß: Verhalten im Konflikt; in A. Mitscherlich: Das beschädigte Leben, München 1969, S. 29).

Heiß beklagt, daß wir keine Mittel hätten, die Jugend vor dem Verführtwerden durch Thesen zu schützen, mit denen sie sich selbst gefährden: »Psychischen Epidemien aber stehen wir fast hilflos gegenüber. Wir haben kein Mittel, sie zu bekämpfen, nicht einmal Ansätze eines Verfahrens, um mit Massenneurosen, wie sie heute möglich sind, fertigzuwerden« (R. Heiß a. a. O., S. 33).

Ich kann diesen Pessimismus nicht teilen. Die Therapie liegt auf der Basis einer allgemeinen pädagogischen Aufklärung. Sexuelle Aufklärung, die losgelöst von diesem Hintergrund betrieben wird, erzieht den unmündigen, manipulierbaren, außengeleiteten Menschen, dem die Thesen der sexuellen Befreiung zur Erlösungsmythologie werden, denen er sich unkritisch überläßt. Wir müssen die Jugend zu einem kritischen Bewußtsein gegenüber dem elitären Sendungsbewußtsein intelligenter, aber neurotischer Außenseiter erziehen, die »im Besitz der kritischen Wahrheit«, der richtigen Verhaltensmuster den Gleichaltrigen oder um wenige Jahre Jüngeren mit ihrem antiautoritären Geschrei imponieren, dabei aber selbst neue »progressive« Zwänge setzen: »Die Kommunarden sagten: Wir wollen uns nicht länger der repressiven Einehe beugen – und mußten sich statt dessen promiskuösen Forderungen beugen, für die sie psychisch nicht ausgebildet waren und unter denen sie ganz sicher leiden mußten« (R. Reiche a. a. O., S. 156).

Die Bereitwilligkeit, mit der der Jugendliche illusionäre Thesen übernimmt, ist ein Kennzeichen der Kompensation seiner inneren Verunsicherung.

In der modernen jugendpsychologischen Literatur findet man immer wieder die Aussage von der Zweiphasigkeit der Entwicklung, womit die Autoren das Fehlen einer Übergangszeit zwischen Kind- und Erwachsensein bezeichnen. Zwar existiert die soziologisch eigenständige Gruppe der Jugendlichen, aber es gibt keine eigentliche Jugendphase, keinen entwicklungspsychologisch abgegrenzten Raum des Jugendlichseins. Vielmehr begegnet der Jugendliche sehr abrupt den Erscheinungen, Problemen und Fragen der Erwachsenenwelt. Deshalb führen zahlreiche Stimmen die allgemeine Unruhe unter der Jugend, ihre Verführbarkeit und Ideologieanfälligkeit auf ein vermehrtes Sicherheitsverlangen zurück, bedingt durch eine unterschwellige elementare Angst und Unsicherheit.

Vom Einzelfall her wissen wir, daß Angst in Verbindung mit Desorientiertheit zu den schwersten Konflikten gehört, denen ein Mensch, ebenso auch ein Tier, ausgesetzt sein kann. Die Angst verlangt nach einer Konkretisierung, einer Artikulation in Form gerichteter Furcht. Angst ist zuständlich und deshalb belastend, Furcht ist gegenständlich und deshalb angehbar. Zwangsneurotiker, d. h. Menschen mit einer psychischen Struktur, die sie immer wieder zu bestimmten Handlungen oder Vorstellungen treibt, reagieren auf ein Verbot dieser Zwangshandlungen und Zwangsgedanken deshalb bezeichnenderweise mit

Ängsten. Wenn das Tun Angst zu kompensieren vermag, dann wird verständlich, daß Angst zum Tun, zum Handeln drängt. Existentielle Ängste bedingen eine latente motorische Unruhe, eine gesteigerte Handlungsbereitschaft. Dem entspricht auch die Erfahrung, daß die »Ruhe vor dem Sturm« viel schwerer zu ertragen ist, als der Sturm selbst.

Es kann deshalb nicht von der Hand gewiesen werden, daß bei den weltweiten Unruhen unter der Jugend eine latente Angst im Spiel ist, die sich im Verlangen nach revolutionärer Änderung und im revolutionären Agieren ein Ventil schafft. Die motorische Unruhe kann so stark sein, daß bestimmte Zustände und Verhältnisse lediglich als Auslöser fungieren, nur Anlaß, aber nicht Ursache der Unruhe sind. Die menschliche Natur ist so komplex, daß sich für jede Handlung eine rationale Begründung finden läßt. Angesichts dieser Zusammenhänge ist die oft gehörte Äußerung von der passageren Natur dieser Unruhen eine Illusion. Denn die Angst, wenn sie bestehen bleibt – und wir haben keinen Grund anzunehmen, daß Mißtrauen und Angst plötzlich aus dem Dasein des Menschen verschwinden – erzwingt eine latente motorische Unruhe und läßt »Sündenböcke« entstehen, die helfen, die Angst in eine Furcht »vor etwas« umzuwandeln.

Seit Beginn der Industrialisierung ist der Jugendliche im Zustand seiner emotionalen Verunsicherung nicht allein, sondern Glied der eigenständigen Gruppe der Jugendlichen, die nicht mehr Kinder und noch nicht Erwachsene sind. Gleiches Schicksal verbindet; und die individuelle Reifeproblematik wird multipliziert. Damit verändert sich die Problematik auch qualitativ: Der zeitlose, individuelle Ablösungskonflikt wird generalisiert und zum kollektiven Nein gegenüber den Vätern: zum Generationskonflikt.

H. Muchow zitiert in diesem Zusammenhang eine Parodierung des Goethewortes: »Was du ererbt von deinen Vätern, verwirf es, um dich zu besitzen« (Sexualreife und Sozialstruktur, Hamburg 1954, S. 54).

Die Jugend ging siegreich aus diesem Generationskonflikt hervor: Jungsein ist Trumpf geworden, Jungsein und Jungbleiben stellten einen zentralen Wert des Lebens dar. Nunmehr war die Jugend offen für alle möglichen Rollen, die ihr offeriert wurden. Die im generalisierten Nein des Generationskonfliktes artikulierte Ablösung vom Elternhaus bedingte ein allgemeines Suchen nach dem entwicklungsnotwendigen Ja. Vorbilder, Leitbilder, Sitte und Tradition waren für den Jugendlichen nicht greifbar. Sie konnten ihm das zu seiner Identitätsfindung notwendige Ja nicht mehr geben. Hier ist der Wurzelgrund des Problems der modernen Jugend zu suchen: Aus dem Generationskonflikt ist ein Orientierungsnotstand geworden. So wird die entwicklungsnotwendige Findung der Ich-Identität von der Gefahr einer Rollenkonfusion bedrängt. Von daher erklären sich das gesteigerte Informationsbedürfnis und die Skepsis ebenso wie die magische Wissenschaftsgläubigkeit und Ideologieanfälligkeit der Jugend.

Diktatoren und Ideologen aller Schattierungen und Richtungen erkannten in dieser bindungsuchenden und unorientierten Jugend den Kerntrupp jedweder Revolution. Sie gaben dieser Jugend das kollektive Ja (»hart wie Kruppstahl, zäh wie Leder«) und erklärten sie zur Staatsjugend, benutzten sie als brauchbares Werkzeug im Kampf gegen die Väter, gegen Tradition und den Status quo der bestehenden gesellschaftlichen Verhältnisse.

Der Jugend einer pluralistischen Gesellschaft, die dem Schicksal der Diktatur entgehen konnte, wird dieses Ja von außen nicht aufgezwungen. Sie ist genötigt, es aus sich selbst heraus zu finden, von ihrem Selbstverständnis her zu einer Identität zu gelangen. Von dieser Aufgabe sind die Heranreifenden weithin überfordert, zumal durch die weltweite Information eine solche Fülle von sozialen Modellen angeboten wird, daß es dem einzelnen nicht möglich ist, mit den Mitteln der rationalen Durchdringung und Sichtung eine Entscheidung herbeizuführen. Sie haben Fragen – und halten es für den Ausdruck kritischer Intellektualität – und keine Antwort, das nennen sie dann Offenheit und Freisein von »Patentlösungen«.

»Um sich selbst zusammenzuhalten, identifizieren sie sich zeitweise scheinbar bis zum völligen Identitätsverlust mit den Cliquen oder Massenhelden« (E. Erikson: Kindheit und Gesellschaft, Stuttgart 1967, S. 256).

Zusammenfassend können wir feststellen, daß die Situation der Jugend unter den Bedingungen einer pluralistischen Gesellschaft gekennzeichnet ist durch einen Orientierungsnotstand, der den betroffenen einzelnen mehr oder weniger überfordert, insofern er »unfähig ist, aus den losen Fäden seiner Erfahrung ein großzügiges Muster zu weben« (Ausspruch einer Studentin von Schelsky, zitiert nach: W. Tröger: »Jugend rebelliert«, Würzburg 1968, S. 18).

Und in dieser Annahme einer weit verbreiteten Überforderung des Jugendlichen im Bereich seiner Orientierungsfähigkeit und der dadurch reduzierten Möglichkeit zur Findung seiner Identität liegt der Schlüssel zur dynamischen Interpretation der weltweiten Unruhe unter der Jugend.

Im Einzelexperiment kann man Versuchspersonen in ihrer Orientierungsfähigkeit überfordern. Es werden auf bestimmte Signale oder Signalfolgen hin bestimmte Reaktionen gefordert. Durch Temposteigerung oder Komplizierung kann man einen Menschen an die Grenze seiner Orientierungsfähigkeit führen. Nun zeigen die Versuchspersonen in der Situation der Überforderung der Orientierungsfähigkeit typische Verhaltensweisen, die sich in charakteristischer Weise auch als Merkmalsakzente jugendlicher Unruhen beobachten lassen: Überforderung führt zu aggressivem oder regressivem Verhalten.

Alle bekannten Erscheinungen der Unruhe unter der Jugend sind zwischen diesen Typenpolen: aggressiv – regressiv einordenbar. Auf der einen Seite befinden sich die Gruppen mit aggressiv-destruktivem Charakter und scharfer Kritik (SDS, APO), auf der anderen Seite die Repräsentanten regressiver Reaktionstypen: pseudo-buddhistische Nirwanasucher, Gammler u. ä.

R. Affemann, Psychotherapeut und Studentenbetreuer, hatte Gelegenheit, an

Einzelmaterial aufzuzeigen, daß die Unruhestifter zu einem wesentlichen Teil ihre eigene persönliche Problematik agieren. Gemeinsam ist diesen Jugendlichen eine Vaterproblematik. Der lange latent gebliebene Protest gegen Scheinautorität und hypertrophiertes materielles Interesse der Väter wurde von den einzelnen auf die autoritären Strukturen der Gesellschaft projiziert, und die faktischen Mißstände wurden Anlaß zum Agieren des Konfliktes.

2. Orientierungskonflikt, Ideologieanfälligkeit und die Frage nach der erlösenden Liebe

Wir können der Unruhe unter der Jugend eine gewisse Entwicklungsnotwendigkeit unter den Bedingungen einer pluralistischen Gesellschaft nicht absprechen. Wo und in welchem Maße sich der einzelne Jugendliche engagiert, hängt von Zufälligkeiten und vom persönlichen Entwicklungsschicksal ab.

Unsere Aufgabe besteht darin, diese Erscheinungen unter Kontrolle zu bekommen. Das geschieht durch breit angelegte pädagogische Aufklärung, durch Unterricht über Ablösungsthematik, Einüben in den Umgang mit den Massenmedien, Schulung des Verbraucherverhaltens. Nicht zuletzt erhält die Sexualerziehung erst unter Berücksichtigung dieser Zusammenhänge ihren pädagogischen Ort.

Wie wir sahen, bedarf der Jugendliche in seiner Anfälligkeit gegenüber Thesen, Schlagwörtern, Parolen und Ideologien einer sicheren Orientierung. Die Fülle von Informationen, die er erhält, die Pluralität an Daseinsmodellen, denen er sich gegenübersieht, an denen er teilnehmen kann, erschweren es ihm, durch die Relativität hindurchzustoßen und für sich selbst gültige Vorstellungen zu entwickeln. Der Jugendliche öffnet sich im Bereich des Sexualverhaltens am ehesten Vorstellungen, die ihm am angenehmsten sind, die ihm ein Maximum an Lust bei einem Minimum an Risiko ermöglichen. Er hat solange keine Möglichkeit, sich gegen diese Thesen zu entscheiden, als ihm nicht geholfen wird, mit den Mitteln rationaler Einsicht die anthropologische Dimension seiner Geschlechtlichkeit zu bestimmen. Moralischen Vorschriften und tradierten Zwängen unterstellt er sich nicht mehr. »Die Evolution der Moral selber fußt dann auf Wissenschaft: auf Wissenschaft von der Natur des Menschen und der Gesetzmäßigkeiten des Miteinanders ... Jenseits anthropologischer Gesinnung aber wird jede Wissenschaft vom Menschen zu einem Instrument der herrschenden Ordnung, wenn nicht sogar der jeweils herrschenden Macht« (A. Plack a. a.O., S. 17 ff).

Aber was ist diese Natur des Menschen? Utopisten suchen sie jenseits von Gut und Böse im Garten Eden (Dutschke), andere in der vitalen Ungebrochenheit, wonach der Mensch nur böse wird, weil man ihn nach Kriterien bewertet, die nicht seiner an sich »guten Natur« gemäß sind (A. Plack, S. 339), oder man sucht sie in der nicht von der Repression deformierten Liebesfähigkeit (Marcuse). Eine Anthropologie, die das Böse leugnet oder es mit Erotik zu überlisten versucht, ist im tiefsten unwahr, unrealistisch und nicht mehr als eine wissenschaftlich verbrämte Ersatzreligion, die über die Natur des Menschen, wie sie sich in einer Jahrtausende währenden blutigen Geschichte gezeigt hat, hinwegzutäuschen versucht und nicht davor zurückschreckt, die Aggression zum Kunstprodukt einer verfehlten Pädagogik herunterzuspielen (A. Plack, S. 341). Eine solche Anthropologie ist keine Hilfe, weil sie die Erlösungsbedürftigkeit des Menschen zwar nicht leugnet, sie aber doch als Folge korrigierbarer Lebensumstände hinzustellen versucht und dabei Ursache und Wirkung verwechselt. Es ist wohl klar, daß erst der Mensch war und dann die (seine) Verhältnisse. Wenn die Natur des Menschen gut wäre, dann hätte der Mensch nicht des Menschen Feind werden können. Sieht man das Böse als Folge einer Triebfrustierung an, sei diese gesetzt durch Moral oder Lebensnot, dann bestimmt man das Gute negativ. Der Mensch ist dann gut, wenn er keinen Grund hat zum Bösesein: Die durch Unterdrückung der vitalen Triebe gebrochene Natur wird böse (A. Plack). Der Mensch wird aber nicht durch Unterdrückung gebrochen, sondern durch Verlust der Ganzheit seiner Person.

Der fromme Asket, der den Leib verdammt, ist von der Einheit ebenso weit entfernt wie der Hedonist, der den heilen Menschen in der Natürlichkeit der vitalen Triebe ungebrochener Lust sucht; beide verabsolutieren das Relative, aber Paulus sagt: »Beschnittensein ist nichts und Unbeschnittensein ist nichts, sondern Gottes Gebote halten« (1. Kor. 7, 19). Der Mensch zerbricht nur, wenn er aus der Agape herausfällt. Wir wissen, daß Menschen unter ärmlichsten Verhältnissen doch glücklich sein können und sich nicht unterdrückt fühlen, sofern sie in Liebe miteinander leben. Nicht die Not des Lebens unterdrückt den Menschen, sondern die Lieblosigkeit des Mitmenschen. Liebe aber kann nicht durch Verhältnisse erzeugt werden, sondern sie ist schöpferisch und erzeugt die Verhältnisse.

An diese Frage nach der allumfassenden Liebe entscheidet sich alles, auch das Problem der zwischengeschlechtlichen Liebe. Diese Frage läßt sich nicht umgehen. Der Mensch muß sich ihr stellen, wie immer er sich auch entscheiden mag: Wenn sich der Mensch der geistlichen Dimension nicht zuwendet, kann er diese Frage nicht beantworten und hält deshalb die Fragestellung selbst für indiskutabel, und die Forderung für überfordernd (A. Plack). K. Lorenz weicht ihr aus: »... Liebe können wir nur für Einzelmenschen empfinden, daran kann der beste und stärkste Wille nichts ändern. Doch die großen Konstrukteure (der Arten) können es ... Ich glaube an die Macht der Selektion« (Das sogenannte Böse, a. a. O. S. 413).

Treffender kann die existentielle Frustrierung gar nicht formuliert werden. Der Mensch sieht, was notwendig wäre, um heil zu sein, aber gleichzeitig erkennt er die Begrenztheit seiner Möglichkeiten.

Wer an dieser Stelle nicht verzweifeln will, muß entweder seine Enttäuschung umfunktionieren in aggressive Auflehnung, sein Nicht-Können in ein trotziges Nicht-Wollen, oder er kann den Anspruch abwehren und für die eigene Unfähigkeit, solche Liebe zu leben die Verhältnisse verantwortlich machen. Als Letzter Ausweg bliebe ihm noch die Idealisierung des Leides: »Solange der Mensch leidet, kann er es noch zu etwas bringen« (S. Freud, zitiert nach Scharfenberg a. a. O., S. 180).

An der existentiellen Frage nach dieser Liebe, »die nicht das Ihre sucht«, scheiden sich die Geister. Die eine Gruppe sieht darin eine Zumutung und provoziert den, der über diese Liebe redet; die andere Gruppe sieht ihre Unfähigkeit, so zu lieben als persönliche Schuld und bittet den um Liebe, der Liebe ist. Die eine Gruppe hält an der Idee der Selbsterlösung des Menschen fest, die andere Gruppe unterstellt sich der Einsicht, daß der Mensch erlöst werden muß von sich selbst. Auch Marcuse sieht, wie schon erwähnt, die Notwendigkeit einer Lösung der Schuldfrage, wenn er schreibt, daß die Hoffnung auf ein Leben in Freiheit und Frieden in einer Kultur ohne Unterdrückung doch eine recht vage Hoffnung bliebe, wenn der Mensch nicht mit der Erinnerung an die aufgehäufte Schuld der Menschheit gegenüber ihren Opfern fertig würde (»Triebstruktur und Gesellschaft« a. a. O., S. 233).

Fassen wir zusammen: Nicht Triebunterdrückung verursacht das Gebrochensein des Menschen, sondern das Nichtversöhntsein mit seinem Schöpfer, sein Schuldigsein am Gebot der Liebe, von Kains Brudermord an bis zur Atombombe und den Konzentrationslagern der Gegenwart.

Das Phänomen Aggression teilt die Menschheit mit der gesamten Schöpfung. Der Kampf ums Dasein ist der große Motor des Artenwandels. Das bewußte Leugnen der Aggression als eines primären Antriebes* kann psychologisch nicht anders gedeutet werden als ein Abwehrmechanismus derjenigen, die sich angesichts der blutigen Geschichte der Menschheit einer geistlichen Lösung verschließen.

Die vergleichende Verhaltensforschung (Ethologie) kann nachweisen, daß sich phylogenetisch Modalitäten zur Bewältigung innerartlicher Aggressionen herausgebildet haben (»Band der Liebe«, K. Lorenz), in denen sich unschwer jene Grundlinien erkennen lassen, die im Neuen Testament für den Bereich humanen Bewußtseins und Verhaltens ihre klare Formulierung finden; nicht Leugnen der Aggression, nicht Beseitigung oder gar Austreibung des Bösen, sondern Überwindung durch Agape: »Ich aber sage euch . . . Liebet eure Feinde, . . . tut wohl denen, die euch hassen« (Mt. 5, 44). Diese im N. T. aufgezeigte geistliche Daseinsebene ist jene für die Bewältigung der menschlichen Aggression allein wirksame Dimension, auf sie sollte man hinzielen, wenn Veränderung des Bewußtseins gefordert wird.

* Aggression als umweltbedingte Reaktion auf Frustrierung kann im Prozeß der Evolution durch Entstehung aggressiver Handlungsbereitschaften im Sinne von funktionaler Autonomie jederzeit den Charakter von primären Antrieben erhalten

Beim Tier haben sich unbewußt, ohne individuelle Entscheidung und Absicht selektiv Mechanismen entwickelt, die der Dämpfung, Ablenkung, Umlenkung und Beschwichtigung der innerartlichen Aggression dienen. Die Aggression wird in Grenzen gehalten, die eine Artgefährdung ausschließen. Für die technisierte Aggression des Menschen reicht eine Dämpfung durch angeborene Tötungshemmungen nicht aus, um die Artgefährdung auszuschließen. Der Mensch lebt in der Angst vor dem Mitmenschen. Er kann Aggression und damit Angst durch bewußte Vereinbarung nicht ausschalten oder so weit reduzieren, daß er im Frieden leben könnte. Nur ein verändertes, neues Bewußtsein, eine »vollkommene Liebe, vermag die Furcht auszutreiben«. Die Liebe, die auch den Feind zu lieben vermag, hält die Artgefährdung nicht nur in erträglichen Grenzen, sondern überwindet die Aggression grundsätzlich. In ihr wird die Aggression durch die höhere Ebene (geistliche Dimension) dialektisch aufgehoben und damit gegenstandslos. Wer seinen Feind zu lieben vermag, ist ihm überlegen. Er ist der Größere, der Freiere, weil er unabhängig davon ist, ob er geliebt oder geschlagen wird. Er wird von der Aggression des anderen nicht mehr erreicht.

Überwindung der Aggression ist mehr als Bewältigung. Das Böse wird nicht nur ab- und umgelenkt, sondern durch das Gute überwunden. Diese These muß nur demjenigen unrealistisch erscheinen, dem solche Liebe und Freiheit nicht begegnet sind.

Diese Liebe ist grundsätzlich etwas anderes als Erotik und Sexualität. Sie läßt sich auch nicht reduzieren auf Geselligkeitstrieb und ist nicht eine Variante des primären Urvertrauens in die Liebe der Mutter.

Von daher gesehen fällt es schwer, in der Sexualität und einer allgemeinen erotischen Kultur den Weg zur Befriedung der Menschheit zu sehen. Die Hoffnung, mit der die freie Entfaltung der Sexualität auf diese Weise beladen wird, führt zu einer Überbewertung der Sexualbeziehungen und damit zu einer Verzerrung ihres Stellenwertes im Insgesamt des Daseinsvollzuges. So erweist sich das, was vordergründig als Hilfe erschien (Liebt euch alle in freier sexueller Liebe) als Nachteil in dreifacher Hinsicht:

a) Der Mensch wird durch Erotik und Sexualität nicht von den Aggressionen befreit und sieht sich in seinen Hoffnungen getäuscht,
b) Liebe und Sexualität werden durch Fehlerwartungen und Fremdinteressen (einschließlich politischen Hoffnungen) überlagert, so daß die Orientierung in diesem Bereich problematischer und Sexualität schwerer zu bewältigen ist.
c) Durch Überbewertung eines Teilaspektes unseres Daseinsvollzuges werden Integrität und Ganzheit der Person und damit ihre Freiheit gefährdet: »Wir sind unfrei in dem Maße, indem Teiltendenzen in uns herrschen, und frei in dem Maße, indem wir aus der Ganzheit unseres Seins heraus handeln.« (P. Tillich: Für und wider den Sozialismus, Stuttgart 1969, S. 136).

D. Versuch einer naturwissenschaftlich begründeten Ordnung zwischengeschlechtlichen Verhaltens als Hilfe zur Bewältigung der Sexualität

1. Die anthropologische Dimension der Sexualität

Eine Antwort auf die Frage nach der Natur der Geschlechtlichkeit finden wir durch ethnologische Vergleiche und Alltagsbeobachtungen (Plack a. a. O., S. 25) nur bedingt, nach Kentler u. a. ist dieser Versuch schon im Ansatz falsch: »In meinem Verständnis jedoch – und ich glaube mich dabei in Übereinstimmung mit dem Stand der wissenschaftlichen Forschung zu befinden – kann beim Menschen auf keinerlei Naturbasis mehr rekurriert werden, weil der Mensch durch und durch einschließlich seiner Sexualität ein Kulturwesen ist« (H. Kentler: »Von Lust ist nicht die Rede«; in: Die Zeit Nr. 6, vom 7. 2. 69, S. 56).

Eine Antwort auf die Frage nach dem Stellenwert der Sexualität im menschlichen Dasein finden wir, wenn wir in den vielen Variationen sexuellen Verhaltens, wie sie sich der vergleichenden Kulturanthropologie darstellen, nach dem Grundmuster suchen, das sich als ein immer wiederkehrendes Thema stammesgeschichtlich herausgebildet hat. Dieses Grundmuster kann als Raster dienen, um das Bewährte und in einem weiten Zeitraum Konstante von dem Zeitbedingten und Milieuabhängigen zu unterscheiden: Das Wesen des Menschen und damit auch das Wesen seiner Sexualität ist seine Geschichte. Das gilt sowohl für die Geschichte des einzelnen (Triebschicksal) als auch für die stammesgeschichtliche Entwicklung. Phylogenetisch lassen sich angeborene Formen des Erkennens und Verhaltens beobachten, die die zwischengeschlechtlichen Beziehungen regulieren. Wenn auch die menschliche Sexualität im engeren Sinne nicht starr instinktiv gesteuert wird, so sind uns doch durch die stammesgeschichtliche Betrachtung Möglichkeiten an die Hand gegeben, diese werdensgesetzlich zu verstehen.

Bei den Primaten beginnt die Werbung mit einer Veränderung des weiblichen Organismus. Diese Veränderung ist abhängig von endogen wirkenden Faktoren (Hormone). Diese daraufhin in Erscheinung tretenden Verhaltens- und Körpermerkmale stimulieren das männliche Tier. Und im Wechsel von Schlüsselreiz und angeborenem auslösenden Mechanismus (AAM) wird das Geschlechtsverhalten aufgebaut. Sämtliche Verhaltensweisen im Zustand der Werbung sind für eine Tierart jeweils spezifisch und einheitlich, so daß sie als taxonomisches Merkmal bei Bestimmung der Arten Verwendung finden können. Die Variationen innerhalb einer Art sind geringfügig.

Das Verhalten der Geschlechter zueinander wird getragen von einem Kern kulturinvarianter Verhaltensweisen, muß aber in seiner jeweiligen Ausformung als spezifisches Rollenverhalten gelernt werden. Es ist soziologisch determiniert und wird durch Normen und Tabuvorschriften geregelt: »Trotz seiner stammesgeschichtlichen Anpassung wird der Mensch zu Recht als Kulturwesen bezeichnet. Gerade die Kontrolle der ihm angeborenen Triebe wird im wesentlichen über kulturelle Kontrollmuster bewirkt. Das ist bei den Tieren ganz anders. Hier sind den Antriebssystemen im allgemeinen auch die Ablaufskontrollen angeborenermaßen zugeordnet. Im Verlaufe der Menschwerdung wurden jene offenbar sekundär abgebaut, während die Antriebe intakt blieben. Der Ersatz der angeborenen Kontrollen durch kulturelle bedeutete einen Gewinn an Anpassungsfähigkeit« (I. Eibl-Eibesfeldt, 1970, S. 44). Folgerichtig ist deshalb die Beobachtung, daß durch den sozialen Wandel im letzten Vierteljahrhundert die Beziehung zwischen den Geschlechtern auf Grund des Abbaus alter Normen und Sitten immer verwirrender geworden ist. Am stärksten davon betroffen ist die Rolle der Frau. Einen gewichtigen Einfluß auf alle Emanzipationsbestrebungen hatte die Entwicklung der hormonellen Ovulationshemmer. Die Bestrebungen des Menschen, Geschlechtsverkehr und Zeugung voneinander zu trennen, sind so alt wie das Wissen um diese Zusammenhänge. Schon Aristoteles empfahl Sesamöl als Mittel der Empfängnisverhütung. Die Kontrolle lag aber weithin auf seiten des männlichen Partners. Das aber hat sich mit der Pille geändert. 1967 nahmen 6 Millionen amerikanische Frauen die hormonellen Ovulationshemmer. Die sichere Trennung von Lust und Zeugung wurde weithin zur Angelegenheit der Frau. In der Tierwelt ist das Weibchen nur dann geschlechtlich ansprechbar, wenn die Paarung zur Zeugung führen kann. Mit Ausnahme der Primaten gibt es beim Tier keine Menstruationszyklen. Reife Eier stehen nur während einer bestimmten Brunstzeit zur Verfügung. Bei Kaninchen und Katzen lösen sie sich im Augenblick der Kopulation vom Eierstock, von daher die sprichwörtliche Fruchtbarkeit der Katzen und Kaninchen. Diese Beobachtungen zeigen, daß beim Tier die Begattung im Dienste der Fortpflanzung steht. Geschlechtserregungen und Lustgefühle garantieren die geschlechtliche Appetenz in der für die Fortpflanzung günstigen Zeit. Sie sind dem Primat der Zeugung untergeordnet, während für den Menschen das Primat der Lust möglich wurde. Interessanterweise sind Konturen dieser Entwicklung schon stammensgeschichtlich vorgezeichnet. Aus der Physiologie der Sexualfunktionen wissen wir, daß das objektive Maß für die geschlechtliche Erregung der Frau – organische Intaktheit vorausgesetzt – das Feuchtwerden der Genitalien ist. Im Durchschnitt ist nach diesem Maß die geschlechtliche Erregung am 1. bis 5. Tag vor Beginn der Menstruation »objektiv« am höchsten. Damit erweist sich, daß die menschliche Sexualität ihr Spezifikum dadurch erhält, daß sie nicht ausschließlich der Fortpflanzung dient, (denn die 5 Tage vor Beginn der Menstruation sind empfängnisfreie Tage), sondern noch einen anderen Zweck erfüllt, nämlich den des Aufbaues eines gemeinsamen Intimerlebens. An dieser Verschiebung vom Primat der Zeugung zum Primat der Lust wirken selektive Veränderungen und individuelle Lernprozesse zusammen. Im Sinne der Konditionierung wird die sexuelle Erregbarkeit mit jenen Tagen verbunden, an denen der Geschlechtsverkehr angstfrei erlebt werden kann.

Wir beobachten hier, wie neben der Fortpflanzung der Aspekt des Intimerlebens evolutiv wirksam wird, insofern als bei erregbareren Frauen die Wahrscheinlichkeit größer ist, auch an nicht empfängnisfreien Tagen zu verkehren und zu empfangen, wodurch es zu einer allgemeinen Zunahme der sexuell Erregbaren in der Population kommt. Ob diese Entwicklung (Primat der Lust) durch die Erfindung der Pille in eine Sackgasse gerät, läßt sich nicht abschätzen. Denn durch die Pille wird die Bevorteilung der besonders Erregbaren hinsichtlich einer Schwängerung wieder aufgehoben. Auf jeden Fall wird deutlich, daß zwischen arterhaltender biologischer Zweckmäßigkeit und artgefährdender Unzweckmäßigkeit beim höheren Tier und beim Menschen ein Entfaltungsspielraum liegt zur Variation von Formen und Verhaltensweisen, die Strukturen des Erlebens sind. Einen weiblichen Orgasmus beobachten wir im Unterschied zum männlichen erst bei den Primaten. Nur durch die relative Selbständigkeit des Erlebnisaspektes wurde es möglich, daß die funktionalen Teilziele des geschlechtlichen Verhaltens: das Hinsehen, Sich-Zeigen, Betasten und die gegenseitige genitale Reizung jeweils selbständige Ziele des geschlechtlichen Verlangens werden konnten. Daraus erklärt sich auch, daß die menschliche Sexualität nicht jenen starren Aufbau einer instinktiv gegebenen hierarchischen Ordnung aufweisen kann, wie das beim Tier der Fall ist. Trotz dieser Auflockerung der instinktiven Steuerung beobachten wir bestimmte hierarchische Ordnungen auch im Bereich der menschlichen Sexualität. Auch in ihr wirken die sogenannten Schlüsselreize als sexuelle Auslöser: der kokettierende Blick, die Betonung von Busen, Bein, Oberschenkel, Gesäß, Penis und Lippen. Die Geschichte der Mode ließe sich unter dem Aspekt der wechselnden Betonung jener Schlüsselreize beschreiben, die das sexuelle Verhalten stimulieren. Dabei können durch Lernprozesse auch Verhaltensweisen und physiologische Reaktionen mit in das Repertoire der stimulierenden und stimmenden Reize aufgenommen werden, die im Grunde nur Begleiterscheinungen sexueller Erregung sind. So finden wir bei manchen Menschen das Erröten als ein unbewußtes Signal sexueller Erregung in den Funktionskreis der zwischengeschlechtlichen Beziehungen eingebaut. Manche dieser kleinen Begleitzeichen haben in einer eng umgrenzten Kulturzone einen hinweisenden Signalcharakter entfalten können: In der japanischen erotischen Kunst sind seit mehr als 800 Jahren eingerollte Zehen ein stilisiertes Symbol erotischer Erregung. Manches in der Zeichensprache und Signalgebung von Prostituierten läßt sich auf solche unbewußten motorischen Schablonen zurückführen. Nicht immer sind es Begleiterscheinungen sexueller Erregungen, sondern mitunter nur physiologische Reaktionen auf einen allgemeinen Spannungszustand hin (Übersprungsbewegungen). Diese können den Charakter von Signalen annehmen, wie beispielsweise das Nesteln an der Frisur, am Rocksaum, das nervöse Spiel der Finger u. a. (Seiß, 1969).

Alles in allem ist die Werbung im Bereich der menschlichen Sexualität nicht so uniform wie beim Tier. Sie gleicht eher einem Puzzlespiel, in dem die lose aneinander gefügten Signale das individuelle Bild der geschlechtlichen Erregbarkeit ergeben.

Die männliche Sexualität hat bei gruppenbildenden höheren Säugetieren oft auch eine deutliche Imponierkomponente. Die Schlüsselreize stimulieren nicht nur das weibliche Tier, sondern bedrohen gleichzeitig den Rivalen. Bei den Pavianen sitzen die Wächter an den Reviergrenzen der Gruppe mit erigiertem, gefärbtem Penis und gespreizten Oberschenkeln und bedrohen jeden Eindringling. Eibl-Eibesfeldt (1968, 1970) weist darauf hin, daß man im antiken Griechenland Steinsäulen mit einem Penis und einem Männerkopf als Begrenzungspfähle verwendet habe. Nicht zufällig spricht man nur beim Mann von Potenzstörungen, d. h. von Störungen seiner Mächtigkeit und Kraft, während das analoge Symptom bei der Frau als Gefühlskälte (Frigidiät) bezeichnet wird. Vielleicht ist der krankhafte Exhibitionismus u. a. auf diesen Trieb des sexuellen Imponierens zurückzuführen.

Der Stellenwert des Sexualtriebes und seiner Teilkomponenten (Partialtriebe, S. Freud) ist beim Menschen kultursoziologisch bestimmt. Im Aufbau des Sexualtriebes hat der Mensch einen bestimmten individuellen Spielraum. Im Vollzug seiner Geschlechtlichkeit ist er von Bedingungen abhängig, die sich auch im Bereich tierischen Verhaltens finden lassen. Es ist deshalb wichtig, an dieser Stelle festzustellen, daß die Schranken und spezifischen Mechanismen, die beim menschlichen Geschlechtstrieb im Sinne einer Ordnungsstruktur wirksam werden, ihn regulieren bzw. reglementieren, von den instinktiv gegebenen, angeborenen Ordnungsstrukturen im Verhalten des Tieres zwar verschieden sind, aber die gleiche Aufgabe zu erfüllen haben: den Stellenwert der Sexualität im Insgesamt des Daseinsvollzuges zu bestimmen und zu gewährleisten. Was im Bereich angeborenen Verhaltens die Instinkte leisten, muß beim Menschen durch Sitte, Norm und Gewohnheit gewährleistet sein. Ohne angeborene oder durch Sitte und Gebot erworbene, gelernte Spielregeln im Bereich der sexuellen Beziehungen ist eine Anpassung des Verhaltens und damit ein Leben in angstfreier Orientiertheit nicht möglich. Je weniger klar und eindeutig, je unverbindlicher die Spielregeln sind, um so geringer ist die Chance eines reibungslosen Zusammenspiels und einer tragfähigen Verbundenheit. Verbundenheit ist an Verbindlichkeit geknüpft. Das oft herausgestellte Ziel einer Kultivierung der Sexualerziehung ist nicht möglich ohne bestimmte verbindliche Übereinkünfte.

Wer in jeder Grenzziehung einen Zwang sieht, verkennt die Funktion der Grenze, bzw. sieht nur eine Seite (die Reglementierung) und beachtet nicht, daß Unbegrenztheit, Unverbindlichkeit Angst bedeutet: »Trotz ihres scheinbaren Aufgeklärtseins herrscht bei der Mehrheit der jungen Leute beachtliche Verwirrung über die Regelung der körperlichen Intimität zwischen den Geschlechtern ... Nicht die Verletzung der Regeln (wie in früheren Zeiten), sondern ihre verlorengegangene Allgemeingültigkeit macht aus dem heutigen Problem ein historisch Bedeutsames. D. Trumann, Leiter der Columbia Universität, USA, faßt die Situation wie folgt zusammen: »Das gegenwärtige Problem scheint weniger das eines Rebellierens gegen einen etablierten und bekannten Kodex als das eines Herumtappens in einer Situation mit fast unbekannten Grenzen zu sein« (V. Packard: Die sexuelle Verwirrung, Wien 1969, S. 27). So reduziert A. Comfort (Der aufgeklärte Eros, München 1964) die Ethik der zwischengeschlechtlichen Beziehungen auf einen Satz: ». . . daß nichts, auf welchem Gebiet des menschlichen Verhaltens auch immer, vorsätzlich das Wohlergehen des Mitmenschen verletzen dürfe« (S. 104). Wenn er darauf hinweist, daß es den Soziologen bis jetzt nicht gelungen sei, nachzuweisen, daß durch gesetzliche Vorschriften der Mensch besser würde, dann stimmt das. Es wird dabei aber übersehen, daß es nicht die Absicht des Gesetzes ist, den Menschen zu bessern. Das Gesetz regelt nur das Leben derer, die nicht fähig sind, in Liebe miteinander umgehen zu können. Die Liebe ist des Gesetzes Erfüllung. Wo Liebe herrscht, weiß jeder von selbst, was er zu tun und zu lassen hat. Das Gesetz ist Ausdruck der Unvollkommenheit des Menschen und soll gewährleisten, daß auch der unvollkommene Mensch mit dem anderen zu leben vermag. Man kann deshalb Gesetz, Norm und Sitte nur in dem Maße aufheben, wie Liebe vorhanden ist. Hebt man das Gesetz ohne diese Vorbedingung auf, so ist jeder dem Maßstab des anderen ausgeliefert. Wo man nicht mehr sicher ist, ob der Partner sich dem Gesetz der Treue innerlich verpflichtet fühlt, ist dem Mißtrauen Tür und Tor geöffnet. Moralisch ist dann das, was jedem gemäß ist. Egoismus wird zum Maßstab, dem sich der Schwächere fügen muß. Recht hat der Stärkere und der, der seine Argumente besser zu formulieren vermag, dialektisch besser geschult ist und sich herausnimmt, zu beurteilen, wo beim anderen die Grenzen des Wohlbefindens liegen.

Es scheint heute vielen nicht mehr möglich, sich in der Setzung sittlicher Normen einfach auf eine gottgewollte Ordnung oder auf Gott selbst zu berufen. Auch kann man sittliche Forderungen nicht exakt beweisen. Sittliche Entscheidungen beruhen auf persönlichen Entscheidungen, die das empirisch Erfaßbare transzendieren. Das ist völlig sinnfällig, wenn man bedenkt, daß die triebmäßig-kulturellen Verhaltensweisen so komplex sind, daß sie sich nicht auf eine einfache naturwissenschaftliche Formel reduzieren lassen. So stehen wir heute vor der Frage: Wo finden wir die Maßstäbe und Richtlinien einer verünftigen Sittlichkeit? Hier gibt uns die vergleichend-psychologische Betrachtung eine Möglichkeit an die Hand, Strukturen zu bestimmen, die als bewährte Verhaltensweisen stammesgeschichtlich aufzeigbar sind und brauchbare Maßstäbe und Regulativ für eine vernünftige Sittlichkeit abgeben. »Der Mensch kann die Natur und sich selbst beherrschen. Aber er kann deswegen nicht etwa selbstherrlich, willkürlich oder beliebig handeln. Denn es ist ja nicht mehr von uns beliebig festzusetzen, sondern bereits weitgehend in der Struktur der vorgefundenen Schöpfung vorgezeichnet, welche Auswirkungen eine unserer Handlungen haben wird« (W. Wickler: Die Biologie der Zehn Gebote, Mü. 1971, S. 27). Natürlich läßt sich die Sexualethik nicht restlos auf stammesgeschichtliche Radikale zurückführen. Und dennoch ist dieser Versuch immerhin positiver zu werten als die Scheinfreiheit der Individualnorm, wenn man sich als einzelner der Weisheit des »Gattungsgedächtnisses« unterstellt.

Bei den höheren Affen schließt mit der Paarung das Paarungsspiel die Brunstzeit ab. Die sexuelle Anziehung des weiblichen Tieres auf andere männliche Tiere geht zurück und hört ganz auf. Der Mann bleibt bei seiner Frau, ist ihr zugeneigt, sorgt für sie, verteidigt sie und hält sich stets in ihrer Nähe auf. Die Brunstzeit schließt ab, und eine Art »Ehe« beginnt.

Beim Menschen mit seiner freibeweglichen Sexualität ist ein solcher Einschnitt zwischen Paarungszeit und Ehezeit instinktiv nicht vorgegeben. Der Mensch, sowohl Mann als auch Frau, bleiben allgemein sexuell erregbar. Die Sexualität des Menschen trägt die Merkmale der Domestikation. Zu diesem Merkmal gehört u. a. auch eine deutliche sexuelle Übererregbarkeit und Promiskuität. (K. Lorenz; in: Psychologie und Stammesgeschichte, Bd. II der gesammelten Abhandlungen, München 1967, S. 245) Beim Affen ist die an die Empfängnis anschließende Gemeinschaft mit größerer Eindeutigkeit als beim Menschen ein nicht ausschließlich, vielleicht auch nicht einmal primär sexuell, sondern ein vom Fürsorgetrieb bestimmtes Verhältnis. Bei den Primaten wird der Sexualtrieb im Gefolge der Paarbildung vom Fürsorgetrieb überlagert oder zumindest weitgehend in seiner Auswirkung begrenzt. Beim Menschen tritt an die Stelle des weniger deutlich erkennbaren Fürsorgetriebes im Interesse der Arterhaltung ein sozial determiniertes Fürsorgeverhältnis. Deshalb sehen die Völkerkundler als das allgemeinste Kennzeichen der Ehe, daß »sie vorwiegend aber eine ökonomische Einrichtung und Gemeinschaft darstellt, daß diese Instituion also in der Tat primär ihre soziale Stabilität der gegenseitigen Lebensfürsorge und Unterhaltsleistung von Eltern gegenüber Kindern und Ehepartnern untereinander verdankt« (H. Schelsky: Soziologie der Sexualität a. a. O., S. 28).

So müssen wir Ehe und Familie als eine zwar auf Geschlechtsbeziehungen zwischen Mann und Frau aufbauende, primär jedoch der biologisch erforderlichen langdauernden Fürsorge für die Nachkommenschaft gewidmete, vorwiegend ökonomische Gemeinschaft verstehen, deren Dauer und Verpflichtung in allen Kulturen durch Sitte, Gesetz und Religion geregelt und anerkannt ist: »Keineswegs sind Ehe und Familie einfach als Institutionalisierung der Geschlechtsbeziehungen zu deuten, vielmehr liegt in ihnen nur eine indirekte Regelung der Geschlechtsbeziehungen vor, die allerdings deshalb so hervorstechend und dauerhaft ist, weil in ihr der umfangreichere, nicht sexuelle Tatbestand mit in die Institutionalisierung einbezogen ist« (H. Schelsky a. a. O., S. 39).

Die Monopolisierung der Geschlechtsbeziehungen in der Ehe muß verstanden werden als Folge der Erfordernis, die Ehe möglichst störungsfrei zu halten, um die existenznotwendige Lebensgemeinschaft aufrechtzuerhalten (sog. Notmonogamie). Die Tendenz, die Geschlechtsbeziehungen der Ehepartner zu monopolisieren oder wenigstens die außereheliche Beziehung unter Kontrolle zu bringen, beobachten wir deshalb in allen sich höher entwickelnden Kulturen. Offensichtlich ist sie nicht nur aus der physischen Existenznot heraus zwingend, sondern ebenso aus der seelischen Not der Einsamkeit, der der einzelne Mensch in einer weltoffenen Ungeborgenheit ausgesetzt ist. Nur unterliegt die Erkenntnis, daß die gemeinsame Lebensbewältigung eine große Hilfe sein könne, viel größeren Schwankungen als die Überzeugung, daß physische Lebensnot gemeinsam besser gemeistert wird.

In dem Maße, wie durch Emanzipation und Eskalation des Lebenstandardes die Ehe als Unterhalts- und Wirtschaftsgemeinschaft nicht mehr dringlich notwendig war, konnte sich die erotisch-sexuelle Komponente mehr in den Vordergrund schieben (sog. Liebesheirat, s. o.: Primat der Lust). Aufgrund dieser Entwicklung entstand folgende ambivalente Situation: Die Ehe als Institution wird angestrebt, aber nicht mehr aus Gründen der gemeinsamen Lebensnot und Schicksalsgemeinschaft, sondern aus dem individuellen Verlangen, den Partner der Liebe besitzen zu wollen. Das Heiraten, einschließlich der kirchlichen Trauung, wird zur Demonstration der glücklichen Zweisamkeit, zum »Ehespiel« als einem rituellen Akt mit einer gewissen orgastischen Potenz. Wer Ehe so eingeht, ist nicht nach dem Gesetz der Unauflöslichkeit der Ehe als Schicksals- und Lebensgemeinschaft angetreten und kann deshalb auch nicht von daher beurteilt werden. Je weniger die Partner schicksalhaft aufeinander angewiesen sind, je weniger ist die Ehe eine bleibende Notwendigkeit, um so mehr aber kann sie als Fessel erlebt werden, wenn der Wille zur bleibenden Verbindung nicht aus anderen Quellen als der der erotischen Faszination gespeist wird und Verliebtheit und Projektion abklingen.

Ford und Beach (Formen der Sexualität , ro ro ro -Sexologie, Band 8006/8007, Hamburg 1968) berichten, daß nur 16% der von ihnen untersuchten 168 ethnischen Gruppen monogame Beziehungen vorschreiben, bei 84% ist die Polygamie erlaubt. In der Praxis aber zeigt es sich, daß 50% derer, denen Polygamie zugestanden wird, nur eine Frau haben. Hierbei spielen natürlich auch wirtschaftliche Faktoren eine wichtige Rolle. Bei sehr wenigen Gruppen dürfen Männer und Frauen gleichermaßen mehrfache Paarbeziehungen eingehen. Auch davon wird in Wirklichkeit wenig Gebrauch gemacht. Noch seltener ist die Form der Gruppenehe. Bei den brasilianischen Kaingangs findet sich diese Paarbeziehung am häufigsten. Untersuchungen an dieser Gruppe ergaben, daß in einem Zeitraum von 100 Jahren dennoch 60% nur einfache Paarbeziehungen unterhielten. Wenn für diesen Sachverhalt auch keine weiteren Gründe angegeben werden, so wird man dennoch schwerlich dieses Vorherrschen der Monogamie ausschließlich auf die schlechten äußeren Lebensbedingungen zurückführen können. Wäre Polygamie in der Tat so naturhaft angelegt, wie manchmal behauptet wird, dann hätte sie sich stärker durchsetzen müssen.

Schelsky weist darauf hin, daß bei Gesellschaften, die sich in sozialer Fortentwicklung befinden, die Geschlechtsbeziehungen der Ehepartner aus primär nicht sexuellen Bedürfnissen monopolisiert werden. Wir können annehmen, daß mit der zunehmenden Bedeutung des Geschlechtserlebens seine Monopolisierung deshalb dringend notwendig wird, weil eine polygame Beziehung nur da stört, wo partnerschaftliches Sexualerleben und Besitzen gewichtiger werden als die Frage nach dem ökonomischen Überleben. Unter schwierigen Lebensbedingungen gewinnt eine Ehe und die in ihr gelebte Geschlechtlichkeit einen unersetzbaren Wert als Dokumentation und Demonstration des gegenseitigen Willens zur bedingungslosen Annahme des anderen. Die Monopolisierung der Geschlechtsbeziehung in der Ehe verhindert die Vereinsamung und reduziert die seelischen Konflikte. Ist eine Ehe nicht identisch mit dem Willen zur Annahme des anderen, gestattet sich ein Partner die Ablehnung des anderen, versteht er Ehe nur als eine Möglichkeit zur geschlechtlichen Liebe, dann verfehlt er ihre tragende Funktion: unter den Bedingungen einer pluralistischen Gesellschaft ein Ort und Hort der Geborgenheit, Verläßlichkeit und Ruhe zu sein. Die Monopolisierung des Geschlechtsverkehrs in der Ehe aus ökonomischen Gründen ist heute nicht mehr zwingend gegeben. Vielmehr geht es um die gegenseitige Erfahrung des Treueprinzips als einer Notwendigkeit, um mittels immer neuer Erlebnisse intimer Zusammengehörigkeit und Gemeinsamkeit eine stabile Ausgangsbasis zur Bewältigung der zahlreichen schwierigen Situationen und Nöte in unserer unruhigen Zeit zu schaffen. Das ist eine Aufgabe, die nicht schon dadurch gelöst ist, daß man sich gemeinsam sexuellen Erlebnissen hingibt. Intimität ist mehr als Sexualität. Wer das nicht sieht, überfordert die Tragfähigkeit einer erotisch sexuellen Gemeinschaft und kann nicht begreifen, daß gegenseitige Anziehung nicht notwendig gegenseitige Liebe ist, die des anderen Last trägt und bedenkt; deshalb wiegen Enttäuschungen und Konflikte gerade im Bereich der Zweisamkeit so schwer. Eine multifaktorielle Analyse zur Erhellung der Motive und Konstellationen des Selbstmordes hat J. Bochnik, Hamburg, an 2 600 Patienten durchgeführt. Das Material stammt aus den Jahren 1935 bis 1959. Die Analyse ergab, daß die Beziehungen zum Liebespartner bei Männern mit 43% und bei Frauen mit 53% an erster Stelle der Lebenskonflikte stehen. Gestörte Beziehungen zum Liebespartner können in allen Lebensaltern zur Verzweiflung treiben; zwischen dem 21. und 40. Lebensjahr überragen sie an Häufigkeit alle anderen (nach K. Saller: Sexualität heute, München 1967, S. 158 f). Treue und Verläßlichkeit sind entscheidende Stabilisatoren einer Ehe und des Verhaltens allgemein. Aus diesem Grunde fragen die verantwortlichen Pesonalsachbearbeiter großer Unternehmungen bei Einstellung leitender Mitarbeiter nach der Intaktheit ihres Ehelebens. Sexuelle Treue und Verläßlichkeit sind Zeichen für ein gegenseitiges personales Sich-Annehmen mitten in einer zunehmend entpersönlicht verwalteten Welt.

Zwar entstehen Partnerschaft und Ehe nur im Spannungsfeld gegengeschlechtlicher Anziehung, dennoch handelt es sich bei der Sexualität nur um eine Initialzündung, um eine bedeutsame Funktion in der Findung der Geschlechter, die dann, wenn sie ihre Aufgabe erfüllt hat, in das umfassende Ganze eines personal-dialogischen Beziehungsgefüges eingeordnet werden muß. Es gibt heute starke Tendenzen, die Sexualität aus diesem Ein- und Zugeordnetsein zum Insgesamt des Lebens herauszulösen. Wenn ein System, dessen Faktoren sich lange Zeit in einem Gleichgewicht befanden, in Gefahr gerät, durch Übergewichtigkeit eines Faktors dieses Gleichgewicht zu verlieren, ohne daß sich einstellende Regulationsmechanismen einen Ausgleich bewirken können, dann wird das Gesamtsystem labilisiert. Das gilt nicht nur für die Ökologie bestimmter Biotope, sondern auch für das System zwischenmenschlicher Beziehungen.

Man kann bestimmte Verhaltensmuster aus einer Kulturzone in die andere nicht einfach verpflanzen, weil sie in ihrem Gesamtzusammenhang, in dem sie eingebettet sind, jeweils eine spezifische Bedeutung und Wertigkeit haben, die nicht mit übertragen werden kann. So ist die sexuelle Freizügigkeit der Trobriander nicht einfach auf unsere Verhältnisse übertragbar. Es ist naiv, zu meinen, man könne sich aus den verschiedensten Kulturen jeweils das Beste heraussuchen und daraus eine neue Kultur, eine neue Gesellschaft zusammensetzen. Die Natur macht keine Sprünge, auch nicht die Entwicklungsgeschichte der triebmäßig-kulturellen Verhaltensmuster. Im Anschluß an die Oktoberrevolution hat man 1918 in Rußland die Ehe abgeschafft. Die Auswirkungen waren so negativ, daß man sie sehr bald wieder eingeführt hat. Heute ist es in Rußland außerordentlich schwer, sich scheiden zu lassen.

In unserer Zeit des Umbruchs werden alte Grenzen und Normen probierend, suchend durchbrochen. Aber wir werden erkennen müssen, daß Liebe und Strenge, gewährte Weite und Begrenzung sich im Leben die Waage halten müssen, wie auch immer die Normen im einzelnen aussehen mögen. Unbegrenztheit bedeutet bis zu einem gewissen Grade Freiheit, darüber hinaus aber wird sie Angst erzeugen, Angst vor der Grenzenlosigkeit und der Ungeborgenheit der Weite als Gegentyp zur Höhle, dem umgrenzten und umfriedeten Raum. Destruktion des Gewordenen, Mißachtung von Sitte und Norm, ihr bloßer Abbau führen nicht zur Freiheit, sondern zur Unterstellung unter andere Mächtigkeiten (Cliquen-Norm, Kollektiv-Druck, Man-Denken, Meinungsterror) oder bedingt einen mehr oder weniger deutlichen Konfliktzustand: latente Unsicherheit, Angstbereitschaft mit entsprechenden ungesteuerten affektiven Durchbruchsreaktionen. Das gilt auch für den überschaubaren Bereich der gegengeschlechtlichen Zweisamkeit. Auch hier kann man sich entscheiden für Ordnung oder Ungeborgenheit, für Treue, Verbindlichkeit oder anonyme Unverbundenheit. Und man wird ernten, was man gesät hat. Auch die Paar-Beziehung hat eine Werdensgeschichte und wird von dieser in spezifischer Weise bestimmt. Man kann nicht einfach diese Geschichte ausradieren und bei Punkt Null anfangen wollen, ohne die Betroffenen einer Unorientiertheit preiszugeben. Die Sexualität des Menschen ist nicht nur dem Funktionskreis der Fortpflanzung zugeordnet, sondern darüber hinaus eine eigenständige, spezifisch menschliche Erlebensqualität im Zusammensein der Partner. Gerade die Nacktheit des Menschen ist eine wesentliche Bedingung zur Ausdifferenzierung dieser Erlebensqualität in Form erogener Zonen. Von der Haut des Menschen führen mehr sensible Nervenfasern zum Gehirn als bei irgendeinem Tier. Die nackte Haut des Menschen ist ein Organ der Sensibilität, insbesondere der libidinösen. Bei keinem Tier können wir beispielsweise beobachten, daß die Brüste im sexuellen Spiel eine besondere Rolle spielen, beim Menschen dagegen finden sie die stärkste Beachtung im Liebeszauber der Primitiven wie im Liebesvorspiel (Petting) der Zivilisierten. Und nicht nur die Brüste, sondern auch andere Bereiche der nackten Haut können libidinös besetzt werden: Nacken, Schulter, Rückgrat, Ohrläppchen, Bauchdecke, Gesäß, Oberschenkelinnenseite u. a. »Die erogene Eigenschaft kann einzelnen Körperstellen in ausgezeichneter Weise anhaften. Es gibt prädestinierte erogene Zonen ... Aber außerdem kann ... jede beliebige andere Körperstelle mit der Erregbarkeit der Genitalien ausgestattet und zur erogenen Zone erhoben werden« (S. Freud: Drei Abhandlungen zur Sexualtheorie, Fischer TB. Nr. 422, Frankfurt 1961, S. 52 f).

Trotz der kultursoziologisch bedingten Beweglichkeit und Vielfalt menschlicher Verhaltensmuster lassen sich für den Bereich der zwischengeschlechtlichen Beziehungen mit Hilfe der vergleichenden Verhaltensforschung Gesetzmäßigkeiten und Ordnungsstrukturen im Aufbau der menschlichen Liebesbeziehungen nachweisen.

2. Die Psychostruktur sexuellen Verhaltens

a) Allgemeine Gesetze der Trieb-Dynamik: Erregungsmuster und Reaktionsmuster

La Rochefoucauld hat die bekannte Formel geprägt: »Mit der großen Liebe geht es wie mit den Geistererscheinungen: Alle reden davon, aber niemand hat sie gesehen« (»Maximen und Reflexionen«, Reclam U. B. Nr. 678, S. 76). Wenn man auch den komplexen Sachverhalt Liebe niemals operational befriedigend definieren kann, ohne am Wesen der Liebe vorbeizureden, so ist es doch möglich, den Aufbau jener Verhaltensmuster, die wir dem Komplex Liebe zuordnen, stammesgeschichtlich zu erhellen.

Das multifaktorelle Modell des Verhaltens (Beach, 1942) besagt, daß das instinktive Verhalten ein Resultat aus hormonalen, sensorischen und neuralen Wirkungen ist. K. Lorenz und N. Tinbergen entdeckten im Bereich angeborenen Verhaltens eine Verschränkung zwischen starrer Erbkoordination (Instinktbewegung) und einem erlernbaren Verhaltensanteil (Taxiskomponente). Die Taxiskomponente ist das Variabelste an der Instinkthandlung. Sie bewirkt Orientierung und Anpassung des Instinktverhaltens an bestimmte Situationen. Mit steigender Entwicklungshöhe ist das sexuelle Verhalten zunehmend von Lernfaktoren und damit von der Erziehung abhängig, dagegen von physiologischen Faktoren (beispielsweise hormoneller Beeinflussung) zunehmend unabhängiger. So können Störungen der sexuellen Potenz beim Menschen nicht mehr eindeutig hormonell beeinflußt werden, was beim Tier durchaus noch möglich ist. Trotzdem ist der Anteil der Erbkoordinationen durch alle Modifizierungen und Variationen hindurch erkennbar und ermöglicht bei aller Freibeweglichkeit der menschlichen Sexualität die Herausarbeitung einer bestimmten hierarchischen Ordnungsstruktur. Wir werden sehen, daß es vernünftig ist, diese Struktur zu akzeptieren und das konkrete Verhalten daraufhin einzustellen. Nicht ohne Schwierigkeiten wird man über das stammesgeschichtlich Gewordene einfach hinweggehen können. Die aufgezeigten Strukturen haben zwar nicht mehr den Charakter des instinktiven Zwanges, stellen aber vernünftige Empfehlungen zu einem sexuellen Verhalten dar, das sich ganzheitlich-integriert in ein bestimmtes Daseinsgefüge einordnet.

Der Aufbau instinktiver oder instinktnaher Verhaltensmuster wird bestimmt durch Wechselspiel und Dynamik von Schlüsselreiz und Instinktbewegung.

Die Intensität einer Instinktbewegung hängt mindestens von zwei Faktoren ab, nämlich von der Wirksamkeit der Reizsituation und der endogenen Bereitschaft (der Gestimmtheit). K. Lorenz hat diesen Zusammenhang in vereinfachter Form in einem sehr bekanntgewordenen Modell dargestellt (s. Abb. S. 60). Es vergleicht die zunehmende endogene Bereitschaft mit einer Kumulation aktivitätsspezifischer Energie. Diese Bereitschaft, sich in spezifischer Weise zu verhalten, wird dann ausgelöst durch einen Mechanismus, den sogenannten AAM: angeborener auslösender Mechanismus. Dieser spricht nicht auf den Komplex aller die biologisch adäquaten Situationen begleitenden Reize an, sondern nur auf bestimmte, einfache, prägnante Reizkombinationen. Diese sog. Schlüsselreize sind keine Wahrnehmungsgestalten, sondern eine Summe von Einzelmerkmalen. Durch entsprechend konstruierte Attrappen läßt sich zeigen, daß übertriebene Teilmerkmale zu einem gleichen Verhaltenseffekt führen können wie das Gesamtmerkmal in seinen natürlichen Relationen. Daraus folgt, daß man Attrappen herstellen kann, die stärker wirken als der von der Natur vorgesehene Schlüsselreiz (sog. supranormale Reizattrappen).

Die Werbung macht von solchen Übertreibungen Gebrauch. Je stärker die endogene Bereitschaft ist, um so leichter läßt sich die Instinktbewegung auslösen. Deshalb können bei entsprechend endogener Aufladung die Schlüsselreize kleiner oder auch unschärfer werden. »Hast du jenen Trunk im Leibe, siehst du Helenen in jedem Weibe« (Goethe, Faust).

Wie das Modell deutlich zu machen versucht, wird durch den Zufluß aktivitätsspezifischer Energie die endogene Bereitschaft zur Instinkthandlung zunehmend aufgeladen (dargestellt durch eine Feder und ein Ventil). Der Schlüsselreiz, das rezeptorische Korrelat (im Bild dargestellt als Gewicht) steht mit dem AAM in Beziehung. Der AAM ist vergleichbar einem Block, der den Abfluß der aktivi-

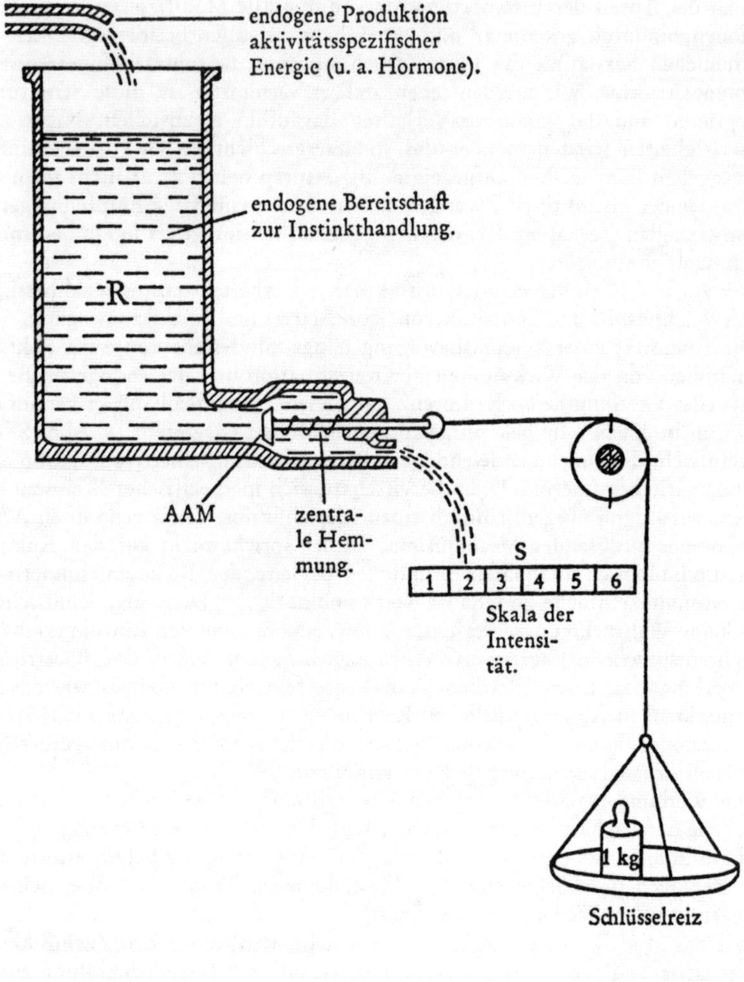
endogene Produktion
aktivitätsspezifischer
Energie (u. a. Hormone).
endogene Bereitschaft
zur Instinkthandlung.
R
AAM
zentra-
le Hem-
mung.
S
1 2 3 4 5 6
Skala der
Intensi-
tät.
1 kg
Schlüsselreiz

tätsspezifischen Energie in die Handlung sperrt. Normalerweise wird er durch die äußeren Schlüsselreize beiseite geschoben, d. h. die Instinkthandlung wird ausgelöst. Es gibt nun aber auch Situationen, wo der Innendruck durch Stauung der aktivitätsspezifischen Energie so groß ist, daß er von selbst den AAM überwindet: Es kommt zur sog. Leerlaufhandlung. Im Regelfall stehen aber Schlüsselreiz und endogene Kumulation der aktivitätsspezifischen Energie in einer ausgewogenen Beziehung zueinander, weil sich die aktivitätsspezifische Energie in einem Rhythmus auflädt, der angeglichen ist an die äußeren Möglichkeiten zum Vollzug der entsprechenden Instinkthandlung und der durchschnittlichen Erscheinungshäufigkeit der Schlüsselreize.

Wenn Auslösung und Intensität des Ablaufs von Instinktbewegungen durch diese beiden Größen bestimmt werden (dem augenblicklichen Spiegel der aktivitätsspezifischen Erregung und der Größe des Schlüsselreizes), dann bedarf es zur Analyse von Instinktbewegungen der Methode einer doppelten Quantifizierung: Messung der endogenen Kumulation und Messung der exogenen Schlüsselreize. Von diesem Modell ausgehend interpretierte man das allmähliche Unwirksamwerden von Auslösern durch deren gehäufte Darbietung als ein »Leerpumpen des Instinktzentrums«. Dieser Annahme schien zu entsprechen, daß bei fortgesetzter Auslösung der Instinktbewegung diese nur noch zustandekommt, wenn der Schlüsselreiz zunehmend stärker gewählt wird.

Wenn kurz hintereinander der gleiche Schlüsselreiz dargeboten wird, nimmt die Reaktion auf diesen hin ab. Bei genauer Beobachtung der alltäglichen triebpsychologischen Zusammenhänge fällt jedoch auf, daß Variationen der auslösenden Reize die Handlungsbereitschaft sehr viel länger wachhalten. Das aber würde bedeuten, daß das Nachlassen der Auslösbarkeit nicht in einer Ermüdung der zentralen Efferenz (der Handlungsbereitschaft) zu suchen ist, sondern möglicherweise in Vorgängen begründet liegt, die die Afferenz (die aufnehmende Seite, die Seite der Schlüsselreize) betreffen, so daß wir also mit einer Gewöhnung, Abnutzung, Abstumpfung, Sättigung auf der sensorischen Seite rechnen müssen. R. Prechtl (Quantitative Untersuchungen über die Sperrbewegung junger Singvögel; in: Behaviour, Vol. V, 1; Leyden 1953, S. 32 ff) ging dieser Frage experimentell nach. Nestjunge Buchfinken sperren auf verschiedene Schlüsselreize hin: Klopfen an den Nestrand, akustische Reize (Pfeifen oder Zirpen mit den Lippen) und optische Reize (Bleistift wird in schräger Haltung vor den Augen der Jungvögel vorbeigeführt). Nun konnte gezeigt werden, daß sich die Sperreaktion bei wiederholter Darbietung ein und desselben Reiz zum Erlöschen bringen läßt, daß die Jungvögel aber auf einen anderen Reiz hin sofort wieder sperren. Es war also nicht die aktivitätsspezifische Energie verbraucht, nicht die Handlungsbereitschaft erloschen, sondern eine Adaptation im Bereich der Afferenz eingetreten, der auslösende Reiz war nicht mehr wirksam. »Es scheint dies der sehr wesentliche Befund zu sein, daß die Adaptation selbst einen Bremsmechanismus darstellt, der ein zu häufiges Ablaufen einer Instinktbewegung und damit eine Erschöpfung des effektorischen Zentrums verhindert« (R. Prechtl a. a. O., S. 40).

b) Pornographie ist Triebverwirklichung unter unnatürlichen Bedingungen

S. Freud hat wohl auch schon geahnt, daß es so eine natürliche »Bremse« geben müsse, wenn er annahm, daß die äußerlich uneingeschränkte Geschlechtlichkeit innere Hindernisse aufbauen würde, um die Libido in die Höhe zu treiben (»Über die allgemeinste Erniedrigung des Liebeslebens«, Gesammelte Werke Band 8, London 1943, S. 88 f).

Im Tierversuch kann man durch experimentellen Eingriff die »natürliche Bremse« ausschalten. Wir werden sehen, daß sich die Wirkung der Pornographie damit vergleichen läßt. Die sogenannte »harte« Pornographie ist Darstellung sexueller Verhaltensweisen, die mit Hilfe technischer Möglichkeiten (gestellte Szenen, Ausschnittbeobachtung und Vergrößerung) das Maß des unter alltäglichen Bedingungen ohne technische Hilfsmittel Beobachtbaren im Bereich sexuellen Verhaltens übersteigen. Damit wird die einregulierte Gleichgewichtigkeit zwischen sexuellem Bedürfnis, Handlungsbereitschaft einerseits, Erwartungseinstellung, Stimulierung andererseits empfindlich gestört. Durch Pornographie wird die natürliche Auslöseschranke außer Kraft gesetzt. Es entsteht eine sexuelle Erlebnisverarmung in der partnerschaftlichen Beziehung. Wenn im allgemeinen behauptet wird, daß eine Sozialschädlichkeit nicht nachzuweisen sei, dann ist das deshalb eine ungeprüfte Behauptung, weil sie von der Prämisse ausgeht, Kriterien angeben zu können für soziale Schädlichkeit. Das aber kann man gerade nicht, weil man über die Reifeform des sozialen Zusammenlebens nichts aussagen kann. Man kennt die Reifeform des sozialen Zusammenlebens nicht und kann deshalb auch nicht angeben, ob und welche Einflüsse die Entwicklung zur Reifeform sozialen Zusammenlebens verhindern oder begünstigen. Die Frage nach der Sozialschädlichkeit bzw. -unschädlichkeit läßt sich verantwortlich nicht beantworten. Viel eindeutiger ist die Frage nach der Einwirkung auf die individuelle Entwicklung und die Beurteilung diesbezüglicher Schädlichkeit, weil man die Reifeform des Individuums genau bestimmen kann. Die Reifeform der Individualentwicklung besteht in der Fähigkeit des einzelnen zu kommunizieren, ohne den anderen dadurch an sich zu binden. Verbundenheit zu erleben, ohne den Preis der Gebundenheit und Abhängigkeit dafür zahlen zu müssen. Das ist die Reifeform des Menschen als Zoon politikon. Nur derjenige, der diese Sicht zu teilen willens ist, kann in Verantwortung über den Einfluß der Pornographie auf die partnerschaftlichen Beziehungen nachdenken.

Durch die unnatürlich überhöhte Stimulierung wird das Triebgeschehen aus dem funktionalen Zusammenhang der Gesamtorganisation des Triebes herausgenommen, die triebregulierende, der Struktur unseres Triebes zugeordnete afferente Schranke arbeitet unter diesen Bedingungen nicht funktionsgerecht.

Die Umgehung der Auslöseschranken bewirkt man im Tierexperiment u. a. durch direkte Hirnreizung. Und hier zeigt es sich, daß das Tier unter Umgehung der natürlichen, triebregulierenden Auslösemechanismen die Kontrolle über sein Lustbedürfnis verliert. Bis zur körperlichen Erschöpfung verschafft es sich mittels Hebeldruck durch direkte Hirnreizung Lust (Olds 1958). Der Trieb, seiner natürlichen Steuersignale durch technische Mittel beraubt, gerät an die Grenze seiner Einordenbarkeit und gefährdet das Gesamtsystem so, daß Umweltanpassung nicht mehr gelingt. Trotz Hunger fressen diese Tiere nicht. Sie sind dem Trieb nach Lust preisgegeben, alles ist diesem Verhalten untergeordnet. Das gilt auch für den Menschen: Durch Übertreibung der natürlichen Stimulierungen gerät der Mensch aus dem Gleichgewicht seiner Ganzheit und erliegt mehr oder weniger, in Abhängigkeit von der Struktur seiner Person, von seiner vorgängigen Entwicklung, dem Drang nach Lust.

»Nicht, daß wir bestimmter Möglichkeiten beraubt sind, läßt uns die Unfreiheit als entmenschlichend empfinden; es liegt vielmehr daran, daß wir nicht mehr aus der Ganzheit unserer Person handeln können; und das ist der Grund dafür, daß der Kampf für die Freiheit ein Kampf für den Menschen ist und nicht für etwas am Menschen. Der Mensch, der nicht mehr aus dem Innersten seines Wesens, aus der Ganzheit, aus dem, worin alle Elemente seines Seins zu letzter Entscheidung zusammenkommen, wirken kann, hat aufgehört, ein Mensch im wahren Sinne des Wortes zu sein. Er ist entmenschlicht.« (P. Tillich: Für und wider den Sozialismus, Stuttgart 1969, S. 137)

Der Mensch hat die Möglichkeit über das Naturgegebene hinauszugehen. Darin liegt seine Freiheit, aber auch seine Verantwortung, das »Darüber-hinaus-Gehen« zu beurteilen und, wenn notwendig, freiwillig zu begrenzen oder auch im vollen Bewußtsein des Nicht-Wollens sich dieser Selbstbegrenzung zu entziehen. Diese Verantwortung wird nicht geringer, wenn man Mitläufer unter der Parole einer mißverstandenen Freiheit anwirbt und sich auf diese Weise selbstbestätigende Zustimmung verschafft.

... »Es geht hier nicht darum, daß uns Möglichkeiten geraubt werden, daß wir nicht reisen können, gehen können (viele Kranke können nicht gehen ...) oder daß wir nicht alles sagen können, was wir sagen wollen, sondern die Frage lautet: Sind wir imstande, aus der Ganzheit heraus zu handeln? Und wenn das nicht mehr möglich ist, dann hat der Prozeß der Entmenschlichung begonnen.« (P. Tillich, a. a. O., S. 138)

Der Mensch hat ein personhaftes Zentrum, das es ihm ermöglicht, aus diesem Zentrum heraus, das alle Elemente seines Seins in sich schließt, zu denken und zu handeln. Der Mensch weiß auch um die andere Möglichkeit, nämlich daß er nicht aus dem Zentrum heraus handelt, sondern daß einzelne Elemente seines Lebens das Zentrum erobern, die übrigen Elemente zu unterwerfen suchen und auf diese Weise zur Desintegration der Persönlichkeit treiben. Unter der Herrschaft solcher isolierten Elemente seines Seins – wie Angst, Begierde, Leidenschaften – fühlt sich der Mensch unfrei und getrieben. Wir sind unfrei in dem Maße, indem Teiltendenzen in uns herrschen, und frei in dem Maße, indem wir aus der Ganzheit unseres Seins heraus handeln.« (P. Tillich: a. a. O., S. 136, 137).

Die harte Pornographie erhöht mit Sicherheit die Zahl der Menschen, die einem Irrlicht der Freiheit nachlaufen und in der Unfreiheit einer Lustorientiertheit landen. Es sei noch einmal darauf hingewiesen, daß das Reden von der freien Entscheidung des einzelnen, der sich mit der Pornographie auseinandersetzen müsse, schlechterdings eine Überschätzung der Möglichkeiten ist. Man verkennt dabei nämlich, daß die Freiheit der Entscheidung an bestimmte Bedingungen geknüpft ist, nämlich an jene ganzheitliche Einordnung der Teile,von der wiederholt die Rede war. Wir überfordern die Freiheit der Entscheidung eines Menschen, wenn wir ihn unnatürlich gesteigerten Stimulierungen aussetzen, die die Integriertheit und die anthropologische Ortung der Sexualität gefährden.

Ebenso unüberlegt wie das Argument von der Freiheit ist die Theorie von der Abstumpfung. Es wurde schon festgestellt, daß es eine Ermüdung auf dem afferenten Schenkel des Instinktgeschehens gibt, eine Ermüdung durch Abstumpfung der Auslöser (es macht keinen Spaß mehr). Eine solche Abstumpfung ist aber keine Erledigung und keine Bewältigung des Lustbedürfnisses, sondern lediglich ein Hinweis darauf, daß die angebotenen Auslöser nicht mehr hinreichen, die Lusterwartungen zu befriedigen. Die logische und auch die tierexperimentell nachgewiesene natürliche Konsequenz ist das Angewiesensein auf stärkere Auslöser. Etliche Experten sehen deshalb einen Zusammenhang zwischen Sexualisierung und dem Anstieg des Drogenkonsums. Dieser Zusammenhang ist unmittelbar einleuchtend. Wir verstehen, daß derjenige, dem Lust ein ganz wesentlicher Lebensinhalt geworden ist, zur Droge greift, wenn er Lust auf dem Weg über sexuelle Stimulation nicht mehr zu erleben vermag. Und hier sind wir an einem weiteren Punkt der Gefährdung der Individualentwicklung durch die Einwirkung von Pornographie:

Pornographie führt zur Erlebnisverarmung. Wer sich der Eskalation der Lusterlebnisse aussetzt, kommt sehr schnell an den Punkt, wo es nichts mehr gibt, was noch reizen könnte. Bandura (1963) und andere haben experimentell zeigen können, daß lebendige Szenen ebenso wie Bilder zur Imitation anreizen. Die durch Pornographie gezeigten Szenen, ausgelösten Erregungen und Erlebnisse werden imitiert bzw. aufgesucht. Pornographische Bilder führen zu der Erwartung, daß es im Vollzug der Intimbeziehungen so erregend zugehen müsse wie es die Pornographie nahelegt. Die Partner überfordern sich weithin gegenseitig. Enttäuschungen und Erlebnisleere sind die Folgen. Die Sexualität wird von der Liebe losgelöst und gerät unter das Prinzip der Lust-Leistung (sexy sein, Orgasmus haben, potent sein). Die Sexualität wird aus ihrem anthropologischen Kontext herausgedrängt, mißverstanden. Auf diese Weise wird sie, so sie doch eine Quelle des Verständnisses sein soll, eine Ursache der Mißverständnisse und der gegenseitigen Fehlerwartungen.

Schließlich sei noch auf den Zusammenhang zwischen Pornographie und Aggression hingewiesen. Es wird immer gesagt, daß die Frustrierung eines Triebes zur Aggression führe. Das ist zum Teil richtig, aber man übersieht dabei, daß die Stärke der Aggression abhängig ist von der Stärke des frustrierten Triebes. Das aber bedeutet, daß durch eine extreme Aufladung der sexuellen Antriebe mittels Pornographie die Frustrationstoleranz herabgesetzt wird. Mit anderen Worten, wer so stark stimuliert wird, ist dem Maße seiner Stimulation entsprechend unfähig zu verzichten, wo Verzicht nötig wird. Und Verzicht wird auch ohne repressive Gesetze allein aus der Tatsache des Zusammenlebens notwendig. Die durch Pornographie gesteigerte Lusterwartung wird bei notwendig werdendem Verzicht zu einer entsprechend stärkeren Aggression führen. Die Pornographie führt deshalb nicht zur Befreiung von Aggressionen, sondern erhöht auf dem Wege über die Steigerung der Lusterwartung und der damit verbundenen geringeren Frustrationstoleranz die aggressive Bereitschaft.

Man verwechsle Ablehnung der Pornographie nicht mit Lustfeindlichkeit! Nur muß man sehen, daß man nicht ohne Risiko einer Luststeigerung unter dem Deckmantel von Freiheit und Fortschrittlichkeit das Wort reden kann nach dem Motto: Alles, was Lust bereitet, sei schon deshalb gut, weil es Lust bereitet. Eine Erziehung zu einem Recht auf Lust reduziert die Bereitschaft, Unlust und Spannungen zu ertragen. Und in diesem Zusammenhang sei auf einen letzten kritischen Punkt der Pornographiediskussion hingewiesen. Die amerikanische Kreativitätsforschung hat herausgefunden, daß zur kreativen Persönlichkeit die Fähigkeit gehört, Spannungen auszuhalten, Leid zu ertragen. Die Funktionalisierung dieser für die Erschließung unseres Bildungspotentials so wesentlichen Fähigkeit wird aber erschwert oder im Einzelfall ganz verhindert, wo durch Pornographie-Konsum eine Einstellung verstärkt wird, die das Gegenteil beinhaltet, nämlich Lust gewinnen und Unlust und Spannung vermeiden. Es ist unrealistisch, die Menschen so zu erziehen, als sei die Lust das Geheimnis eines glücklichen Lebens. Man kann vor dem Leiden dieser Welt nicht den Kopf im Sand der Lust verstecken und das Leid so gleichsam überlisten. Im Gegenteil, das Leid wird umso leidvoller erlebt, je stärker der Kontrast zu einer möglichen Lust ist. Konflikte anzugehen, Leid zu bewältigen, sich der Realität zu stellen fällt umso schwerer, je leichter der Weg ist in die regressive Haltung des Lusterlebnisses und der Rauschzustände.

Man kann deshalb nicht in einem Atemzug Bildungsprogramme aufstellen, die der kreativen Potenzaktualisierung dienen, und Pornographie anpreisen, weil man dann feststellen wird, daß die zutage geförderten, entdeckten kreativen Potenzen nicht einsatzfähig sind, weil denen, die darüber verfügen könnten, die Lust möglicherweise mehr bedeutet als die Leistung. Nach dem Gesagten scheint die These fragwürdig, daß der Mensch, der meint, sich alles, wozu er Lust verspürt, erlauben zu können, zu einer gesunden, »natürlichen Moral« käme, demgegenüber scheint es viel wahrscheinlicher, daß er einer dominierenden Lustorientiertheit aufsitzt, die seine Handlungsfreiheit erheblich einschränkt. Nur ein willentlicher Entschluß, ein bewußtes Verzichten und Sich-Unterstellen unter bestimmte Verbindlichkeiten und Verpflichtungen kann das Triebverhalten steuern. Der Mensch ist ein »asketisches Wesen« (A. Görres). Er muß die Ablaufskontrolle seiner Sexualtriebe durch seine Ratio übernehmen. Enttabusierung ist nicht Trieb-Befreiung, sondern Trieb-Verstümmelung. Die Sozialisation fordert vom heranreifenden Kind einen erheblichen Triebverzicht« (M. Markart in: Psycho-Info, Nr. 7, Bonn 1971, S. 9).

c) Hierarchie und Ordnung im Aufbau zwischengeschlechtlicher Beziehungen

Bei vielen Wirbellosen und in allen Wirbeltierklassen finden wir hierarchische Ordnungen im Verhalten. Je höher ein Tier in der phylogenetischen Reihe steht, um so weniger streng linear sind diese Ordnungen. Bei Katzen beispielsweise kommt eine strenge Linearität: Lauern, Anschleichen, Fangen, Töten, Fressen nur dann vor, wenn das Tier hungrig ist. Mit der Höherentwicklung kann jede Teilhandlung zum relativ selbständigen Ziel werden (vgl. Spiel der Tiere im entspannten Feld).

S. Freud hat diese relative Selbständigkeit der Teilhandlungen erkannt, wenn er dem Küssen, Schauen und Betasten bestimmte Partialtriebe zuordnet, die in der reifen Geschlechtlichkeit dem Primat der Genitalität untergeordnet werden und als Vorlust den Weg zur Endlust (Kopulation = Endinstinkthandlung) kennzeichnen. Das klassisch gewordene Beispiel für eine hierarchische Ordnung instinktiver Handlungen ist das Fortpflanzungsverhalten des Stichlings (Tinbergen, Instinktlehre, Berlin 1963). Äußere Faktoren (jahreszeitliche Erwärmung u. a.) und endogene Vorgänge: Hormone (Testosteron) und sich selbst erregende Automatiezentren laden das für diesen Funktionskreis höchste Integrationszentrum auf. Für dieses scheint es keinen speziellen Block (AAM) zu geben, der erst gehoben werden müßte, damit die Aufladung erfolgen kann. Hat die Aufladung des Zentrums einen bestimmten Schwellenwert erreicht, beginnt der Fisch das Seewasser zu verlassen und sucht flaches Süßwasser auf. Dieses Wandern ist Appetenzverhalten (Suchen des Auslösers). Das Appetenzverhalten verbraucht einen Teil der bereitstehenden Energie. Sobald der Block zum nächsten Zentrum durch die spezifischen Schlüsselreize gehoben ist, fließt die Energie weiter und lädt das Zentrum für Revierbildung auf: Der Fisch wird territorial. Die nächst spezielleren Verhaltensbereitschaften werden dann bereitgestellt: Brutpflege, Balz, Nisten, Kampf. Letztere werden wiederum durch bestimmte Schlüsselreize ausgelöst. Es kommt dann zum Revierkampf, oder auch zum Balzspiel und schließlich zur Begattung.

Es wäre zu fragen, ob es im Bereich menschlichen instinktnahen Verhaltens vergleichbare Ordnungsstrukturen gibt. Bei aller Anerkennung der Modifizierung des Verhaltens durch das Lernen, bei Berücksichtigung der Tatsache der lockeren Zuordnung einzelner Handlungseinheiten, scheint mir doch der Aufbau gerade im Bereich der Sexualfunktionen auch beim Menschen in ähnlicher Weise hierarchisch geordnet.

Wie schon vermerkt, hatte S. Freud erkannt, daß im menschlichen Sexualverhalten verschiedene Komponenten zusammenwirken. Freud sprach von der Zweizeitigkeit der partnerschaftlichen Objektwahl. Die erste findet in der Zeit der sog. prägenitalen Sexualorganisation (zwischen dem 3. und 6. Lebensjahr) statt, ihr Objekt ist ein Objekt der Zärtlichkeit. In der Pubertät, der Zeit der reifenden genitalen Sexualorganisation, kommt es wieder zu einer Objektwahl, zum Objekt der Sinnlichkeit. In der reifen Geschlechtlichkeit vereinen sich die beiden Quellen der Liebe: das Objekt der prägenitalen Periode (das der Zärtlichkeit) und das Objekt der reifen Genitalität (das der Sinnlichkeit) in einem konkreten Partnerbezug. »Die Ergebnisse der infantilen Objektwahl ragen in die spätere Zeit hinein ... und sie stellen uns das dar, was wir als zärtliche Strömung des Sexuallebens bezeichnen können ... Hinter dieser Zärtlichkeit, Verehrung, Hochachtung verbergen sich die alten, jetzt unbrauchbar gewordenen Sexualstrebungen der infantilen Partialtriebe.

Die Objektwahl der Pubertätszeit muß auf die infantilen Objekte verzichten und als sinnliche Strömung von neuem beginnen. Das Nicht-Zusammentreffen der beiden Strömungen hat oft genug zur Folge, daß eines der Ideale des Sexuallebens: die Vereinigung aller Begehrungen in einem Objekt, nicht erreicht werden kann« (S. Freud, Drei Abhandlungen zur Sexualtheorie, Frankfurt 1961, S. 72). Die für unseren Zusammenhang wesentlichste Feststellung ist der Hinweis darauf, daß den Erfahrungen (Einstellungen, Verhaltensmuster) aus der prägenitalen Sexualorganisation eine die Sexualspannung aufbauende Rolle (Vorlust) in der reifen Geschlechtlichkeit zukommt. Die prägenitale Sexualorganisation wird in der Reifezeit dem Primat der Genitalität untergeordnet.

Pathologische Verhaltensweisen treten dann auf, wenn diese Ordnung nicht zustande kommt. »Der pathologische Fall aber tritt ein, ... wenn gewisse, auf dem Wege zur Begattung liegende Beziehungen zum Sexualobjekt, wie das Betasten und Beschauen desselben, als vorläufige Sexualziele anerkannt werden und an die Stelle der Genitalität treten« (S. Freud, Drei Abhandlungen zur Sexualtheorie a. a. O., S. 72). An anderer Stelle sagt Freud, daß in der Pubertät die mächtige sinnliche Strömung hinzukommt, welche ihr Ziel nicht mehr verkennt, »sie versäumt es anscheinend niemals, die früheren Wege zu gehen und nun mit weit stärkeren Libidobeträgen die Objekte der primären infantilen Wahl zu besetzen. Aber, da sie dort auf die unterdessen aufgerichteten Hindernisse der Inzestschranke stößt, wird sie das Bestreben äußern, von diesen real ungeeigneten Objekten möglichst bald den Übergang zu anderen, fremden Objekten zu finden, mit denen sich ein reales Sexualleben durchführen läßt. Diese fremden Objekte werden immer noch nach dem Vorbild (der Imago) der infantilen gewählt werden, aber sie werden mit der Zeit die Zärtlichkeit an sich ziehen, die an die frühere gekettet war ... Zärtlichkeit und Sinnlichkeit sind dann beisammen« (S. Freud, Das Unbewußte; Schriften zur Psychoanalyse, herausgegeben von A. Mitscherlich, Frankfurt 1960, S. 90).

Diese Aspekte der Entwicklung der menschlichen Sexualorganisation lassen etwas deutlich werden von der Ordnung des sexuellen Verhaltens. Trotz des großen Lernanteils und der Rolle des Entwicklungsschicksals der Triebe und der Überlagerung der biologischen Ebene durch das dialogische Grundverhältnis menschlicher Existenz ist eine hierarchische Ordnung im Aufbau der menschlichen Sexualität nicht zu übersehen. Über alle paarspezifischen Nuancen und individualtypischen Eigenarten und Ausdrucksakzente in der zwischengeschlechtlichen Beziehung hinweg lassen sich analog der Instinktorganisation bestimmte Regelmäßigkeiten auch für den Aufbau der menschlichen Paarbeziehung aufzeigen. Ihr Ablauf vollzieht sich von der Basis einer allgemeinen Kontaktsphäre über die gegengeschlechtlichen Näherungssphäre bis hin zur individuellen Intimsphäre. In der Reifezeit wird die allgemeine Kontaktbereitschaft spezifisch auf den gegengeschlechtlichen Partner ausgerichtet. Das Appetenzverhalten dieser allgemeinen (breitesten) Ebene ist das Suchen des anderen Geschlechtes. Blickkontakt und weitere hin- und hergehende Signale heben den Block zur spezifischen Ausrichtung der sexuellen Intentionen. Es wird die nächste Stufe erreicht: gegengeschlechtliche Kontaktnahme mit dem dazugehörigen Appetenzverhalten: Suchen nach Verbindendem (Sich-Einig-Sein gegenüber Dritten). Der Schlüsselreiz: das »Wir-Abgrenzungserlebnis« hebt den Block zum nachfolgenden Zentrum der erotischen Fühlungnahme mit der dazugehörigen Appetenz nach isolierter Zweisamkeit und körperlicher Nähe. Zärtliche Berührung, erster Kuß, erste Umarmung führen zur nächsten Ebene der intimen Bezugnahme. Das dazugehörige Appetenzverhalten ist das verstärkte Aufsuchen einsamer Orte, Streben nach Intimkontakten (Wahrnehmung der erogenen Zonen, Petting). Die erste orgasmische Erregung eröffnet die nächstfolgende Ebene der intimen Inanspruchnahme mit dem dazugehörigen Appetenzverhalten: Aufsuchen eines intimen Raumes mit eindeutiger Zielsetzung. Exhibition und Berührung der genitalen Zonen führen schließlich zur letzten Ebene: zur genitalen Besitznahme durch den Geschlechtsverkehr (siehe Abbildung).

Zu den einzelnen Auslösern gibt es so gut wie keine exakten Untersuchungen. Das Ethogramm des Menschen ist bis heute noch so lückenhaft, daß es nicht möglich ist, verschiedene, schon greifbare ethnologische Beobachtungen in ein bekanntes Schema einzuordnen. Für die erste Ebene der zwischengeschlechtlichen Kontaktnahme haben Eibl-Eibesfeldt und Hans Haß exaktes Material zusammengetragen. Sie filmten Eingeborene ohne deren Wissen mittels einer Objektivattrappe und eines Prismas so, daß ein Filmen zur Seite heraus möglich war. Bei den Aufnahmen wurden außerdem Zeitraffer- und Zeitlupentechnik verwendet. Es ist nun interessant, daß die Aufnahmen flirtender Samoanerinnen, Französinnen, Japanerinnen und Afrikanerinnen eine bis ins Detail gehende Übereinstimmung zeigen. Es ist deshalb wahrscheinlich, »daß einige der kompli-

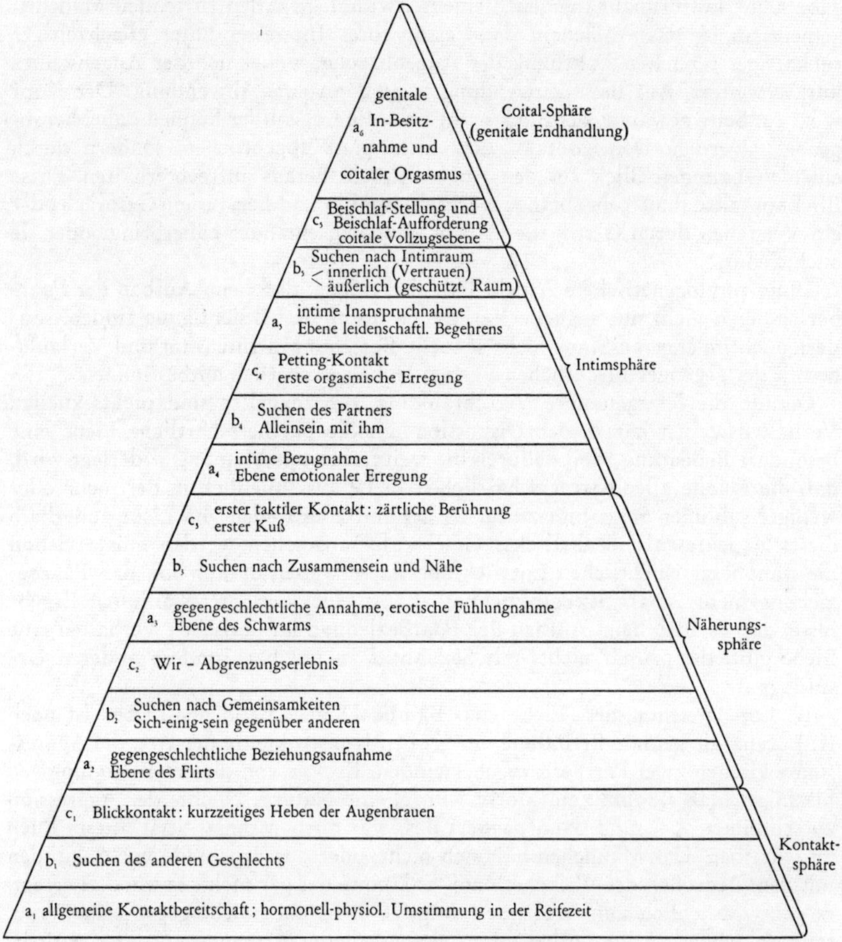

a = Integrationszentrum, Zielebene
b = zugehörige Appetenz
c = Schlüsselreiz als Übergang zur nächsten spezielleren Verhaltensweise

zierteren menschlichen Ausdrücke (Mimik) auf die Überlagerung weniger Erbkoordinationen zurückzuführen sind, die offenbar nicht kulturbedingt sind« (Eibl-Eibesfeldt a. a. O., S. 410). Damit wird die bis zur Gegenwart vorgetragene Behauptung, alle Ausdrucksbewegungen des Menschen würden erlernt, es gäbe keine kulturunabhängigen Elemente, widerlegt. Allen flirtenden Mädchen gemeinsam ist das Anlächeln der Person ihres Interesses unter gleichzeitiger ruckartiger schneller Anhebung der Augenbrauen, wobei sich der Augenschlitz kurz erweitert. Auf diese Zuwendung folgt dann eine Abwendung: Der Kopf wird zur Seite gewandt, der Blick senkt sich, die Augenlider können dabei herabgezogen werden. Der Kontakt wird nicht ganz abgebrochen, sondern durch einen verhaltenen Blick aus den Augenwinkeln heraus aufrechterhalten. Diese Blickkontaktnahme geht solange wechselseitig hin und her, bis ein Gespräch oder ein Verstehen durch Gestik die beiden Menschen einander näherbringt oder sie auch trennt.

Unter phylogenetischem Aspekt läßt sich zeigen, daß beim Aufbau der Paarbeziehungen nicht nur sexuelle Verhaltensmuster Berücksichtigung finden, sondern auch im engeren Sinne nicht-sexuelle Beziehungen Intensität und Verlaufsgestalt der gegengeschlechtlichen Verbundenheit wesentlich mitbestimmen.

Gerade die letztgenannte Verschränkung von sexuellen und nichtsexuellen Verhaltensweisen hat in der Diskussion um die partnerschaftliche Liebe eine besondere Bedeutung, weil dadurch die weitverbreitete Meinung widerlegt wird, daß die Quelle aller partnerschaftlichen Liebe ausschließlich in der mehr oder weniger sublimen Sexualität zu suchen sei und alles Reden von Liebe außerhalb dieses Aspektes als idealistisches Geschwafel angesehen werden müsse. Schon die stammesgeschichtlichen Entwicklungslinien weisen darauf hin, daß Paarbeziehung mehr ist als Sexualbeziehung. Es ist eines der interessantesten Ergebnisse, daß es auch beim Aufbau der Paarbeziehung im tierischen Verhalten eine Liebe gibt, die primär nichts mit Sexualität zu tun hat, sondern anderen Ursprungs ist.

K. Lorenz nennt diese Liebe »das Band«. Dieses »Band der Liebe« ist nach K. Lorenz die geniale Erfindung der großen Konstrukteure der Art, die Aggression zwischen zwei Partnern zu überwinden. Er war von dieser »Erfindung« so fasziniert, daß sie ihm zum Motiv wurde, eine Naturgeschichte der Aggression zu schreiben: ». . . und dann passiert das, was mich veranlaßt hat, dieses Buch zu schreiben. Das Männchen hält sich nicht, oder nur Bruchteile von Sekunden mit dem Bedrohen des Weibchens auf, es könnte das gar nicht, es wäre zu erregt, es geht tatsächlich zum wütenden Angriff über, aber nicht gegen seine Frau, sondern scharf an ihr vorbei gegen einen anderen Artgenossen, unter natürlichen Umständen gegen den Reviernachbarn« (K. Lorenz: Das sogenannte Böse, Wien 1963, S. 263). Was Konrad Lorenz hier bei Cichliden feststellen konnte, läßt sich auch bei Enten beobachten. Die kleine Ente verhetzt – so heißt der Fachausdruck für ein bestimmtes Verhalten und eine bestimmte Lautgebung – ihren Auserwählten. Sie reizt ihn so lange zur Aggression, bis er aus dem Wasser auffliegt und einen Feind sucht, den er angreifen kann. – Wer einen Feind sucht, der findet auch einen –. Hat er seinen Scheinangriff geflogen, kehrt er mit Triumphgeschrei zurück, in das die kleine Ente einfällt, und beide »feiern den

Sieg«. Deutlich halten die Paare um so fester zusammen, je öfter sie dieses Spiel gespielt haben. Diese Umleitung der Aggression vom Partner weg auf ein Ersatzobjekt ist ein rituell verankertes Verhalten bei der Entstehung von Paarbeziehungen. Offensichtlich kann ohne die Möglichkeit einer Umleitung der Aggression vom Partner weg kein dauerhaftes Band entstehen. Auch der Mensch bedarf dieser Umleitung der Aggression vom Partner weg auf ein Ersatzobjekt, wenn das Paar auf die Dauer in Frieden leben soll (Schwiegermutterfunktion). Man kann bei Verliebten immer wieder beobachten, daß sie sich ihre Liebe dadurch gegenseitg signalisieren, indem sie sich einig sind in der Ablehnung eines anderen, oder der Verhältnisse, oder irgendeiner Sache, die man gräßlich, unzumutbar, unzulänglich usw. findet. Man gibt sich damit gleichsam verschlüsselt zu verstehen, daß man sich und seinen Partner von dieser so abzulehnenden Welt, von diesen so mißlichen Verhältnissen ausnimmt. Bei manchen Liebespärchen, Jungverheirateten wird diese Art Umleitung der Aggression in paarspezifischer Weise spielerisch agiert und als Befriedungsritual in das Verhaltensinventar des Paares eingebaut. Zu Gast bei einem jungen, noch kinderlosen Ehepaar, entdeckte ich auf einem Wandbrett hinter der Couch eine kleine Palme mit einem Affen darauf, den man herunternehmen konnte. Um zu prüfen, ob dieses »Spielzeug« affektiv besetzt sei, fragte ich beiläufig, ob sie es mir nicht für meine Tochter verkaufen würden. Der Affekt, mit dem sie mein Ersuchen ablehnten, zeigte mir, daß dieses Objekt eine bestimmte Bedeutung im Leben dieses jungverheirateten Ehepaares hat. Ich erkundigte mich weiter danach, was es denn mit diesem »Spielzeug« auf sich habe und erhielt folgende Erklärung: »Wenn einer von uns auf den anderen ärgerlich ist, dann nimmt er den Affen und setzt ihn auf die Palme. Dort bleibt er so lange, bis der, dem der Ärger gilt, bereit ist, wieder einzulenken. Seine Bereitschaft zur Versöhnung dokumentiert er durch Heruntersetzen des Affen von der Palme.« Hier hat die Umleitung der Aggression in einem bestimmten Spiel ihre Ritualisierung erfahren. Nicht zufällig spricht man ja auch davon, daß man vor Ärger auf die Palme steigen könne.

Ein anderes junges Paar benutzte zu demselben Zweck kleine Magnet-Esel: Der ärgerliche Partner nahm die Esel und stellte sie mit den Hinterhälften aneinander. Der zur Versöhnung bereite gab ihnen wieder ihre »richtige« Position: Schnauze an Schnauze. Beides ist in gleicher Weise symbolisch und sinnfällig. Ein weiteres Paar benutzte das Volleyballspiel zur Umleitung der Aggression. Hatten sie sich gestritten, kämpften sie in verschiedenen Parteien gegeneinander, hatten sie sich wieder versöhnt, kämpften sie in der gleichen Partei gegen andere.

Mit Recht sagt K. Lorenz, »es gibt sehr wohl intraspezifische Aggression ohne ... die Liebe, aber es gibt umgekehrt keine Liebe ohne Aggression« (K. Lorenz, Das sogenannte Böse, a. a. O., S. 327). Lorenz weist darauf hin, daß die intraspezifische Aggression Millionen Jahre älter ist als die persönliche Freundschaft und Liebe. Ein persönliches Band der Liebe kennen wir erst von den Knochenfischen an aufwärts bei Vögeln und Säugern, bei Gruppen also, von denen keine vor dem späten Erdmittelalter auftauchte (K. Lorenz). Auch Freud schreibt, daß der Haß als Relation zum Objekt älter sei als die Liebe. »Als Äußerung der durch Objekte hervorgerufenen Unlust bleibt er (der Haß) immer in inniger Beziehung zu den Trieben der Ich-Erhaltung, so daß Ich-Triebe und Sexualtriebe leicht in einen Gegensatz geraten können, der den von Lieben und Hassen wiederholt« (S. Freud, Das Unbewußte, Herausgeber A. Mitscherlich, Frankfurt 1960, S. 61).

Die höchste Form der sozialen Integration, das persönliche Band der Liebe, läßt sich weder aus dem sozialen Herdentrieb der Schar- oder Schwarmstrukturen noch aus dem Sexualtrieb ableiten, es ist Umleitung der Aggression.

Im Winter befinden sich Kohlmeisen in kleinen Schwärmen gemeinsam auf der Suche nach Futter. Im Vorfrühling lockert sich der Zusammenhang auf. Die Männchen zeigen sich immer öfter aggressiv gegeneinander und werden territorial. Hand in Hand mit der Zunahme des aggressiven Rivalisierens entwickelt sich das Paarverhalten. Das Paarverhalten setzt persönliches Kennenlernen voraus. Offensichtlich ist für das persönliche Kennenlernen die innerartliche Aggression bedeutsam, denn in der Schwarmstruktur kommt sie nicht vor (K. Lorenz, Die »anonyme« Schar). Vor der persönlichen Bindung liegt die Individualisierung mittels innerartlicher Aggression. Auch in der Ontogenie des Menschen beginnt die Ich-Entwicklung, die Entstehung der individuellen Autonomie und Initiative mit der Entdeckung und dem Gebrauch des Nein als eines semantischen Zeichens zur Kundgabe aggressiver Tendenzen (Trotzalter).

»Diese Um- und Neuorientierung des Angriffes ist wohl das genialste Auskunftsmittel, das der Artenwandel erfunden hat, um die Aggression in unschädliche Bahnen zu leiten« (K. Lorenz, a. a. O., S. 93). Die Umleitung der Aggression wurde zum Symbol des Verbundenseins: »Was ein Gänsepaar lebenslänglich zusammenhält, ist das Triumphgeschrei und nicht die geschlechtliche Beziehung zwischen den Gatten«! (K. Lorenz a. a. O., S. 294). Seit J. Huxley nennen wir diesen Vorgang des Funktionswandels Ritualisierung. Bestehende Bewegungsweisen verlieren ihre primäre Funktion: Aus dem Androhen eines Gegners wird das Bekanntheitszeremoniell der Begrüßung des Partners. »Es gehört ja zum Wesen dieser besonderen Art von Befriedigungszeremonie, daß jeder der Bundesgenossen sie nur mit dem anderen und nicht mit einem beliebigen Individuum seiner Art ausführen kann« (K. Lorenz a. a. O., S. 269). Auch ein Menschenpaar erkennt seine Liebe auf die Dauer an den verschiedenen gegenseitigen Befriedungszeremonien und Befriedungsgesten. Liebe ist offensichtlich primär die Fähigkeit, mit den Aggressionen des anderen fertigzuwerden, d. h. die störenden Eigenarten des anderen zu akzeptieren und mit ihnen zu leben. Im Aufbau der Paarbeziehung geht die Festigung des Bandes der Liebe der Aufforderung zur Kopulation voraus, diese liebestiftenden Rituale sind von der Kopulationsaufforderung deutlich zu unterscheiden.

Auch für den Menschen scheint die tragende Basis einer Partnerschaft jene genannte Liebe zu sein, die man als die Fähigkeit, trotz gegenseitiger Aggression beieinander zu bleiben, umschreiben kann. Die tiefenpsychologische Eheberatung zeigt immer wieder an Einzelfällen auf, daß gestörte, aggressiv beladene Beziehungen zwischen Partnern nicht durch Sexualverkehr aus der Welt geschaffen werden können. Nicht die Sexualität bringt Liebe hervor, sondern Liebe muß primär gegeben sein, damit sich Sexualität in ihr vollziehen, aus ihr ergeben kann. Die Liebe als »das Band« schafft jenen Raum der Freiheit von gegenseitigen Aggressionen, in den hinein sich Zweisamkeit und Leidenschaft entfalten und gestalten können. Das Alte Testament formuliert diesen Sachverhalt in einer nicht zu überbietenden klassischen Klarheit, wenn es den Geschlechtsverkehr mit den Worten umschreibt: »Die beiden hatten einander erkannt.« Der Geschlechtsverkehr dokumentiert hiernach, daß das Erkennen des Partners, d. h. seine Annahme, das Fertigwerden mit den Aggressionen und die Bewältigung der Eigenart des anderen zu einem ersten Abschluß gekommen ist, Geschlechtsverkehr ist nicht-verbaler Dialog. Es geht bei der Liebe nicht primär um Lust, sondern um ein Erkennen. Die Sexualität ist Ausdruck, Mitteilung an den Partner durch die Geste des Leibes, daß man ihn kennt, daß man ihn erkannt hat. Je früher in einer sich entwickelnden Paarbeziehung die sexuelle Lust gesucht wird, um so geringer ist die Chance, sich wirklich, d. h. außerhalb des Spannungsfeldes der sexuellen, leidenschaftlichen Faszination, kennenzulernen. Lernt man sich erst nach Absättigung der sexuellen Spannung kennen, dann kann es dazu kommen, wie die Praxis der Eheberatung immer wieder zeigt, daß ein junges Paar formuliert: Wir lieben uns (gemeint ist sexuelle Leidenschaft), aber wir verstehen uns nicht. Oftmals bestehen dann bereits erhebliche Fixierungen der Partner aneinander; sie können nicht voneinander lassen, finden aber auch keinen tragbaren Modus, mit ihren Eigenarten zu leben. Von daher erscheint es wirklich sinnvoll, mit der Intimbeziehung zu warten, bis man sich in seiner Eigenart so weit kennengelernt und akzeptiert hat, daß man sich auch außerhalb des Stadiums akuter Verliebtheit versteht. Man wird hier den Heranreifenden aufklärend vor die Entscheidung stellen müssen: Möchte er, daß in seinem Leben die Sexualbeziehung mehr ist als Lust auf Gegenseitigkeit, mehr als ein Spiel, das Spaß macht, wünscht er, daß die Geschlechtlichkeit ein unverwortbarer Ausdruck, eine Geste des Leibes, ein Dialog mit dem Partner ist, dann wird er sich zur Disziplinierung entscheiden müssen und auch wollen. Andernfalls muß er wissen, daß eine Mißachtung dieser Zusammenhänge Wert, Qualität und Bedeutung einer Partnerbeziehung empfindlich reduzieren.

Wir haben also allen Grund, Liebe und Sexualität nicht so selbstverständlich aufeinander zu beziehen, wie das heute durch die Massenmedien nahegelegt wird, noch viel weniger lassen sie sich einfach identisch setzen. Ob man deshalb gleich so weit gehen kann wie Th. Reik (Geschlecht und Liebe, München 1965), der die Liebe von der Sexualität gänzlich trennen will und versucht, sie aus der asexuellen, gleichgeschlechtlichen Zuneigung abzuleiten, scheint mir doch überspitzt. Reik hatte mit dieser Theorie aber selbst Schwierigkeiten. Richtig scheint mir jedoch seine Feststellung, daß romantische Liebe eine Erfindung der Frau sei, die durch Entziehung und Zurückhaltung den Mann zwingt, sich unmittelbarer, aggressiver Sinnlichkeit zu enthalten und das Band der persönlichen Liebe aufzubauen. Das Ehespiel »frigide Frau« »E. Berne, Spiele der Erwachsenen, Hamburg 1967) ist die unbewußte Waffe einer Frau, sich die zärtliche Liebe eines Mannes, von dem sie als Person geliebt werden möchte, zu sichern. Diese romantische Liebe ist nicht asexuell, aber sie wehrt die unterschwellige Angst ab, sich an die Sexualität zu verlieren und damit der personalen Identität verlustig zu gehen. »Die Liebe ist nicht verwandelte Sexualität (sublimierte Sexualität, Freud), aber sie hat die Sexualität verwandelt. Durch sie wurde das Objekt des sinnlichen Genusses sowohl zum Liebesobjekt als auch zum Objekt der Sexualwünsche« (Th. Reik a. a. O., S. 142).

Es sei in diesem Zusammenhang noch einmal an die Vielgestaltigkeit und die verschiedenen Ebenen erinnert, in denen sich die zwischenmenschliche und zwischengeschlechtliche Partner-Beziehung darstellen läßt.

a) Autonome Sexuallust (Erlebnis der Leidenschaft)
b) Romantische Liebe (Erlebnis libidinöser Appetenz)
c) Sympathie-Liebe (Verstehen und Verstandenwerden)
d) »Band der Liebe« (Erleben der persönlichen Zusammengehörigkeit)
e) Nächstenliebe (weltweite Brüderlichkeit)
f) Feindesliebe (Erfahrung göttlicher Liebe)

3. Natürliche Sittlichkeit

a) Freiheit und Gesetz

Erkennen wir, daß vor allem dann Gesetze, Normen, Satzungen, Vorschriften zitiert, Juristen und Richter zur Regelung zwischenmenschlicher Beziehungen herbeigerufen werden, wenn an die Stelle des Vertrauens das Mißtrauen, an die Stelle der Liebe die Ablehnung des anderen getreten sind, dann erkennen wir auch die Wahrheit des Wortes: »Die Liebe ist des Gesetzes Erfüllung«. Es ist ein Grundirrtum, daß man Freiheit nur von außen bestimmt als Abwesenheit von Zwang – und dabei übersieht, daß Freiheit mit Liebe etwas zu tun hat.

Jedes Kind stößt im Verlaufe seiner Entwicklung an die Grenze der Liebesfähigkeit und Liebesmöglichkeit seiner Mutter; und im Erleiden dieser Grenze, in der Erfahrung der Unfähigkeit des Menschen, vollkommen lieben zu können, liegt der Ursprung des Zweifelns und des Mißtrauens (sollte mir Mutter nicht doch etwas vorenthalten – »sollte Gott« gesagt haben).

Die Mutter ist von diesem Augenblick an nicht mehr nur bergende, sondern auch autonomiebegrenzende Person.

Das Kind auf der Suche nach der totalen Liebe, der totalen Bedürfniserfüllung wehrt sich gegen diese Erfahrung und gegen diese Grenze. Es durchbricht und überschreitet sie in Hoffnung auf eine mögliche Erfüllung seiner Sehnsucht nach totaler Liebe. In diesem Akt konstituiert sich das Grundgefühl von Freiheit.

Die Überwindung von Grenzen (gesetzt durch menschliche Unzulänglichkeit) ist aber nur der erste Schritt zur Freiheit, ist nur die halbe Wahrheit – und damit Lüge. Wer den zweiten Schritt, nämlich das Suchen eines neuen Vertrauens, einer neuen Geborgenheit nicht intendiert, weil er durch eine falsche Erziehung in jeder Grenze nur die repressive Vergewaltigung sieht, der erfährt und erleidet sehr bald den Selbstbetrug, daß sich die Hoffnung auf Freiheit nicht erfüllen konnte. Er ist den Weg zur Freiheit nicht zu Ende gegangen, sondern auf halbem Wege stehengeblieben. Er hat die neue Geborgenheit nicht gefunden und hat seine, durch Grenzüberschreitung gewonnene Freiheit bezahlt mit dem Preis der Ungeborgenheit. Das aber bedeutet Einsamkeit und Angst.

So ist es entwicklungsnegativ, wenn ein Kind, das sich in der ersten Trotzphase von der Mutter ablöst, keine intakte Familie, keine neue umfassendere Geborgenheit findet, keine neue Grenzen zu orientieren vermag, innerhalb derer es sich frei bewegen kann. So geht es auch dem Jugendlichen, wenn er die Grenze der Familie überschreitet, ohne familienübergreifende, bergende Strukturen orientieren zu können. Er bleibt einsam, wird letztlich an sich selbst fixiert. Das aber ist die größte Unfreiheit, die ein Mensch erfahren kann, und die nur dann erträglich erscheint, wenn sie mit Macht gepaart durch maximale Selbstverwirklichung kaschiert wird. Es ist die Macht und »Freiheit« der Diktatoren, die ständig bedroht ist von der Macht der Mächtigeren.

Wer eine solche äußere Freiheit durch Mächtigkeit nicht aufzubauen vermag, flieht in die Mächtigkeit der Isolierung (Drogenszene, extremer Individualismus).

Wieviel anders ist die wirkliche Freiheit derer, die nach der Grenze suchen und sie auch finden, weil sie sie grundsätzlich akzeptieren. Partner dieser Freiheit ist nicht die Macht, sondern sind das Vertrauen und die Liebe, das Wissen, daß das umfassendere Ganze eine bergende Einordnung ermöglicht. Die Freiheit ist dann so groß wie das Vertrauen. Wo man aber Kontrolle für besser hält als Vertrauen (Lenin) ist die Unfreiheit systemimmanent. Die größte Freiheit hat notwendig der, der eine Grenze zu erkennen vermag die das Sichtbare transzendiert: »Alles ist Euer, Ihr aber seid Christi«.

Nur wer begreift, daß die Freiheit ein Weg ist, der über Ablösung und Neueinordnung zu einer umfassenderen Geborgenheit führt, wird erkennen können, daß das Akzeptieren von Grenzen und eine diesbezügliche Erziehung der Weg ist, der vor dem Irrlicht einer selbstherrlichen Scheinfreiheit zu bewahren vermag.

Und diese Liebe hat mit dem Willen, mit dem Ja zum anderen und zum eigenen Dasein trotz oder gerade wegen der immer erfahrbaren Unfähigkeit zur vollkommenen Liebe mehr zu tun als mit dem Gefühl erotischer Faszination.

Es ist jene Liebe, die nicht das Ihre sucht, sondern das, was des andern ist (1. Kor. 13). Solche Liebe erkennt, daß das Gesetz für den Menschen da ist (und nicht der Mensch für das Gesetz!), um ihm auch da Bewahrung zu geben, wo die vollkommene Liebe fehlt.

Sexuelle Faszination und Erotik sind niemals der Maßstab für eine durchtragende Liebe, denn sie werden von der Triebdynamik determiniert und suchen wie jeder Trieb das Eigene und nicht das des anderen: »Das Ziel des Triebes ist seine Befriedigung. Der andere ist das »Objekt des Triebs« (Freud) an welchem und durch welches der Trieb seine Befriedigung erfährt (Freud, 3 Abhandlungen zur Sexualthorie, a. a. O.).

Sexualität und Erotik können zwei Menschen aber so miteinander verbinden, daß sie sich von daher genötigt sehen, nach Wegen und Möglichkeiten zum Aufbau jener schwer- oder nicht irritierbaren Liebe zu suchen, die sich nicht selbst meint, die gekennzeichnet ist von der Suche nach der beide Partner bergenden Grenze.

Der Aufbau solch einer durchtragenden Liebe ist dann gefährdet, bzw. seine Notwendigkeit wird gar nicht gesehen, wenn Erotik und sexuelle Faszination schon für diese Liebe gehalten und von daher mit Aufgaben belastet werden, die sie ihrer Natur nach nicht zu erfüllen vermögen. Man erwartet voneinander eine Geborgenheit, die von Erotik und Sexualität nicht gegeben werden kann.

Weil Trieb und Erotik nicht erschöpfend auf das ausgerichtet sind, was der andere als Person braucht, bedürfen sie umsomehr der Steuerung durch Sitte und Norm. Je weniger sie in der Verantwortung einer umfassenden Liebe vollzogen werden, umso eher füllen sie eine Paarbeziehung nicht mehr aus. Man hat sich nichts mehr zu sagen und zu geben.

Die modernen Sex-Apostel machen sich die Lösung dieser Schwierigkeit sehr einfach. Sie erklären Sexualität und Erotik für die einzig wahre und vollkommene Liebe. Und deshalb meinen sie auf Gesetz, Sitte und Norm in diesem Bereich verzichten zu können, denn das »Vollkommene« bedarf der Reglementierung nicht.

Diese Manipulierung und Umfunktionierung der wahren Liebe scheint vergleichbar mit dem Bild von den Wölfen im Schafspelz.

Wer so verfährt, daß er das Unheilsein des Menschen grundsätzlich leugnet und den Aspekt des Heilseins als metaphysische Spekulation beiseite schiebt, kann so leben, als sei das Glück des Augenblicks nicht nur Gebot der Stunde, sondern Gebot schlechthin. Er kann sich an dem, was man so tut orientieren und sich selbst Gesetz sein.

Man geht sogar so weit, in der persönlichen Liebe als Vorbedingung des Geschlechtsverkehrs eine repressive Norm zu sehen und reduziert die Vorbedingungen auf ein anonymes »Seid nett zueinander!« Es genüge die »Sympathie des Fleisches«, zu der der Zusammenklang der Seelen hinzugehöre (Ahlmark-Michanek, Jungfrauenglaube und Doppelmoral, Hamburg 1969, S. 41). Rücksichtnahme, dem anderen keine Schmerzen bereiten, nicht unverantwortlich Kinder zeugen, das sind die Normen derer, die die sogenannte hohle Moral über Bord geworfen haben. Im Namen der Tugend der Ehrlichkeit erklären sie alles, was Anstrengung bedeutet, für eine repressive Zumutung, die von vielen doch nicht erfüllt und aus diesem Grund deshalb auch nicht als gültig angesehen werden kann (Normativität des Faktischen).

Der Mensch verliert sich in Situationsethik und Individualnorm. Das Leben wird notwendig von der Gelegenheit des Augenblicks und von dem, was gerade Spaß macht, diktiert und entbehrt so eines übergreifenden Zieles. Sinnleere und existentielle Frustrierungen sind die Folgen. So wird der Mensch bestimmt und geleitet von seinen augenblicklichen Impulsen, er hat wenig oder gar keinen Abstand zu den Reizen der Außenwelt und gehört zum Typ des außengeleiteten, manipulierbaren Menschen, der kaum kritische Distanz gewinnt zu dem, was Freude und Lust verspricht. Man vergleiche hierzu die Einsicht der Lernpsychologie, daß Verstärkung durch Lust mit anschließender Vorenthaltung der Verstärkung motivierend wirkt. Ein so erzogener Mensch wird entscheidend motiviert von dem, was persönlich Lust bereitet und Leid vermeidet.

So differenziert sich die Erforschung des sexuellen Verhaltens bis hin zur experimentellen Untersuchung des Geschlechtsverkehrs auch darstellen mag (Masters u. a.), so fragwürdig erscheint es andererseits, ob diese Ergebnisse eine Hilfe zur Bewältigung der Sexualität sind, ob sie überhaupt einen praktischen Wert haben, oder ob sich in ihnen nicht nur, wissenschaftlich kaschiert, exhibitionistische Tendenzen niederschlagen.

Von daher erscheint eine Berufung der »fortschrittlichen« Sexualmoral auf solche Art empirische Forschung recht fragwürdig. Die Zitierung ihrer Ergebnisse ist nichts anderes als der Versuch einer Rechtfertigung jener geforderten, phantasierten oder ausgeübten Sexualpraxis, zu der die innere Freiheit und Gelassenheit doch nicht vorhanden sind.

S. Freud wurde von einem seiner Hörer im Anschluß an eine Vorlesung öffentlich gefragt: »Herr Professor, da laut Ihrer Theorie sexuelle Enthaltsamkeit Angstneurosen mit sich bringen kann, hätten Sie etwas dagegen, uns zu sagen, ob wir uns der sexuellen Betätigung enthalten sollen oder nicht?« Freud schien einen Augenblick verblüfft, sagte dann aber mit Nachdruck: »Meine Meinung ist, daß Sie sich enthalten sollten.« Er fügte dann noch schnell hinzu: »Aber nicht ohne Protest« (zitiert nach Packard: »Die sexuelle Verwirrung«, 1969, S. 418).

Mit Leidenschaft fordert Neill Freiheit im sexuellen Spiel der Kinder. Das einzig Vernünftige scheint ihm, die Sexualspiele in aller Offenheit zu erlauben, wobei er auf die Offenheit der Trobriander verweist, bei denen es keine Vergewaltigung, keine Sexualverbrechen und auch keine Homosexualität gäbe. Letztere sei erst aufgekommen, als Missionare getrennte Heime für Jungen und Mädchen errichteten. Aber die Leidenschaft, mit der er seine Thesen vertritt und behauptet, die Sexualität gewährte die größte Freude im Leben (S. 205), ist Ausdruck seines Komplexes: »Als ich sechs Jahre alt war, entdeckten meine Schwestern und ich gegenseitig unsere Genitalien, und natürlich spielten wir mit ihnen. Als das meine Mutter entdeckte, verdrosch sie uns fürchterlich, und ich wurde mehrere Stunden in einen dunklen Raum gesperrt. Dann mußte ich niederknien und Gott um Verzeihung bitten. Es dauerte Jahrzehnte, bis ich diesen Schock überwunden hatte. Und manchmal frage ich mich, ob ich überhaupt jemals darüber hinweggekommen bin.« (Neill a. a. O., S. 199). Von daher hat er auch ein gestörtes Verhältnis zu Fragen des geistlichen Lebens.

Jeder Psychoanalytiker weiß, daß auf Versagung die Gegenreaktion der Versuchung folgt, daß sich das Verdrängte und Gehemmte mehr oder weniger verschlüsselt Geltung verschafft.

Nach umfangreichen Studien über Vor- und Nachteile der Sexwelle kommt Packard zu dem Urteil: »Der Standpunkt, den man gewöhnlich zur sexuellen Freizügigkeit einnimmt, nämlich jedem Mann und jeder Frau freizustellen, sich sexuell zu verhalten, wie es ihm oder ihr angebracht zu sein scheint, solange keinem dabei weh getan wird, scheint ein fragwürdiges Ziel zu sein (a. a. O., S. 428).

Stellt man, wie Neill es tut, die Menschen vor die Alternative, zwischen Atombombe und sexueller Freiheit zu wählen (Neill, S. 203), dann übersieht man, daß es nicht die gehemmte Sexualität ist, die zum Krieg treibt, sondern das innerartliche Rivalisieren. Der Krieg ist ein Symptom der Angst und des Mißtrauens voreinander, der Besitzthematik in einer Wettbewerbsgesellschaft und nicht die Folge sexueller Frustrierungen. Nur sexuell Verklemmte müssen aus ihrer innerseelischen Disposition heraus die Zusammenhänge so verstellt sehen.

Die gegenwärtige Diskussion hat sich in eine Idee von Freiheit hineinverrannt, die eine Scheinfreiheit ist. Freiheit wird definiert als Abwesenheit von Zwang. Man fühlt sich subjektiv frei, wenn man einen Sieg erringt im Kampf gegen die Tabus der Etablierten. Weil dieses Gefühl der Freiheit von der Reaktion des »Gegners« abhängig ist, bleibt man in seiner Freiheit ein Abhängiger, ein Unfreier. Um diese »Freiheit« ständig neu erleben zu können, braucht man auch ständig den Gegner, ist also gezwungen, immer neue Situationen zu entdecken, wo Tabus zerschlagen werden können. Diese Freiheit ist die des trotzenden Kindes, und wer wüßte nicht, daß Trotz Ausdruck der Gebundenheit ist.

Freiheit, auch sexuelle, kann niemals negativ bestimmt werden als Abwesenheit von äußeren Zwängen. Diese Art Freiheit ist nichts anderes als verkappte Egozentrik, weil sich der am freiesten fühlt, der sich der Beschränkungen seiner Bedürfnisse und Lüste am wirksamsten zu entledigen vermag.

Wahre Freiheit ist dagegen identisch mit einer Liebe, die unabhängig davon ist, ob sie vom anderen wiedergeliebt oder angefeindet wird.

Diese schöpferische, positive Unabhängigkeit wird bestimmt vom Vertrauen ins Dasein. Sie ist umso größer, je tragfähiger der Vertrauensgrund ist, aus dem heraus ein Mensch lebt.

Wer nur sich selbst vertraut, wird in seiner Unabhängigkeit begrenzt durch den Grad seiner Selbstsicherheit. Der Selbstunsichere, von Fremdeinflüssen stark Abhängige hat so wenig Spielraum der Freiheit, daß er für jeden Schritt die Bestätigung der Richtigkeit braucht, die ihm durch den augenblicklichen Erfolg gegeben scheint. Je selbstunsicherer und abhängiger ein Mensch ist, umso eher ist er deshalb geneigt, sich im Augenblick, im Detail, zu verlieren. Er ist unfähig, das Glück des Augenblicks einem zukünftigen zu opfern, weil Zukünftiges nicht gesehen werden kann. Und er kaschiert dieses Unvermögen durch Aufrichtung der Fiktion, als sei das Haschen nach dem Glück des Augenblicks das eigentliche freie Leben. Er vermag nicht zu begreifen, daß die Ganzheit des Lebens mehr ist als die Summe glücklicher oder unglücklicher Augenblicke.

Wer einem Kollektiv oder einem ideologischen System vertraut, ist in dem Maße frei, wie er sich diesem vorbehaltlos unterstellt. Es ist die Freiheit des »Apparatschiks«: Die Partei beantwortet alle Fragen, trifft alle Entscheidungen; sie hat immer recht.

Ein Mensch, der um die Wirklichkeit Gottes und seine Liebe weiß und darauf vertraut, gewinnt seine Freiheit aus der Zusage: »Denen, die Gott lieben, müssen alle Dinge zum besten dienen« (Rö. 8, 28). Der außerhalb dieser Erfahrung Stehende mag es für frommen Selbstbetrug halten oder als Glauben an das Gute im Menschen zu definieren versuchen, oder auch als selbstgenügsame, asketische Unempfindlichkeit bezeichnen, vielleicht auch von Resignation oder Fatalismus sprechen, in Wahrheit ist es aber die Freiheit dessen, der die geistliche Dimension als eine Wirklichkeit sui generis erfahren hat. Der Verweis auf Gott ist deshalb keine Vertröstung auf das Jenseits, wie so oft behauptet wird, sondern Hilfe für diese Zeit. Mit diesen Feststellungen überschreiten wir die Grenze wissenschaftlicher Aussagen, und damit hört jede Diskussion im akademischen Sinne auf, nicht aber das Gespräch mit solchen Menschen, die diese Erfahrungen gemacht haben: Viele möchten an dieser Stelle unter Berufung auf das naturwissenschaftliche Weltverständnis das Gespräch abbrechen bzw. das Buch schließen, nur weil sie Vorurteile gegenüber geistlichen Fragen haben (»Opium fürs Volk«, Rechtfertigung repressiver Sexualerziehung, weltfremde Jenseitsorientierung). So auch Neill: »Manche unter Ihnen mögen antworten, daß dieses Leben nur der Anfang ist, daß es in der nächsten Welt keinen Haß, Krieg, keine Sexualität geben wird. Machen Sie in diesem Fall dieses Buch zu, denn wir haben keine Beziehung zueinander« (Neill, a. a. O., S. 203). Abgesehen davon, daß Neill hier nicht christliche Existenz beschreibt, sondern ein übliches Klischee wiedergibt, wäre es doch besser, an dieser Stelle hinzuhören, was der andere sagt; anstatt Scheuklappen anzulegen, wäre es besser, den eigenen Standpunkt in Frage zu stellen und sich nicht willentlich Erkenntnissen nur deshalb zu verschließen, weil sie sich der rationalen Objektivierung nicht stellen.

Als Sigmund Freud vor 50 Jahren behauptete, daß es einen Einfluß der Psyche auf das leibliche Geschehen gäbe, hielt man ihn für einen Außenseiter, der die Grundsätze der klassischen Medizin durch unhaltbare Spekulationen verließe, da seine Thesen nicht exakt beweisbar waren. Obwohl bis heute dieser exakte Beweis nicht möglich ist, hat sich doch der Zusammenhang zwischen Psyche und Soma herumgesprochen. Deshalb sollten wir auch Aussagen über eine Beziehung zur geistlichen Dimension nicht einfach deshalb abtun, weil wir sie nicht exakt beweisen können. Möglicherweise würden wir dann in denselben Fehler verfallen wie jene Ignoranten, die nicht bereit waren, die Beobachtungen und Schlußfolgerungen Freuds ernstzunehmen.

b) Norm und Faktizität

Jede Frage nach der Norm wird bestimmt vom Primat des Sollens vor dem des Seins.

Nur wer weiß, was er soll, weiß auch, was er will. Ohne Sollwerte ist eine Orientierung im Leben nicht möglich. Wer sich vom gesetzten Soll eines bestimmten Menschenbildes (so sollte der Mensch sein) lossagt, bezieht seine Sollwerteinstellung vom jeweiligen Selbstverständnis und/oder von dem, was die Mehrheit tut, denkt, fühlt, erwartet. Letztgenannte Sollwerteinstellung ist wenig geeignet, in der Persönlichkeitsentwicklung stabilisierend zu wirken, weil das, was man tut, leicht manipuliert werden kann und somit nicht die notwendige Konstanz besitzt, um Entschiedenheit und Festigkeit der Person ausdifferenzieren zu können. Für den Menschen, der sich selbst Maßstab ist, erscheint nicht zuletzt durch den Einfluß der Massenmedien ein Grundsatz als unumstößlich richtig: Es muß Spaß machen! Und den größten Spaß macht im Leben die Sexualität: »Die Sexualität gewährt die größte Freude im Leben« (Neill, a. a. O., S. 205). Ganz in diesem Sinne äußerte sich H. Kentler: »Wir wissen heute, daß jeder Mensch sein ganzes Leben hindurch, von der Geburt bis zum Tode, ein Sexualwesen ist« (H. Kentler, nach einer Tonbandaufzeichnung eines Referates, gehalten am 27. Oktober 1969 in Radevorwald). Alles, was Spaß macht, erhält die Wertmarke »fortschrittlich«, alles, was den Spaß verdirbt, wird als »rückrichtlich-repressiv« bekämpft. Man bekämpft alles, was den Spaß verdirbt mit dem Hinweis, daß der Spaß heimlich betrieben würde, demzufolge das Verbot gegenstandslos und faktisch irrelevant sei. Diese Orientierung an dem, was faktisch ist, führt zur Verabsolutierung des Naturhaften: »Das biologisch Naturhafte wird unversehens zum moralisch Natürlichen«. »An die Stelle der erschütterten religiös-metaphysischen oder traditionell-gesellschaftlichen Maßstäbe geschlechtlichen Verhaltens tritt jetzt der Dogmatismus und Absolutismus des Naturhaften: Biologie und Statistik werden so zur normativen Wissenschaft« (H. Schelsky, Soziologie der Sexualität, Hamburg 1965, S. 51f). Andere träumen davon, daß die unverbogene Natur des Menschen die Befriedigung des Menschen bewirke, ohne sagen zu können, wie dies zu erreichen sei (A. Plack, a. a. O., S. 345).

Man ist heute vielfach nicht mehr bereit, die Spannung zwischen Idealnorm und Realnorm zu ertragen, weil die Einsicht im Schwinden begriffen ist, daß diese Diskrepanz für eine Gesellschaft strukturell notwendig ist und als solche hingenommen werden muß. Wenn Schelsky schreibt, daß in der nie ganz zu schließenden Kluft zwischen Idealnorm und Realnorm die humanisierende Wirkung der Moral gegenüber der bloßen Natur läge (S. 53), dann hält man ihm entgegen, daß diese Kluft eine künstliche und die Natur aus sich heraus moralisch sei und einer Reglementierung durch ihr wesensfremde Forderungen nicht bedürfe.

Wäre es letztlich eine Frage der persönlichen Überzeugung, den Menschen als Sexualwesen zu bestimmen und im sexuellen Erleben die größte Freude zu sehen, dann müßte man notwendig alle Reglementierungen dieser Freude als eine nicht humane, verwerfliche Moral ansehen.

Es fragt sich nur, ob die Verfechter dieser These sich wirklich in Übereinstimmung befinden mit der von ihnen so viel zitierten Natürlichkeit. Denn ein Blick auf die »Natur« des Triebes zeigt uns, daß er bei allen Geschöpfen deutlich reglementiert wird. Offensichtlich bedarf die Lust einer Steuerung, durch die eine Einordnung des Triebes in das Lebensganze gewährleistet wird. Die Lust, die mit der Befriedigung eines Triebes gegeben ist, hat nur eine dienende Funktion. Wenn sie um ihrer selbst willen gesucht wird, entartet das Verhalten. Wie die schon zitierten Experimente von Olds und Milner (1954, 1965) mit Ratten zeigen, ist es den Tieren nicht möglich, die isolierte, lustvolle Selbstreizung bestimmter Bezirke des Hypothalamus mittels implantierter Elektroden in den Gesamtablauf des Daseins störungsfrei einzubauen. Die Tiere waren außerstande, diesen unmittelbaren Lustantrieb in irgendeiner Weise zu steuern, sie unterlagen dieser Lust und reizten sich bis zur Erschöpfung. »Die Unersättlichkeit zeigt sich in Meßwerten bis zu 7 000 Reaktionen pro Stunde. Das dürften mehr sein, als je mit Hilfe der Sättigung primärer (natürlicher) Antriebe erreicht wurde« (F. Graumann, Motivation, Bern 1970, S. 45f).

Der Trieb bleibt beim Tier durch angeborene Ablaufskontrollen eingeordnet in das Gesamtverhalten des Tieres. Das Tier hat also unter natürlichen Bedingungen keine Möglichkeit, sich diese Lust isoliert und jeder Zeit, d. h. außerhalb und unabhängig vom Gesamtzusammenhang seines Lebensvollzuges, zu beschaffen. Eibl-Eibesfeldt (Liebe und Haß, München 1970) stellte aber fest, daß im Verlaufe der Menschwerdung die Triebe ihre angeborene Ablaufskontrolle sekundär verloren. Durch Sitte und Kultur wurden jeweils spezifische Ablaufskontrollen herausgebildet. Diese wurden von Generation zu Generation mit geringen Modifizierungen weitergegeben. Damit konnten die Ablaufsformen sexuellen Verhaltens an verschiedene sozio-ökonomische Bedingungen angepaßt werden.

Mit der zunehmenden Nivellierung der Lebensbedingungen und des allgemeinen Wohlstandes in der Industriegesellschaft entfiel mehr und mehr die Notwendigkeit einer jeweils kulturspezifischen Einordnung der Lustantriebe. Damit nimmt aber auch die Gefahr zu, daß der Mensch sich an diese Lustantriebe verlieren kann, weil es eine angeborene Ablaufskontrolle nicht gibt und die Notwendigkeit einer kulturellen nicht mehr stark genug wirksam ist.

Das Buch von Ahlmark – Michanek über Jungfrauenglaube und Doppelmoral bekennt sich zu diesem Freisein zur Lust mit einer überzeugenden Ehrlichkeit. Als einzige Richtschnur des sexuellen Verhaltens gilt eine freundschaftliche Übereinkunft, sich einem lustvollen Vergnügen nach freiem Ermessen gegenseitig zu überlassen. Persönliche Liebe wird nicht als notwendige Vorbedingung anerkannt.

Wenn auch von den Lebensumständen und von der Kultur her kaum noch eine begründbare Notwendigkeit zu bestehen scheint, die Lust zu reglementieren, so fragt es sich doch, ob das zwischengeschlechtliche Miteinander nicht doch bestimmter Reglementierungen bedarf, die konkreter formuliert werden müssen als jene nichtssagende Anweisung, daß alles erlaubt sei, was dem anderen nicht schade.

Freud selbst zweifelte keinen Augenblick daran, daß die ethischen Forderungen, die vernunftmäßig durch den Primat des Intellektes zustande kämen, sich inhaltlich dieselben Ziele setzen würden, wie sie der Gläubige im Namen Gottes anstrebt, so daß, wie er es ausdrückt, die Gegnerschaft nur eine einstweilige, keine unversöhnliche ist, da doch beide letztlich dasselbe erhoffen (S. Freud, Gesammelte Werke, Band 14, 1952, S. 377f).

Wenn wir davon ausgehen und daran festhalten, daß das Grundproblem des Menschen seine Angst, seine Einsamkeit sind, dann wird das zur Norm werden müssen, was dieser Einsamkeit entgegenwirkt. Nun liegt es aber in der Natur des Triebes, daß er expansiv ist. Deshalb sind die Konflikte zwischen einzelnen Menschen weithin Triebkonflikte. Von daher gesehen gefährdet die Lust und Trieborientierung des Menschen das Zusammensein eher als daß es dieses fördert, wenn nicht bestimmte verbindliche Regelungen die Triebdynamik puffern. Die Regel, daß alles, was Spaß mache, richtig und erlaubt sei, so lange es einem anderen nicht schadet, ist primitiv und öffnet der Willkür, nach subjektiven Gesichtspunkten Verhaltensweisen für schädlich oder unschädlich zu erklären, Tür und Tor. Dieses Konzept ist nicht geeignet, die triebmäßig kulturellen Verhaltensweisen wirksam zu regeln. Die zunehmende Entbindung des Triebgeschehens aus spezifischen kulturanthropologisch bedingten Zusammenhängen und den in ihnen gültigen Normen und die Unterstellung unter subjektive Normvorstellungen einer Situationsethik schafft neue Konflikte zwischen den Menschen.

Marcuse erkennt ganz richtig, daß wir der Spannung zwischen Lust- und Realitätsprinzip nicht entfliehen können, indem wir Überfluß für alle schaffen. Die einzig richtige Fragestellung ist für ihn, ob wir uns vernünftigerweise einen Kulturzustand vorstellen können, in dem menschliche Bedürfnisse in einer Weise und in einem Maße befriedigt werden, daß es die Abschaffung der zusätzlichen

Unterdrückung durch das Leistungsprinzip erlaubt (Marcuse a. a. O., S. 151).* Da das offensichtlich zur Zeit nicht möglich ist, bleibt uns also die Aufgabe, hier und jetzt diese Dynamik zu entschärfen. Und sie wird entschärft durch verbindliche Regeln, die ein Zusammenleben erst ermöglichen, Verläßlichkeiten und Vertrauen schaffen. »Aber zu gleicher Zeit ist es in hohem Maße schädlich, individuell und kollektiv alle Disziplin bei sich selbst oder bei anderen als anale Mechanismen, als bürokratische Charakter zu bekämpfen und an ihre Stelle ein nur individuell wirksames anti-anales Protestprinzip zu setzen. Dessen Folgen sind in der gesamten anti-institutionellen Protestbewegung verheerend ... Arbeitshemmungen werden rationalisiert als Protest gegen fremdbestimmten Lernzwang« (R. Reiche, a. a. O., S. 157).

Wo Zusammenleben das Ziel ist, wo Einsamkeit bekämpft werden soll, bedarf es bestimmter Regeln, denen man sich diszipliniert unterstellt. Nur Verbindlichkeiten verbinden. Wenn Trieb und Realität nicht unmittelbar, ungeschützt aufeinander prallen sollen, dann müssen allgemeinverbindliche Absprachen das Verhalten regeln.

Wohlstandsgesellschaft, Konsumhaltung und Liberalisierung haben das Lustprinzip verstärkt. So reagiert der junge Mensch heute allergisch auf alles, was er als Beeinträchtigung seiner Lust erlebt. Es gibt eine Reihe Gründe, die die Allergie des jungen Menschen gegenüber Moral und Sitte verständlich machen. Ein wichtiger Grund ist wohl der, daß eine anti-normative Propaganda dem Jugendlichen in seiner Ablösungsthematik entgegenkommt. Der Jugendliche träumt im Rahmen seiner Vorstellungen vom Glück und von der Liebe und nimmt deshalb bereitwillig alles auf, was ihm ausdrücklich dieses »Recht« auf Glück und Liebe bescheinigt. Dieses von den Massenmedien immer wieder, anschaulich demonstrierte Recht schafft eine innere Situation beim Jugendlichen, aus der heraus es dem einzelnen sehr schwer wird, sich für Verzicht zu entscheiden, bzw. diesen überhaupt als etwas Bedeutsames ins Auge zu fassen.

Ein weiterer Grund ist der, daß jeder, der von Verzicht und Norm redet, als rückständig bezeichnet wird. Der in seiner Labilität und Unsicherheit auf die Bestätigung durch das Kollektiv angewiesene Jugendliche kann eine solche Disqualifizierung durch die Gruppe (du Schlappschwanz, du Feigling) nicht ertragen und macht deshalb auch da mit, wo er sich im Grunde lieber distanzieren würde. Er möchte nicht als einer erscheinen, der auf der Seite der Rückschrittlichen steht. Es ist eine üble Angewohnheit, wenn Menschen für sich den Fortschritt pachten und die anderen als Rückschrittliche bezeichnen. Ideologisierung ist Unfreiheit und Rückschritt.

---

* K. Lorenz hält die Abschaffung von Leistungsstreß und Rivalisieren durch einen Vernunftsbeschluß für ähnlich unwirksam wie es den Argusfasanen nicht möglich ist, sich in Zukunft keine unzweckmäßig großen Flügel wachsen zu lassen, die als attraktive Balzorgane Verwendung finden, dabei aber die Flugtüchtigkeit so beeinträchtigen, daß das Tier dadurch gefährdet ist.

Der wichtigste Grund für die Aversion des Jugendlichen gegenüber Norm, Gebot und Forderung liegt in der entwicklungsbedingten geringen Fähigkeit zum Verzicht. Die Psychoanalyse weiß sehr genau, daß Verzicht nur möglich ist, wo Liebe ist. Man verzichtet aus Liebe zu einer Person, einer Sache oder einer Idee auf bestimmte Dinge, Annehmlichkeiten und Wünsche. Man verzichtet aber nicht deshalb, weil Verzicht einfach gefordert wird. Wer im Verlaufe seiner Kindheitsentwicklung wenig Liebe erfahren hat, kann schwer auf irgend etwas verzichten. Die Erziehungsberatungsstellen bestätigen, daß Kleinkinder in den ersten zwei bis drei Jahren häufig verwöhnt werden, daß es aber später zu einem Bruch kommt, weil die Mütter diese intensive Zuwendung, die sie ihrem Kind in den ersten Lebensjahren zukommen lassen, in der Regel nicht aufrechterhalten können. Die relativ verwöhnende Erziehung wird abgelöst durch eine härtere. Der Wechsel von Verwöhnung und Härte aber schafft eine Disposition zur Verwahrlosung. Im Kinde entstehen Ängste und Ungeduldshaltung. Für eine Vielzahl solcher Kinder ist später jede Forderung, jeder Verzicht mit dieser Angst verbunden, nun nicht mehr zu bekommen, was man sich wünscht. So ist das Nicht-Verzichtenwollen und Nicht-Verzichtenkönnen auch eine Folge der allgemeinen, gegenwärtigen Erziehungssituation.

Wenn es einsichtig ist, daß das triebdeterminierte Verhalten auch unter den Bedingungen der Konsumfülle in einer modernen Industriegesellschaft bestimmter Regulierungen bedarf, und daß die Leugnung dieser Einsicht nichts anderes ist als eine Abwehr der Verzichtsforderung, dann stellt sich uns zwingend die Frage nach dem Maßstab: Was ist normal, was kann man tun, was sollte man besser nicht tun, wie erfolgt die Regulierung?

Der anerkannte Psychotherapeut und ausgezeichnete Kenner der Psychoanalyse A. Görres schreibt (in: Methoden und Erfahrungen der Psychoanalyse, München 1965, S. 75): »Die Abwegigkeit des Erlebens und Verhaltens können wir als solche nicht erkennen, wenn uns nicht ein gewisser Maßstab des gesunden Erlebens vorschwebt ... Es gibt keine Psychopathologie ohne Rückgriff auf eine Normalvorstellung vom Gesunden, die nicht statistisch ausgezählt werden kann, also nicht eine Durchschnittsnorm darstellt, aber auch nicht einfach eine Idealnorm im allzu simplen Sinne eines Mustermenschen ist.«

Aber wo liegen nun die Kriterien für das, was gesund und normal ist? Görres, als Mediziner, verweist auf die Organstruktur. Ein Organ ist dann krank zu nennen, wenn es nicht mehr das zu leisten vermag, wozu es konstruiert ist. Eine Lunge ist dazu geschaffen, Sauerstoff aufzunehmen und Kohlendioxyd abzugeben. Kann sie das nicht mehr leisten, dann ist sie krank.

Wir können also aus der Organstruktur ablesen, wozu ein Organ bestimmt ist und können es dann als krank bezeichnen, wenn es nicht mehr dieser seiner Struktur gemäß arbeitet. So ist bspw. ganz offensichtlich von der Organstruktur her der Penis für die Vagina geschaffen. Und deshalb ist Homosexualität eine Krankheit, auch dann, wenn sie von allen betrieben wird. Daß ein Mensch möglicherweise auf Grund seines Entwicklungsschicksals keine anderen Beziehungen als homosexuelle aufbauen kann, ändert nichts an dieser Feststellung.

Schwieriger werden die Entscheidungen beim Versuch, zu klären, was im Bereich der Verhaltensmuster und der Gewohnheiten, soweit sie nicht durch die Organstruktur vorgezeichnet sind, als gesund oder krank zu bezeichnen ist.

So läßt sich aus der Struktur der Reifeentwicklung etwas aussagen über den richtigen, d. h. den entwicklungsgemäßen Zeitpunkt des ersten Geschlechtsverkehrs. Das ist besonders wichtig angesichts der Frage nach dem frühest möglichen Zeitpunkt des ersten Geschlechtsverkehrs. Für manche Autoren gibt es keine stichhaltigen Argumente gegen eine Begrenzung der Vorverlegung dieses Zeitpunktes (Neill, a. a. O., S. 200).

Auch soziologische Überlegungen geben uns kaum Kriterien an die Hand, die eine Bestimmung dieses Zeitpunktes zulassen.

Aber die Konstanz in der Aufeinanderfolge spezifischer Entwicklungsaufgaben: Urvertrauen → Autonomie → Initiative → Identität → Intimität → Zeugung (Erickson) läßt eine Definition des Zeitpunktes der ersten intimen Beziehung zu.

Es wird nicht möglich sein, bestimmte Jahreszahlen allgemeinverbindlich anzugeben. Aber es ist wohl möglich, im Einzelgespräch und im Gespräch mit einer Gruppe auf die Kriterien hinzuweisen, die die Lösung bestimmter Entwicklungsaufgaben anzeigen, so daß es dem so Informierten möglich ist, bei sich selbst anhand dieser Indikatoren zu entscheiden, inwieweit ein intimes Verhältnis sich vom Zeitpunkt her entwicklungs-positiv oder entwicklungs-negativ auswirken wird.

Mit Beginn der Geschlechtsreife geht die Kindheit zu Ende. Der Heranwachsende entdeckt eine neue Dimension, die Dimension des psychischen Erlebens. Er entdeckt sie auf dem Wege über Fremd- und Selbstbeobachtung. Die stärksten Motive dieser Zeit sind das Bedürfnis nach Entwertung elterlicher und anderer Autoritäten einerseits, die Identifizierung mit Idolen und Idealen zum Aufbau des eigenen Ich andererseits. Die gesteigerte Hinwendung zu sich selbst als Schutz gegen Identitätsverlust und das betonte Bestreben, seinen Standpunkt zu behaupten bis hin zur Intoleranz, sind die hervorstechenden Verhaltensweisen dieser Entwicklungsphase. Der Jugendliche wehrt sich gegen eine anonyme, nicht überschaubare Macht und ist schnell bereit, sich mit Schlagworten, Dogmen und Parolen zu identifizieren.

Der einzelne Jugendliche und die Jugendlichen als soziologische Gruppe entwickeln einen spezifischen Lebensstil, bauen ihr Selbstverständnis auf, das ihnen aus dem Orientierungskonflikt heraushelfen soll. Der junge Erwachsene, der durch Identitätserlebnisse zur Strukturierung seiner Person gefunden hat, ist fähig, seine Identität mit der des anderen zu verschmelzen. Er ist bereit zur Hingabe und Intimität und kann bleibende personale Bindungen eingehen.

Die Liebe des Pubertierenden dagegen ist schwankend. Sie vollzieht sich auf der Ebene des Schwarmes. Der Schwärmende wechselt die Partner und entnimmt den jeweiligen Beziehungen durch Projektion und Introjektion jene Elemente, die er zum Aufbau seiner eigenen Identität benötigt. Dabei wird das Körperlich-Sexuelle nicht intendiert. Das angeschwärmte Mädchen erscheint unnahbar, zu schön, zu edel, man darf sie nicht anfassen. Der Mann erscheint dem Mädchen so großartig, daß es ihm nicht zutrauen könnte, sie zu berühren. Sind die Identifikationsprozesse zum Abschluß gekommen, weiß der Jugendliche genau was er will, und kann sich ohne Furcht vor Ich-Verlust dem anderen hingeben. Der Jugendliche schwärmt nicht mehr platonisch, er strebt nach geschlechtlicher Vereinigung, nach enger Freundschaft und ist bereit zum Rivalitätskampf. »Genitalität besteht in der ungehinderten Fähigkeit, eine von prägenitalen Störungen freie orgastische Potenz zu entwickeln, so daß bei voller Gefühlsbeteiligung von Penis und Vagina die genitale Libido in heterosexueller Wechselseitigkeit zum Ausdruck gelangt« (E. Erikson: Kindheit und Gesellschaft, Stuttgart 1968, S. 259).

Solange die Identifizierungsprozesse laufen, hält man seine letzte Liebe für die erste und seine erste für die letzte. Man identifiziert sich nur so lange mit seinem Partner, bzw. mit bestimmten seiner Eigenschaften, bis man diese in die Struktur des eigenen Ichs eingebaut hat. Ist das geschehen, löst sich das Verhältnis unversehends, und ein neuer Schwarm tritt auf den Plan. Eine in solch einer Zeit vollzogene Intimbeziehung erschwert die Ablösung. Die Identität gerät in Abhängigkeit von der Anwesenheit des Gegenüber. Weil man sich von ihm auf Grund sexueller Bindungen nur schwer zu lösen vermag, werden die Eigenschaften nicht inkooperiert. Die reale oder vorgestellte Anwesenheit des Partners wird zu einem Teil der eigenen Ich-Struktur. Es entsteht eine psychische Abhängigkeit, aus der heraus jede Entfernung, jede befürchtete Trennung vom Partner als Ich-Verlust erlebt wird.

Dazu ein Beispiel: Ein junges Mädchen, 17 Jahre, hatte nach relativ kurzer Bekanntschaft mit einem Oberprimaner (es war ihre erste Liebe) den ersten Geschlechtsverkehr. Es ging zuerst gut. Der Junge machte Abitur, kam zur Bundeswehr und wollte danach studieren. Als er vom Bundeswehrdienst zurückkam, ging das Verhältnis innerhalb von 14 Tagen auseinander. Das Mädchen kam in die Beratung mit der Formulierung: »Wir lieben uns, aber wir verstehen uns nicht«, und dann weiter: »Ich habe nur für den Jungen gelebt.« Ein Gespräch machte deutlich, daß zum Zeitpunkt des ersten Geschlechtsverkehrs die Prozesse der Identitätsfindung bei dem Mädchen noch nicht zum Abschluß gekommen waren. Als es zur Trennung kam, erlebte das Mädchen sie als Verlust ihrer selbst, denn sie war nur solange sie selbst, als ihr Partner gegenwärtig war. Der Selbstmordversuch, den sie unternahm, war nur der Ausdruck, des unbewußt erlebten Ich-Verlustes. Weil sie noch nicht zur Identität ihrer Person gefunden hatte, war sie zur reifen Bindung und Partnerschaft noch nicht fähig. Der Geschlechtsverkehr war für sie auf jeden Fall zu früh. Die Weiterentwicklung war von der

Gefahr gekennzeichnet, diese Lücke nun so schnell wie möglich zu füllen, d. h. in unbewußt suchender Haltung nun von einem zum anderen zu wandern. Erst nach 2 Jahren konnte das Trauma überwunden werden.

c) Zur Frage der Prägung sexueller Verhaltens- und Reaktionsmuster

Prägung sei, wie oberflächlich mitunter behauptet wird, so etwas wie ein Hängen an der ersten Liebe. Prägung ist viel elementarer zu sehen. Im Prozeß der Prägung werden bestimmte Signale und Verhaltensmuster innerhalb kurzer Zeit, häufig durch eine einzige prägende Situation, irreversibel in einem instinktiv gesteuerten Funktionskreis eingebaut.

Seit den Untersuchungen von K. Lorenz ist z. B. bekannt, daß das Mutterbild: »Gans« nicht angeboren ist, sondern durch Prägung während einer sensiblen Phase erworben wird. Deshalb können schlüpfende Gänseküken, wenn sie als erstes Lebewesen einen Menschen erblicken, auf diesen geprägt werden.

Nun steht es außer Frage, daß auch die menschliche Sexualität ein Instinkt ist. Deshalb können wir auch grundsätzlich mit der Möglichkeit einer Prägbarkeit rechnen. K. Leonhard (Instinkte und Urinstinkte in der menschlichen Sexualität, Stuttgart 1964) hat sich eingehend mit dieser Frage beschäftigt. Aus der Entwicklungsgeschichte der von ihm untersuchten psycho-sexuell Verhaltensgestörten geht hervor, daß der Sexualtrieb von Fetischisten und Homosexuellen auf ein bestimmtes Objekt geprägt wurde, und zwar deshalb, weil sie beim Anblicken dieses Objektes (Busen, Unterwäsche, Penis) ihre erste intensive sexuelle Erregung erlebt hatten. Nun wird offensichtlich nicht jeder mit dieser Deutlichkeit auf das Objekt seiner ersten sexuellen Erregung geprägt – sonst gäbe es mehr Fetischisten. Leonhard nimmt deshalb an, daß sich die Sexualität des Menschen stammesgeschichtlich weiterentwickelt habe, und daß es möglicherweise eine archaische Variante der Sexualkonstitution sei, wo Prägung noch in dieser deutlichen Weise funktioniere. Nach Leonhard sollte die Prägung ursprünglich das Zusammengehören sicherstellen. Die gegenwärtig vorherrschende Sexualkonstitution (die weiterentwickelte) sei deshalb nicht mehr prägbar, weil zwischen den Menschen ein ausreichendes Maß an gegenseitiger Zuwendung und Darbietung die Verbindung gewährleiste. Nun scheint mir dieses Argument in doppelter Weise fragwürdig. Zunächst wissen wir, daß im Verlaufe stammesgeschichtlicher Entwicklung ursprüngliche Funktionen nicht einfach ausfallen, sondern allenfalls überlagert werden und unter bestimmten Bedingungen wieder durchbrechen können. Zudem sind die zur Verhandlung kommenden Fälle längst nicht Repräsentanten der Gruppe derer, die prägbar sind. Die Prägbarkeit scheint in Wirklichkeit offensichtlich viel weiter verbreitet, nur fällt das nicht auf, weil die geprägte Objektbeziehung von der Norm nicht oder nur geringfügig abweicht, oder weil sich die Betreffenden entsprechend zurückhalten. Im Gespräch mit Eheleuten über diese Thematik wird aber deutlich, daß vermutlich jeder Mensch, vor allem jeder Mann, hinsichtlich der Erregung auslösenden

Signale bestimmte Vorlieben hat. Bestimmte optische oder auch Geruchsreize, bestimmte Verhaltensfiguren wirken in besonderem Maße stimulierend. Es ist zwar nicht in jedem Fall nachweisbar, daß eine diesbezügliche Prägung stattgefunden hat, aber es läßt sich vermuten, weil dieses Ansprechen auf bestimmte Besonderheiten recht konstant ist.

Selbst K. Leonhard ist sich hinsichtlich der Frage, ob Prägung doch weiter verbreitet sein könne, als er annimmt, nicht ganz sicher, wenn er an anderer Stelle schreibt: »Wenn uns die Prägung im Fetischismus so eindrucksvoll entgegentritt, dann liegt die Frage nahe, ob es sich hier wirklich nur noch um einen atavistischen Vorgang handelt, der in der normalen Sexualität des heutigen Menschen keinen Platz mehr besitzt. Daß er in ausgeprägter Form zu Abnormitäten führt, ist klar, aber ganz ohne Prägung verläuft, wie ich glaube, auch unsere normale Sexualität nicht« (a. a. O., S. 150).

Leonhard vermutet aufgrund seines Materials, daß die prägungssensible Phase in der Zeit der Pubertät liegt. Bei aller Zurückhaltung im Urteil darf man daraus doch den Schluß ziehen, daß eine sexuell intime orgasmische Erstbegegnung um so eher prägend wirkt, je näher sie zeitlich der Pubertät liegt oder in die Pubertät selbst fällt.

Es gibt zahlreiche Untersuchungen über die Auswirkungen voreheliche Kontakte mit anderen Partnern auf die spätere Ehe. Nach Kinsey gelingt der erfahrenen Frau in den ersten Monaten der Ehe die sexuelle Anpassung leichter, sie kommt auch häufiger zum Orgasmus als die Frau ohne voreheliche Erfahrung mit wechselnden Partnern. Wenn man aber zu beurteilen versucht, welchen Einfluß vorehelicher Partnerwechsel auf das allgemeine Eheglück des Paares ausübt, so ergibt sich ein anderes Bild: »Viele Studien zeigen, daß bei Menschen, die vor der Ehe Geschlechtsverkehr mit anderen Partnern haben, die Wahrscheinlichkeit wesentlich geringer ist, daß sie bis zum Schluß glücklich verheiratet sind« (Packard, a. a. O., S. 427).

Wenn Geschlechtserziehung das Ziel hat, Menschen zur Liebes- und Ehefähigkeit zu erziehen, dann sollte man jungen Menschen das Risiko vor Augen stellen, das mit dem Wechsel der Geschlechtspartner gegeben ist. Wenn wir an dieser Stelle zusammenfassen, dann scheint die Schlußfolgerung richtig, daß die größten Chancen einer glücklichen Zweisamkeit in einer Dauerbeziehung dann gegeben sind, wenn die Erstbeziehung geheiratet wird und genügend Zeit blieb, die Eigenart des Partners kennenzulernen (Band der Liebe). Die Chancen sind um so geringer, je häufiger die Partner gewechselt werden und je mehr das körperliche Geschehen als Basis der Zweisamkeit fungiert, so daß das Sich-Kennenlernen, das Sich-gegenseitige-Annehmen nicht oder nur eingeschränkt zustande kommt.

Nach all dem Gesagten scheint es doch richtig, das zukünftige Glücklichsein nicht einem augenblicklichen, beglückenden Rausch zu opfern, sondern zu erkennen, daß die 10 Gebote gar nicht so weltfremd und lebensfeindlich sind und die »Gegnerschaft zur Naturwissenschaft nur eine einstweilige, keine unversöhnliche ist« (S. Freud, Ges. Werke, Bd. XIV, S. 377), wenn aus weltanschaulich-politischen Gründen der Gegensatz nicht vorsetzlich hineingetragen wird.

E. Die weibliche Sexualität und die Rolle der Frau

Daß wir als einen besonderen Aspekt der Geschlechtlichkeit des Menschen die weibliche Sexualität und die Rolle der Frau herausgreifen, hat verschiedene Gründe. Der Hauptgrund besteht darin, daß die weibliche Psyche im Sexualverhalten aus vielen Gründen mehr Berücksichtigung verlangt als die männliche. Von jeher faszinierte das »Ewig-Weibliche« von der groben Stimulierung bis zur zarten Anmutung. Hinzu kommt, daß die Entwicklung der weiblichen Sexualität, insbesondere ihrer Erlebniskomponente, komplizierter ist als die des Mannes. Der aktuellste Grund dürfte aber der Rollenwandel der Frau sein, der durch die Emanzipationsbewegung ausgelöst wurde und mit der Entwicklung der Ovulationshemmer seinen Höhepunkt erreichte. Die Aufklärungsbewegung in Schweden hatte ja, was nur wenige wissen, primär nicht den Zweck pädagogischer Aufklärung, sondern sie zielte auf eine Emanzipation der Frau, auf sexuelle Gleichberechtigung.

Vergleicht man die Aussagen von Frauen verschiedener Generationen zur Frage, ob sie sich von ihren Ehemännern sexuell gefordert oder überfordert fühlen, so wird dieser Wandel deutlich. In den zwanziger Jahren wünschten sich die befragten Ehefrauen weniger häufig sexuelle Intimität, 1940 fühlte sich eine Frau von sechs und 1964 nur eine von dreizehn Frauen intim überfordert. Diese Befreiung der Frau von der Haltung lästiger ehelicher Pflichterfüllung weg und hin zur Bejahung ihrer geschlechtlichen Lust stellt die Auflösung einer jahrhundertealten Versklavung dar.

Interessant ist, daß die Bedeutung der Lust und die Entwicklung der geschlechtlichen Leidenschaft für den weiblichen Organismus auch phylogenetisch sich erst spät abgezeichnet hat. Kann man bei männlichen Affen und anderen höheren Säugetieren einen Orgasmus beobachten, so trifft das für die weiblichen Tiere, mit Ausnahme von Andeutungen bei den Primaten, nicht zu. Die Orgasmusfähigkeit der Frau ist eine stammesgeschichtlich junge Entwicklung. Von daher erklärt sich vielleicht auch die allgemein leichte Irritierbarkeit der Orgasmusfähigkeit der Frau: Sie ist noch nicht hinreichend tief im Wurzelgrund biologischer Verhaltensmuster verankert. Bestimmte Autoren halten eine Entwicklung für möglich, nach der die Frau die Potente ist, die fordernd die Männlichkeit ihres Partners in Frage zu stellen vermag. Wir werden versuchen abzuschätzen, was diese Entwicklung für das Zusammenspiel und Zusammenleben der Partner bedeutet. Eines scheint deutlich, daß der entscheidende Wandel in der Geschlechterbeziehung von der Frau ausgeht, daß sie die Markierungen und Weichenstellungen setzt.

Grundsätzlich ist der Körper der Frau ebenso reaktionsfähig wie der des Mannes. Wenn Kinsey darauf hinweist, daß die Frau in der Masturbation nicht weniger Zeit als der Mann braucht, um zum Orgasmus zu gelangen, dann besagt dieses herausgelöste physiologische Geschehen allerdings nichts über ihre sexuelle Gesamtbereitschaft. »Die Sexualität scheint bei Frauen über den ganzen Körper verteilt zu sein. Die alles durchdringende Sexualität, die für die Frau immer schon charakteristisch war, hat O. Hara vielleicht intuitiv eingefangen, wenn er ein Mädchen während des Geschlechtsverkehrs sagen läßt: ›Ich bin ganz um dich herum‹.« (V. Packard a. a. O., S. 395). Anhand einer Studie über das Geschlechtsverhalten von College-Studenten kommt W. Ehrmann zu dem Ergebnis, »daß die Frau hauptsächlich und zutiefst in Verbindung mit Liebe und ständigem Zusammensein geschlechtlich aus sich herausgeht ... die Frau braucht Liebe, um die direkten genitalen Aspekte erotischen Verhaltens freizusetzen« (nach Packard a. a. O., S. 397).

Wenn wir demgegenüber bedenken, daß viele Erstkontakte diese Voraussetzung nicht erfüllen, daß Mädchen Intimbeziehungen eingehen, um ihre weibliche Rolle bestätigt zu erleben (Abwehr der latenten Angst, frigid zu sein), dann können wir verstehen, daß viele von ihrer Erstbegegnung enttäuscht sind.

Man kann dieses unterschwellige Motiv gut nachempfinden, wenn man weiß, wie sehr ein junges Mädchen sich nach dem Angenommensein durch den Mann sehnt, und wie sie aufatmet, wenn sie diese Bestätigung bekommt. Nur wenige wissen, daß dazu nicht notwendig der genitale Vollzug ins Spiel gebracht werden muß und sehen deshalb nur darin die einzige Möglichkeit, sich selbst zu bestätigen. In dieser Hinsicht stehen sie auch unter dem Druck der öffentlichen Meinung ihres Alterskollektivs.

Durch die naturwissenschaftliche Erforschung des sexuellen Verhaltens wurde die physiologische Reaktion in den Vordergrund der Betrachtung gerückt (s. Masters). Das, was die Frau eigentlich braucht, ist dabei mehr und mehr aus dem Blickfeld geraten. Sie kann es vielfach selbst nicht mehr erkennen und verwechselt die Technik des zärtlichen Vorspiels (Kolle) mit der Zärtlichkeit, nach der sie sich sehnt, die eine seelische Qualität ist und nicht ein »Liebesspiel« mit erogenen Zonen. Diese seelische Qualität der Zärtlichkeit ist identisch mit dem Erleben des Angenommenseins in der Totalität der Person. Wer sich als Frau angenommen weiß, ist auch sexuell erlebnisfähig, das zeigt eindeutig die Korrelation von Anorgasmie und mangelndem Selbstwertgefühl, bzw. von Orgasmusfähigkeit und Bestätigung in der weiblichen Rolle. Frauen in ausgesprochen männlichen Positionen sind kaum orgasmusfähig (unter den Funktionärinnen der CSSR nur 0,9%; nach R. Bell: Geschlecht und Sexualität der Frau, Hamburg 1969), während demgegenüber Beamtinnen (mit Ausnahme von Lehrkräften) die höchste Orgasmusfähigkeit (43%) besitzen. Dem entspricht auch die Feststellung, daß Frauen häufiger orgasmusfähig sind, wenn sie 3 bis 5 Jahre jünger sind als ihre Männer. Zur weiblichen Sexualität, jedenfalls im Bereich unserer Kulturzone, gehört also augenfällig das Erlebnis des sich Unterstellens unter den Mann, deshalb wünschen sich junge Mädchen ja auch überlegene Männer. Bei den meisten höheren Tieren liegen die Verhältnisse so, daß das weibliche Tier sich dem männlichen unterstellt. Während die sexuelle Werbung nach dem Material eines umfangreichen Kulturvergleichs von beiden Geschlechtern gleichermaßen ausgeht, kommt dem Mann in den meisten Kulturen eindeutig die Initiative zum Handeln zu. Der Liebeszauber wird sehr viel häufiger von Männern angewandt als von Frauen (Ford und Beach: Formen der Sexualität a. a. O., S. 109). Beatrice Oehlert, eine Doktorandin von K. Lorenz, hat bei der Untersuchung an Buntbarschen (bei dieser Art sehen sich männliche und weibliche Tiere äußerlich sehr ähnlich) zeigen können, daß sich die Geschlechter durch ihr Verhalten einander zu erkennen geben: »Wenn der Mann vor seinem Gegenüber auch nur im leisesten Angst hat, ist all seine Sexualität völlig ausgeschaltet. Beim Weibchen besteht dasselbe Verhältnis zwischen Aggression und Sexualität. Wenn die Frau vor ihrem Partner so wenig »Respekt« hat, daß ihre Aggression nicht ganz und gar ausgeschaltet ist, vermag sie überhaupt nicht sexuell auf diesen anzusprechen« (K. Lorenz, Das sogenannte Böse a. a. O., S. 153). K. Lorenz fügt hinzu, daß dieser Mechanismus sicher nicht nur bei Fischen vorkommt, sondern auch sehr vielen Wirbeltieren eigen ist. Zur weiblichen sexuellen Reaktion gehört offensichtlich die Möglichkeit und Fähigkeit zur Unterstellung. Unterstellung als erregungsfördernder Faktor ist nur eine Seite weiblicher Sexualität. Schon immer ist die Sexualität auch eine Waffe der Frau, mit der sie ihre natürliche Unterstellungsbereitschaft zu kompensieren vermag: Während sie sich dem Mann einerseits unterstellt, versteht sie es aber zugleich, ihn in Abhängigkeit zu bringen. Mit der fortschreitenden Emanzipation und Gleichberechtigung im Bereich der Sexualität hat sie zunächst Mechanismen entwickelt, die den Mann durch den Wechsel von Verlockung und Sich-Entziehen zunehmend in die Defensive drängten. Der Mann wurde gereizt, und dann wurde von ihm Zurückhaltung gefordert. Heute zeichnet sich eine weitergehende Entwicklung ab: Die Frau fordert keine Zurückhaltung mehr, sondern kostet vielmehr ihre Macht dadurch aus – und ihre Sexualorganisation läßt das zu – daß sie den Mann an die Grenzen seiner Potenz führt. Durch ein zur Schau getragenes unstillbares Verlangen demonstriert sie ihm, daß er ein impotenter Schwächling sei. Daß sich diese beiden Spielformen: frigide Frau, die vom Mann nach erfolgter Stimulierung Zurückhaltung fordert und ihn damit in der Abhängigkeit hält, und die andere: Nymphomanie, die den Mann zum impotenten Schwächling stempelt, herausbilden konnten, entspringt der Verbindung der Sexualität mit der Aggression, auf die schon Freud hinwies. Die Subsumierung der Sexualität unter das Leistungsprinzip hat diesen Machtkampf verstärkt. Die Emanzipation ist eine Reaktion gegenüber der jahrhundertealten Herrschaft des Mannes. Diese Herrschaft konnte durch den nivellierenden Einfluß der Technik in Frage gestellt werden: Aus dem passiven Widerstand der Frau (Frigidität, Ablehnung des Männlichen durch Sich-Entziehen) wurde der aktiv-aggressive Widerstand (die sexuell provozierende fordernde Frau). Die Emanzipationsbewegung artikuliert eine Gleichberechtigung, die deutlich kompensatorische Züge trägt.* Dieser kompensatorische Charakter läßt eine Entscheidung darüber, ob die Gleichstellung der Partner die denkbar ideale Paarbeziehung darstellt, nicht zu. Hand in Hand mit dem Anspruch auf gleiches Recht findet sich zwangsläufig als Partnerin dieses Anspruches die Macht, um das Recht durchzusetzen. Ideale Partnerschaft kann aber nicht auf Rechtsansprüchen beruhen, ihre Basis ist Liebe. Aus diesem Grund kann A. Bacia von der Berliner Außerparlamentarischen Opposition schreiben »an eine bereits gelungene Emanzipation glaubt jedenfalls kein Einsichtiger mehr« (»Themen zur Sexualität«, Bochum 1971).

Ich halte diese Verflechtung von Leistung und Sexualität für eine in der Tat tragische Entwicklung. Hier liegt das eigentliche Problem. Auch die Sexualität ist jetzt in den Bereich der Machbarkeit, des Experimentierens und Probierens geraten, sie stellt nicht mehr den Raum des Unwägbaren, Nicht-Berechenbaren dar, in dem die Partner Geborgenheit und Zugehörigkeit erleben und Belastungen des Alltags vergessen können. Ein vom Partner, von der Liebe losgelöstes sexuelles Erleben wirkt nicht anders wie ein Drogen-Rausch. Beiden gemeinsam ist die »Philosophie des Momentanismus« (Becker): Schelsky sieht die Emanzipationsbewegung und den Ruf nach sexueller Gleichberechtigung in ihrem tieferen Zusammenhang, wenn er darauf hinweist, daß durch das Reden und Forschen über Sexualverhalten und seine Variationen (jeder hat das paragraphierte Recht, seine Sexualität so zu artikulieren, wie es seinen Bedürfnissen entspricht), etwas bis dahin moralisch Adiaphores normierungsbedürftig geworden ist. Die Anerkennung dieser Variationen als etwas sozial und moralisch Gleichgültiges, das weder geboten noch verboten ist und im allgemeinen vom sozialen Schweigen bedeckt blieb, ging zusehends verloren: »Dafür soll nicht übersehen werden, daß diese reformsüchtige Opposition durchaus einem übertriebenen Moral-Perfektionismus puritanischer Tradition entspricht und durch ihn recht eigentlich hervorgerufen wird ... Das spezifisch Amerikanische der Kinsey-Berichte, die Begegnung zwischen einem puritanischen Moral-Perfektionismus und einem ebenso typischen Anpassungsperfektionismus als der modernen Metaphysik dieses Landes darf nicht verkannt werden ... Ähnliche Argumente aus der Variabilitätsbreite der natürlichen Anlage werden ja auch gegen die bisherige soziale Polarisierung der Rolle des männlichen und weiblichen Geschlechtserlebens und in vielerlei Formen zur Forderung einer Angleichung und Nivellierung dieser sozial gesetzten Unterschiede verwandt.« (Schelsky, »Soziologie der Sexualität, Hamburg 1967, S. 53). Und weiter weist er daraufhin, daß die Andersartigkeit

---

* »Die Frau wollte und will sich nicht länger vom Mann beherrschen lassen und auch der Mann erkennt, daß er heute seiner Frau mehr bieten muß, um sie glücklich zu machen« (S. Homann, Studentin meines Seminars, WS 71/72).

der Geschlechterrelationen in anderen Kulturen nicht dazu führen darf, diese Rollenformierung für belanglos zu halten und beliebig nach Trend zu stilisieren. »Ob ein neues kulturelles Gesamtgefüge sich auf der Angleichung der Geschlechter aufbauen kann und wird, ist durchaus ungewiß« (S. 53) Sehr deutlich hat M. Mead (Geschlecht und Temperament in primitiven Gesellschaften, Hamburg 1959, S. 213) darauf hingewiesen, daß ein Aufgeben von sozialen Differenzierungen (und gegengeschlechtlichen Rollen-Polarisierungen) ... ein Opfer an Kulturniveau bedeuten kann. d. h. »Reprimitivierung« (Schelsky, a. a. O., S. 54). Wenn die Sexualität der Frau dem Mann wieder zur Bedeutung werden und das Wort von der Tiefendimension der Geschlechtlichkeit keine leere Vokabel bleiben soll, dann müssen wir den heranwachsenden Mädchen helfen, der leichtgläubig propagierten Emanzipations-Ideologie kritisch gegenüber zu stehen. Diese wachsame Kritik wird die Frau befähigen, sich aus dem allgemeinen Konkurrenzkampf um größere Attraktivität herauszuhalten. Dann wird sie sich nicht lautstark emanzipatorisch dem Mann demonstrieren, sondern mit der ganzen Sensibilität ihres Leibes um ihn herum sein. Daß das mehr ist als orgasmischer Rausch und in einer flüchtigen Begegnung nicht zu verwirklichen, versteht sich von selbst.

Betrachten wir unter dieser Zielsetzung die sich entwickelnde Weiblichkeit etwas näher.

Die wichtigste organische Leistung der Pubertät ist die sexuelle Reifung. Die Reaktionen des Mädchens auf diese Vorgänge drücken sich vor allem in ihrer Beziehung zum eigenen Körper aus. In der Vorpubertät waren mehr die Körpergröße und die äußeren Veränderungen, die es mit Neugierde und dem kindlichen Wunsch betrachtete, als Erwachsene angesehen zu werden.

Das besondere Interesse am Sexualorgan wird erst durch das Einsetzen der Menstruation hervorgerufen. »Die psychologischen Wirkungen dieser Konfrontierung mit einem Organ, das blutet, Unbehagen und Verzicht mit sich bringt, sind sehr stark und mannigfaltig« (H. Deutsch, Psychologie der Frau, Band 1, Bern 1959, S. 29).

Der erwachten Sexualität folgt die seelische Reife erst Jahre später, so daß der junge Mensch ein gefährliches Vakuum durchzustehen hat, bis körperliche und seelische Pubertät einander aufschließen. Gefühle der Unsicherheit, Ungewißheit, innere Unruhe, Erregung, Zwiespältigkeit mit der Umgebung und mit sich selbst begleiten den jungen Menschen und nehmen die Form an: »Man versteht mich nicht, man bedroht meine Individualität und stutzt meine Flügel; ich habe das Recht, mein eigenes Leben zu führen«.

Diese Einstellung zur Umwelt lockert die alten emotionalen Bindungen auf, und an ihre Stelle treten abstrakte Ich-Ideale. Bei normal fortschreitender Entwicklung wird die Identifizierung mit anderen zunehmend geringer und die mit sich selbst größer.

»So wird die emotionale Leere zwischen einer Welt, die im Verschwinden ist, und einer anderen, die noch nicht fertig ist, dadurch ausgefüllt, daß sich die Gefühle des Heranwachsenden dem eigenen Ich zuwenden« (H. Deutsch: Psychologie der Frau, Band 1, Bern 1959, S. 85).

Das führt zu der für diese Entwicklungsstufe charakteristischen Selbstliebe, dem Narzißmus; Selbstbeobachtung, Selbstreflexion, Selbstbezogenheit sind seine typischen Merkmale. Dabei quält sich das Mädchen ständig mit den Fragen nach der Identität: Wie bin ich? Wer bin ich? Und es kann sich selbst oft nicht verstehen. Hinter all diesen Fragen steht der Hilferuf nach dem Verstandenwerden, um sich letztlich selbst verstehen zu können. Typisch für die Heranreifenden sind ihre Unfähigkeit, Kritik zu ertragen und der starke Wunsch nach Geliebt- und Bewundertwerden. Ein Übermaß an Narzißmus erschwert aber die zwischenmenschliche Beziehung und führt zu dem subjektiven Eindruck: Mich liebt niemand.

Gesteigertes Selbstwertgefühl und Einsamkeitsgefühl führen zu der Illusion, eine unerkannte Größe zu sein. Man begeistert sich am Gefühl der Einsamkeit, etwa in dem Sinne, daß man sich vorstellt, auf einer einsamen Höhe zu leben, die die anderen nicht erreichen können. Eingeigelt versucht das Ich seine Grenzen zu festigen. Ein Sich-Öffnen empfindet der Pubertierende problematisch, wenn nicht gar als schädlich, unehrenhaft, als Ursache des Mißverstehens.

Obwohl das erlebende Sich-Öffnen für die Entfaltung des Jugendlichen wichtig wäre, weicht dieser aus Furcht vor dem Ich-Verlust diesen Erlebnissen aus. Das führt schließlich zum Gefühl tiefster Vereinsamung und intensiver Beschäftigung mit sich selbst.

Normalerweise wird das narzißtische Selbstwertgefühl die Qual der Einsamkeit nicht überspielen können. Es entsteht eine unerträgliche Spannung aus der heraus das Bedürfnis entsteht, nicht nur geliebt zu werden, sondern auch selbst zu lieben: Das Mädchen verläßt mit großer Intensität seine Einsamkeit und verliebt sich.

Der Jugendliche wendet sich mit einem wahren Heißhunger neuen Objekten zu und erlebt jede Gefühlsregung mit ekstatischer Überschwenglichkeit (H. Deutsch a. a. O., S. 86). Ausdruck dieser Überschwenglichkeit und der Überschätzung der eigenen Gefühlserlebnisse ist die Bereitschaft des Jugendlichen, »alles« für die geliebte Person zu opfern. Dabei ist zu beachten, daß dasselbe Objekt sehr leicht und sehr bald zugunsten eines anderen aufgegeben werden kann. Bei einer gesunden Entwicklung ist der Wechsel der Objekte schmerzhaft, aber nicht problematisch. Man hält seine erste Liebe für die letzte und seine letzte für die erste, das Frühere war dann eben nicht das Wahre.

Die erotische Bereitschaft, sich fortwährend zu verlieben, ist beim Mädchen stärker als beim Jungen, ohne daß es sich allerdings des sexuellen Charakters seiner Gefühle klar bewußt wäre. Der Wunsch, von vielen geliebt zu werden, steht im Vordergrund. Selten handelt es sich dabei um ein einfach narzißtisches Bedürfnis, oft werden die Triumphe zu Demonstrationszwecken gesucht, z. B.

vor der Mutter, die der Tochter die zu erwartende Weiblichkeit abspricht, vor dem Vater, dem man auf diese Weise Bewunderung abringen möchte, und vor gleichgeschlechtlichen Altersgenossen. Dieser dauernde Wechsel der Liebesobjekte, der letztlich aber zur Unzufriedenheit mit sich selbst führt, kommt zur Lösung, wenn allmählich Sehnsucht und Liebesphantasien die narzißtische Selbstzufriedenheit überdecken. Der adoleszente Narzißmus befreit von früheren Objekten der Gebundenheit, hebt das Selbstbewußtsein und stärkt das Ich. Er ist Sicherung gegen das Zerfließen der Persönlichkeit. Sobald es sich aber um die Bildung emotionaler Beziehungen zu neuen Objekten handelt, wirkt dieser Narzißmus hemmend. Die Aufgabe der Adoleszenz besteht nun darin, »aus der Phase des gesteigerten Narzißmus zu Objektbeziehungen zu gelangen und in ihnen eine günstige Verbindung der zärtlichen und sexuellen Strömungen zu erreichen« (H. Deutsch a. a. O., S. 102).

Die heterosexuelle Liebe des jungen Mädchens wendet sich zuerst Objekten zu, die außerhalb der Gefahr einer Realisierung liegen, aber Phantasie und Tagträumerei mit Inhalt zu füllen vermögen. Dieses Jagen nach Phantasie-Erlebnissen geschieht, weil das Mädchen in Wirklichkeit noch nicht dazu fähig ist, oder weil die Realität, an den eigenen Wünschen gemessen, zu unbedeutend erscheint.

Die Adoleszenzzeit schließt ab mit dem Schritt zur reifen Liebesfähigkeit, die darin besteht, daß nun der geliebte Mensch auch sexuell begehrt werden kann, daß die sexuelle Vereinigung nicht als Herabsetzung der Liebesbeziehung, sondern als Ausdruck stärkster seelischer Verbundenheit erlebt wird.

Dem Schwarm fehlt dieses bewußt sexuelle Begehren noch; er ist zu rein, zu schön, um begehrt zu werden.

Liebe aber bedeutet totale Annahme des anderen und die Fähigkeit, echte Bindung und Partnerschaft ohne Furcht vor dem Ich-Verlust einzugehen. In der reifen Liebe wird sexuelle Hingabe möglich, denn der geliebte Mensch vertritt nicht das Ich-Ideal, sondern ersetzt es. »Das Objekt wird nicht mit dem idealen besseren Selbst identifiziert, sondern ergänzt das Ich so gut, daß der Trieb zur Selbstvervollkommnung überflüssig wird« (Th. Reik: Geschlecht und Liebe, München 1965, S. 124).

Damit ist der Prozeß der wechselnden Identifikation und der damit verbundenen Ablösungen zum Abschluß gekommen. Man hat den einen geliebten Menschen gefunden, ». . . den, den meine Seele fand«.

Noch Freud war der Meinung, daß es eine weibliche Psyche gäbe, die sich relativ unabhängig von kulturellen Bedingungen allein von der Organstruktur ableiten ließe.

Mit der Zunahme kulturanthropologisch-vergleichender Forschung wurde diese Annahme mehr und mehr in Frage gestellt. Man weiß heute, wie entscheidend das Wesen der Geschlechtlichkeit von den kultursoziologischen Gegebenheiten mitbestimmt wird.

Die moderne Anthropologie sieht in der Sexualität ein weitgehend unspezialisiertes Grundbedürfnis, anderen biologischen Bedürfnissen vergleichbar, das durch weitgehende Instinktreduktion, Antriebsüberschuß und Autonomie des sinnlichen Genusses gekennzeichnet ist. Dabei muß aber zwischen weiblicher und männlicher Sexualität unterschieden werden.

Die Sexualkonstitution des Mannes gilt als antriebsüberschüssig, jederzeit durch Außenreize erregbar, körpernäher und ichferner als die der Frau.

Die Organeigenheit des Männlichen verweist mehr auf eine aggressive, aktive Rolle, aber es gibt auch beim Weiblichen die aggressive Komponente als Sekundär-Entwicklung (Penis-Neid). Daß es Kulturen gibt, wo diese Variante sich »bewährt« hat und existiert, besagt noch lange nicht, daß eine Übertragung dieser Verhaltensmuster in unsere Kulturzonen möglich ist. Becker nennt in Anlehnung an A. Dührßen solche vom Wunsch diktierten Überlegungen »neurotische Sexualphilosophie«. Durch die größere Steilheit im Erregungsverlauf und die stärkere Konzentration auf ein Organ kann der Mann den Sexualakt ungleich leichter als die Frau ohne Beteiligung seiner Person, nur mit dem Körper vollziehen. Der von der Sexualorganisation bedingte Unterschied stellt hinsichtlich der geschlechtlichen Begegnung für das heranreifende Mädchen ein größeres Problem dar als für den heranreifenden Mann. Der Mann hat es leichter, findet er doch in der Frau etwas von Anfang an Vertrautes und Bekanntes wieder.

Das Mädchen erfährt die Männlichkeit ihrer Entwicklung gemäß zuerst an der zärtlichen Zuwendung des Vaters als der ödipalen Bezugsperson. Die Männlichkeit, der sie später begegnet, ist etwas anderes als die Zärtlichkeit des ödipalen Objektes. Diesen »Mann« kennt sie nicht. Sie muß ihn erst nach und nach entdecken und erfahren.

Jede Frau, die in der Begegnung mit dem Mann nach dieser Zärtlichkeit sucht, wird die Eigenart der männlichen Sexualität als eine letztlich nicht zärtliche, sondern zugreifende, eher aggressive, als etwas Fremdes, Unbekanntes erleben. Häufig vermißt sie diese zärtliche Komponente so sehr, daß sie den sexuellen Zugriff abwehrt, was die weitere Entwicklung der Intimbeziehungen belastet. Es können sich auf diesem Wege negative Vorstellungen bilden, die unter bestimmten Bedingungen so weit reichen, daß sich die Frau als eine »Beute der animalen Wünsche des Mannes sieht, daß sie meint, sich opfern zu müssen und durch das Opfer sich erniedrigen würde« (K. Horney, in Giese: Geschlechtsleben unserer Zeit, München 1968, S. 48). Es gibt aber auch als Gegenregulativ die aggressiv-sexuell fordernde Frau. In ihr begegnet der Mann auch eher sich selbst als der anderen und liebt in ihr sich selbst und die männliche Attitüde der Sexualität. So deutlich die Geschlechtsunterschiede und bestimmte Grundmerkmale von Männlichkeit und Weiblichkeit auch sind, so gewiß ist auch, daß sie durch kultur-soziologische Bedingungen modifiziert werden. Gesellschaft und Kultur stellen spezifische Erwartungen an Mann und Frau. In einer technisch-rationalistischen Gesellschaft der Massenkommunikation werden die erkennbaren kulturanthropologischen Verschiedenheiten zusehends verwischt. Die Rollenverschiedenheit wird nivelliert: »Aus der Furcht vor der Reprimitivierung zum »Einheitsmenschen« will M. Mead die nachlassende Trennung und Spannung zwischen den Rollen der beiden Geschlechter durch andere Differenzierungsprinzipien (... Unterschiede individueller Begabung) ersetzen.« (Schelsky, a. a. O., S. 54)

Die Nivellierung wird bestimmt durch das Leistungsprinzip. Beide Geschlechter stehen seit etwa 100 Jahren unter dem Einfluß einer technisierten Welt und damit unter dem Leitbild der Machbarkeit und der Perfektion. Das technische Bewußtsein hat den Mann von heute unfähig gemacht, mit Geduld um die Frau zu werben. Der Mann ist zunehmend geneigt, ein Sich-distanziert-Verhalten zu disqualifizieren und als »unbrauchbar« abzutun. Die Frau, die durch Distanzierung zur Entfaltung der romantischen Liebe beigetragen hat, ist im Begriff, ihre dadurch erworbene Position wieder zu verlassen. Auch sie untersteht dem Diktat der Technik und damit dem Druck der Männlichkeit, denn die technische Welt ist eine männliche. »Die Angst, durch eine rückständige Haltung aus dem Rennen zu fallen, nicht mit den anderen konkurrieren zu können, läßt die Frau ihre ehemals weibliche Klugheit vergessen und macht sie bereit zu haltloser Hingabe«* (Bodamer a. a. O., S. 116) Bodamer beklagt, daß die Frau von heute dem Mann sich zu wenig in Frage stelle. Sie ist für ihn ein leicht zu erringendes und rasch wieder belangloswerdendes Vergnügen. Das Versagen der Frau besteht darin, daß sie sich in einem Maße anzupassen beginnt, wie es nicht stattfände, hätte sie nicht das Wissen um ihr eigenes Wesen verloren. Der Ruf nach Selbstaktualisierung und Selbstakzeptierung kennzeichnet die Wesensunsicherheit. Die fordernde Sexualität des Mannes von heute hat die Frau gezwungen, sich gleichsam zu prostituieren, in einen Konkurrenzkampf einzutreten, der die seelischen Werte in die zweite Position verweist. Wichtig scheint für viele die Bereitschaft zur körperlichen Hingabe.

Es ist in Vergessenheit geraten, was V. v. Weizsäcker noch hervorgehoben hat, daß es in der Geschlechtlichkeit die Qualität der Einmaligkeit gäbe, die Qualität des Unwiederholbaren, und gerade dies verhindere, in der Geschlechtlichkeit nur einen Trieb zu sehen. Bodamer ruft den Mann zur Verantwortung auf, die wesenhafte Einmaligkeit einer sich hingebenden Frau nicht zu mißbrauchen, und er legt der Frau nahe, durch ihren Widerstand gegenüber dem konsumierenden Zugriff des Mannes, ihm zu helfen, partnerschaftliche Persönlichkeit zu werden.

---

* »haltlos« ist zwar eine unzutreffende Bezeichnung, aber das Gemeinte ist richtig gesehen: Eine Angleichung an den männlich-narzißtischen Modus der Sexualität reduziert die fruchtbare polare Spannung auf der Ebene einer existentiellen Begegnung.

II. Exkurs: Methodische Empfehlung und Thesen zur Sexualerziehung

Es ist nicht beabsichtigt, hier die Methodik einer Sexualerziehung zu entfalten. Es gibt eine Fülle methodischer Überlegungen zu diesem Thema, soweit es sich um die Vermittlung biologisch-physiologischer Fakten handelt. Was mir aber notwendig scheint, ist der Aufriß eines Zielkataloges als Konsequenz aus dem Gesagten. Das aber betrifft vor allem die Fragen nach der Bewältigung der Sexualität und nach einer vernünftigen Sittlichkeit. Es ist möglich, mit den Schülern Einsichtsstufen zu erarbeiten, die eine Integration der Sexualität gewährleisten und helfen, den anthropologischen Ort der Sexualität zu erkennen.

Der Mensch ist auf Gemeinschaft hin angelegt. Dieses Bezogensein auf den anderen ist der Grund dafür, daß er seine Existenz erst in der Erfahrung des Angenommenseins und des Annehmens des anderen vollziehen kann.

Zwischengeschlechtliche Beziehungen sind ein Teilaspekt dieser Kommunikationsfähigkeit. Sexualerziehung ist Erziehung zur Kommunikation. Die Sexualität hat keinen Wert in sich, sondern bekommt ihn erst dadurch, daß sie das im Körperlichen gesetzte Zeichen eines von der ganzen Person getragenen Dialoges ist. Nur so ist die Sexualität personal integriert und entgeht einer Verfremdung durch Politisierung, Kommerzialisierung und Technisierung (sexuelle Techniken). Wo eine geistige Kommunikation nicht vorhanden ist oder gar nicht intendiert wird, verliert die Geste des Leibes ihren ontischen Sinn und wird damit sittlich falsch.

Die Sexualerziehung im Raum der Schule vollzieht sich in drei von der Entwicklung des Kindes und des Jugendlichen vorgezeichneten Schritten:

In der Latenzzeit (1.–4. Schulj.) steht der morphologische Aspekt im Vordergrund didaktischer Überlegungen. Die sinnfällig gegebenen, in der unmittelbaren Anschauung erfaßbaren Unterschiede zwischen Mann und Frau, Jungen und Mädchen, das Erscheinungsbild von Schwangerschaft, Geburt und der Pflege des Neugeborenen sind Inhalte dieser ersten Stufe.

In der Vorpubertät (5., 6., u. z. T. 7. Schulj.) geht es um den funktionalen Aspekt von: Geschlechtsreife, Zeugung, Schwangerschaft, Geburt.

In der Pubertät und Adoleszenz (8.–13. Schulj.) geht es um die Bewältigung der Geschlechtlichkeit.

Folgende Thesen zur Sexualerziehung umreißen die Zielprojektion:

1. Sexualerziehung ist Teil der Gesamterziehung, sie ist mehr als biologische Aufklärung und bloße Tolerierung der Sexualität.
2. Sexualerziehung gibt konkrete Bewältigungshilfen und kann die Frage nach Sitte und Norm nicht ausklammern. Absolute Enttabuierung ist Verstümmelung und nicht Befreiung des Triebes.
3. Sexualerziehung muß den anthropologischen Ort der Sexualität bestimmen

und die verschiedenen Ebenen der zwischengeschlechtlichen Beziehungen darstellen und sollte die geistliche Dimension, obwohl sie außerhalb der Kompetenzgrenzen des Intellektes liegt, nicht ausklammern.

4. Sexualerziehung ist Erziehung zur Partnerschaft. Ordnungsstrukturen im Aufbau der Paar-Beziehungen lassen sich stammesgeschichtlich herleiten und zeigen uns das Grundmuster, das kultursoziologisch variiert erscheint.
5. Sexualerziehung ist ganzheitlich-personal. Sie stellt sich gegen politische, kommerzielle, ideologische Überfremdung und pädagogischen Mißbrauch im Sinne einer Sexualisierung des Daseins.

1. Stichworte zur Sexualerziehung im 5.–9. Schuljahr

5. Schuljahr:

Psychologisch: Bewußtmachung der körperlichen Entwicklung: Vom Kleinkind zum Schulkind, vom Schulkind zum Jugendlichen.

biologisch: Entwicklung, Bau und Arbeitsweise der Geschlechtsorgane.

6.–7. Schuljahr:

Psychologisch: Freundschaft, Kameradschaft, Gruppenbildung, Geheimbünde, Bandenspiele; wir und das andere Geschlecht,
was Jungen über Mädchen und Mädchen über Jungen wissen wollen,
sexuelle Interessen, sexuelle Erregung (Magazine, Sex-Filme, Pornographie),
Selbstbefriedigung (Verbreitung und Bewertung).

biologisch: Zeugung, Schwangerschaft, Geburt bei Säugetieren und beim Menschen,
weiblicher Zyklus, Pollution.

Verhaltensmuster: Erziehung zum Verstehen der gegenseitigen Unsicherheit: Ambivalenz der Einstellung, Schwanken zwischen Zutrauen und Mißtrauen, Höflichkeit als Brücke zwischen den Geschlechtern.

8.–9. Schuljahr:

Psychologisch: Erwachsenwerden und erwachsen scheinen wollen:
Das Imponiergehabe, sexuelle Angeberei,
Freundschaft, Liebe, erste zwischengeschlechtliche Kontaktaufnahme und erotische Fühlungnahme; Rauchen, Alkoholkonsum, Drogenmißbrauch;
das Suchen von sexueller Erregung (Necking, Petting und kollektive Stimulierung),
die Sehnsucht nach Liebe und Verstandenwerden, Unterschiede im Erleben von Jungen und Mädchen.

biologisch: Hormonelle Steuerung der Geschlechtsreife, weiblicher Zyklus, Zeugung, empfängnisfreie Tage, Schwangerschaftsverlauf, Geburtsvorgang im Detail, Empfängnisverhütung.

Verhaltensmuster: Psychodynamik des Triebgeschehens (Lust- und Realitätsprinzip, die Bedeutung von Sitte und Norm, die Verwechslung von Begehrtwerden und Geliebtwerden,
kritischer Umgang mit den Massenmedien;
Erziehung zur Rücksichtnahme, Liebe und Zwang schließen sich aus.

2. Reflexionsschritte zur Bewältigung der Sexualität als Gesprächsgrundlage für das 10.–13. Schuljahr

Jugendliche, die mit mittlerer Reife oder Abitur die Schule verlassen, sollten durch kritische Reflexion in der Lage sein, der allgemeinen Sexualisierung des Lebens gegenüber eine Distanz zu gewinnen, aus der heraus sie ihre eigene Situation angemessen und frei zu beurteilen vermögen, damit sie auf vordergründig kommerziell genutzte Stimulierungen via Massenmedien ebensowenig hereinfallen, wie auf die propagandistischen Versprechungen (sexuell frei = politisch mündig) und die hedonistischen Simplifizierungen des Lebens (die orgastische Potenz als der Glücksbringer) erkennen. Sie müssen die anthropologische Dimension ihrer Geschlechtlichkeit und deren Norm-Immanenz stufenweise erfassen. Hierzu sind folgende didaktische Schritte notwendig:

1. Stufe: Was ist ein Trieb? – Erfassen der Triebdynamik

Die Dynamik des Triebgeschehens ergibt sich aus dem fordernden Charakter der Triebe und wird kultursoziologisch-ökonomisch nur modifiziert. Die Triebdynamik resultiert aus der Spannung zwischen Lust- und Realitätsprinzip. Die gegenwärtige Leitungsgesellschaft verstärkt diese Spannung. Triebe haben ein Entwicklungsschicksal.

2. Stufe: Die Bedeutung von Sitte und Norm

a) Sitte und Norm haben die Aufgabe, die Dynamik zwischen Lust- und Realitätsprinzip zu regulieren. Diese Regulative stehen beim Menschen an der Stelle angeborener Ablaufskontrollen des Triebsgeschehens, über die die Tiere verfügen (Instinkte).

Kultursoziologische Bedingtheit des Charakters dieser Ablaufskontrollen und damit ihre Relativität bedeuten nicht, daß man auf Normen verzichten kann. Eine Reduktion der Regulierungen des Verhaltens auf die Normativität des Faktischen übersieht die für die Gesellschaft konstitutive Spannung zwischen Idealnorm und Realnorm (Schelsky), weil es Verbundenheit nur da geben kann, wo bestimmte Verbindlichkeiten bestehen. Die Freiheit ist so weit wie der Raum der Geborgenheit. Freiheit ohne bergende Begrenzung durch verbindliche Regulative des Verhaltens ist Einsamkeit.

Eine Reduzierung der Verbindlichkeit auf das, was beidseitig Spaß macht, ohne dem anderen zu schaden (A. Comfort), führt allenfalls zu einem Egoismus zu zweien. Die Verabsolutierung dieses Regulatives ist ein Dogmatismus des bloßen Naturhaften und mit der differenzierten Struktur einer hochentwickelten Gesellschaft nicht vereinbar. Eine auf die Triebebene reduzierte Verbindlichkeit führt letztlich zur Atomisierung einer Gesellschaft, zur Vereinsamung und Anonymität mit allen ihren Folgeerscheinungen wie Existenzfrustrierung, Existenzangst, Leere und Flucht in das Glück des Augenblicks.

b) Sitte und Norm sind Gegenregulative zum Gewährenlassen und garantieren die integrierte Ablaufskontrolle des Triebvollzuges.

Entwicklungsnegativ wirken Sitte und Normierung des Verhaltens dann, wenn sie nicht von der Liebe getragen werden. Der Mensch kann nur in dem Maße verzichten, wie er Liebe empfängt. Das Gewährenlassen ohne das Gegengewicht des Verbotes führt zur Verwöhnung und damit letztlich zur Lebensuntüchtigkeit. Verbot und Strenge ohne Liebe verhärten den Menschen.

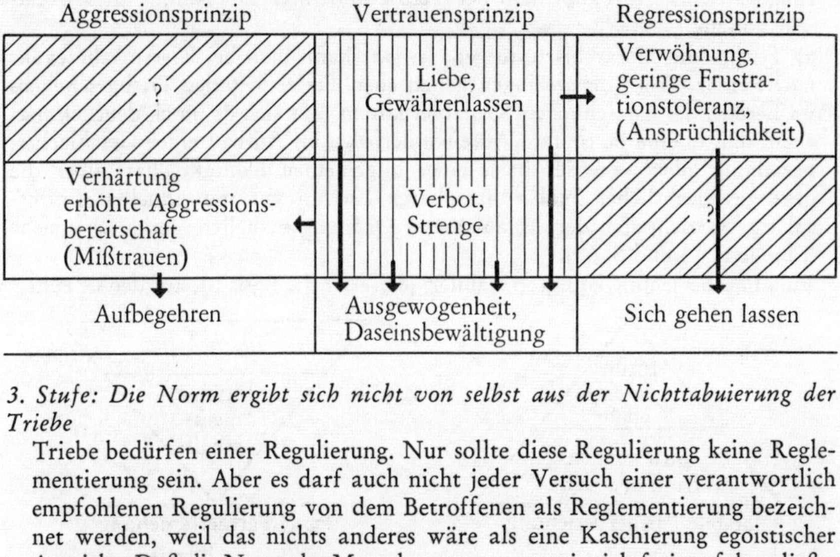

3. Stufe: Die Norm ergibt sich nicht von selbst aus der Nichttabuierung der Triebe

Triebe bedürfen einer Regulierung. Nur sollte diese Regulierung keine Reglementierung sein. Aber es darf auch nicht jeder Versuch einer verantwortlich empfohlenen Regulierung von dem Betroffenen als Reglementierung bezeichnet werden, weil das nichts anderes wäre als eine Kaschierung egoistischer Antriebe. Daß die Natur des Menschen, wenn man sie sich frei entfalten ließe, von selbst zu einem guten Verhalten und damit zu einem guten Verhältnis der Menschen untereinander führe, ist eine Glaubensaussage, die sich wissenschaftlich nicht halten läßt, weil davon ausgegangen wird, daß die Natur des Menschen nicht anders als gut sein könne (A. Plack). Diese Aussage steht nicht auf einem anthropologischen Grund. Diese ungebrochene Natur, von der dabei ausgegangen wird, hat es vielleicht einmal im Paradies gegeben, ist aber keine Zukunftsvision. Weder die vergleichende Verhaltensforschung noch die Tiefenpsychologie ist in der Lage zu bestätigen, daß die Natur des

Menschen gut sei. Die Verschiebung des Böseseins auf die bösen Verhältnisse ist psychoanalytisch gesehen ein Abwehr- und Entlastungsmechanismus gegenüber dem Problem der persönlichen Schuld am Nächsten.

4. Stufe: Woher nehmen wir die Normen?

Die Normen ergeben sich nicht aus dem, was man tut, was normal erscheint. Wenn es im Dritten Reich die allgemeine Norm war, die Juden zu hassen und als Menschen niederen Ranges zu betrachten, so käme heute keiner auf die Idee zu sagen, weil es alle taten, sei es richtig gewesen. Genausowenig wie wir etwa sagen würden, daß Tuberkulose etwas Gesundes sei, wenn wir feststellen würden, daß wir alle davon betroffen wären. Was normal ist kann nur gesehen werden in Hinblick auf eine positive Entwicklungsprospektivität.

Normen ergeben sich in bestimmten Grenzen aus der Struktur und dem psychogenetischen Aufbauprinzip der Triebe und ihrer Einordnung in den Daseinsvollzug.

a) Triebe sind hierarchisch aufgebaut. Das kann man bei Tieren sehr exakt nachweisen. Trotz der geringen genetischen Fixiertheit des Triebgeschehens im Bereich des menschlichen Sexualverhaltens läßt sich dennoch deutlich machen, daß es eine bestimmte Aufeinanderfolge im Aufbau einer Geschlechtsbeziehung gibt: Von der Basis einer allgemeinen Kontaktsphäre über die gegengeschlechtlichen Näherungssphären bis hin zur individuellen Intimssphäre vollzieht sich der Ablauf dieser Ordnung sexuellen Verhaltens (siehe Tabelle S. 14 und S. 69).

Eine Paarbeziehung ist um so stabiler, je breiter die Basis ist, auf der sie ruht.*

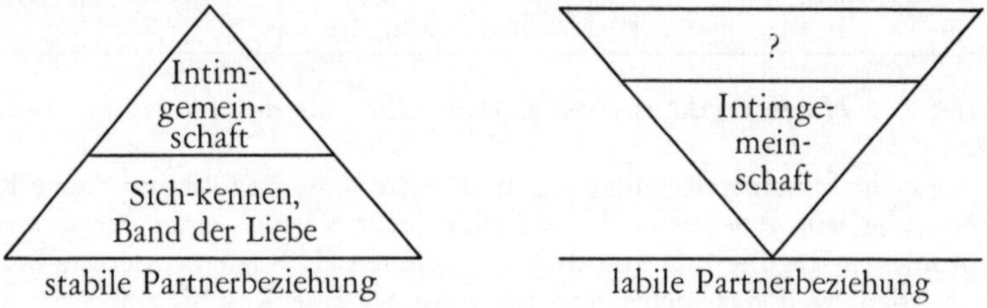

b) Eine Verfrühung des Geschlechtsverkehrs gefährdet die Identitätsfindung und damit den Abschluß der Ich-Entwicklung.

Wenn die Identitätsfindung noch nicht zu ihrem Abschluß gekommen ist, kann sich der Jugendliche dem anderen nicht angstfrei überlassen (E. Erikson). Die Zeit des Schwärmens ist eine Zeit der Identitätsfindung. Es wird in dieser Zeit in die eigene Erlebens- und Verhaltensstruktur das eingeordnet, was in

* Vergl. hierzu: K. Lorenz: »Das sogenannte Böse«, Wien 1962, daraus das Kapitel XI »Das Band«

der jeweils ablaufenden Schwarmbeziehung als personalbedeutsam erfahren wird. Der gerade aktuelle Schwarm hört relativ abrupt auf, wenn diese Prozesse abgelaufen sind. Eine intime Bezugnahme und Inanspruchnahme des Partners in einer Schwarmstruktur bindet in der Regel so stark, daß die entwicklungsnotwendige Auflösung des passageren Schwarmverhältnisses erschwert und damit die Identitätsfindung gefährdet ist.

c) Prägung

K. Leonhard u. a. zeigen, daß in Übereinstimmung mit den Beobachtungen der vergleichenden Verhaltensforschung beim ersten Geschlechtsverkehr möglicherweise Prägungsvorgänge ablaufen, so daß ein Wechsel der Partner dazu führt, daß die nachfolgenden Beziehungen infolge vorangegangener Prägungen auf jeweils andere Partner in ihren Feinheiten nicht mehr aufeinander abgestimmt sind. Aus diesem Grunde sind wohl Ehen, die vor ihrer Eheschließung häufiger Partnerwechsel hatten, in der Regel weniger stabil als solche, die keinen oder nur wenig Partnerwechsel vor der Ehe hatten (s. S. 88). Aus Punkt b und Punkt c ergibt sich, daß einer unbegrenzten, unüberlegten Vorverlegung des ersten Geschlechtsverkehrs nicht unbedenklich zugestimmt werden kann.

5. Stufe: Lustorientiertheit führt zur Fehlerziehung

Thesen wie: »Man soll das Glück des Augenblicks nicht einem zukünftigen opfern« reduzieren die subjektive Toleranzgrenze gegenüber dem Leid, weil sie den Jugendlichen so programmieren, als sei Lust machbar, um jeden Preis erstrebbar, und Leid vermeidbar. Eine geringe Toleranz gegenüber dem Leid aber erhöht die Bereitschaft, bei Belastungen zu verzweifeln. Die Ungeübtheit, mit Leid und Konflikten fertigzuwerden, führen zu einer erhöhten Konfliktflucht via Aggression, Protest oder Regression, Rausch und Sucht.

»Der Mensch ist von Natur auf Kultur und Übung angewiesen, er ist von Natur ein asketisches Wesen, und das bedeutet, daß er ein verzichtendes Wesen sein muß. Die notwendige Gabe verzichten zu können macht es dem Menschen erst möglich, als Mensch zu leben, sich als Person von der Macht nur naturhafter Abläufe zu lösen« (A. Görres 1965, S. 143).

Der lustorientierte Mensch ist in erhöhtem Maße reizabhängig, außengeleitet und von daher manipulierbar. Er ist dem Einfluß der Massenmedien und den propagierten nicht überprüfbaren Versprechungen ausgeliefert.

6. Stufe: Kritische Distanz gegenüber dem Einfluß der Massenmedien

Der Jugendliche muß erkennen, daß es angesichts der Pluralität unserer Gesellschaft und der Vielfalt der Daseinsmodelle eine schwere Aufgabe ist, sich zu orientieren. Orientierungsnotstand macht aber ideologieanfällig. Der junge Mensch bedarf einer kritischen Distanz gegenüber allen Ideologien, die an sein Ohr gelangen.

7. Stufe: Erkenntnis der Gefährdung der zwischengeschlechtlichen Liebe durch Überfremdung

a) Kommerzialisierung (das Geschäft mit der Liebe)
b) Politisierung (sexuelle Freiheit als revolutionäre Parole)
c) Technisierung der Sexualität (Machbarkeit von Glück und Liebe, Subsumierung der Liebe unter die Leistungsstruktur: Sexysein und Potentsein als Forderung und Überforderung)
d) Neurotisierung: Sexualität und Partner-Hörigkeit als Konfliktflucht
e) Sexuelle Liebe als Weltanschauung: Eine solche Hegemonie des Teilaspektes menschlichen Daseins führt nicht zur Freiheit, sondern zur Versklavung des Menschen. Der Teilaspekt ist nicht dem Ganzen untergeordnet, sondern das Ganze dem Teilaspekt. Das ist Verabsolutierung des Relativen und bedeutet Unfreiheit.

III. Vergleichende Dokumentation progressiver und konservativer Literatur zur Sexualerziehung*

1. Ziel der Dokumentation und Auswahlgesichtspunkte

Erfahrungsgemäß unterziehen sich die Lehrkräfte infolge der starken Inanspruchnahme durch den täglichen Schulbetrieb nur in Ausnahmefällen einer Sichtung der Literatur unter vergleichendem Aspekt. Die nachfolgende Dokumentation versucht diesem Mangel abzuhelfen. In diesem Zusammenhang aufgeführte und ausgewertete Literatur ist geordnet zwischen einem progressiven und konservativen Pol. Die Auswahl der Repräsentanten erfolgte nach der Häufigkeitsverteilung. Die jeweils meist gefragten Autoren wurden in die Liste aufgenommen.

Eine deutliche Gruppierung ist nur bei den progressiven Autoren möglich.

Da steht an erster Stelle jene Gruppe, die durch die Autoren Reiche und Reich charakterisiert wird. Das zentrale Merkmal dieser Gruppe ist zu sehen in der Politisierung der Sexualität. Sie sehen nicht nur, wie die nachfolgende 2. Gruppe, den Zusammenhang zwischen Gesellschaftsordnung, Herrschaftsverhältnissen und der Erziehung bestimmter sexueller Verhaltensmuster und Normierungen, sondern entwickeln ein politisch-revolutionäres Programm, dem die Sexualerziehung untergeordnet ist.

Die 2. Gruppe wird repräsentiert durch die Autoren: Comfort, Kentler, Scarbath. Es sind jene Autoren, die den Menschen durch das Ja zur Sexualität (erotische Kultur) befreien wollen. Diese Autoren wollen die bestehenden sexualfeindlichen Normen korrigieren und durch sexualfreundliche ersetzen. Ziel der Autoren ist, dem einzelnen die Freiheit einzuräumen, juristisch zu sichern und pädagogisch aufzubauen, sein Sexualleben nach seinen individuellen Vorstellungen zu leben. Sie knüpfen daran die Hoffnung, daß auf diesem Wege auch die zwischenmenschlichen Aggressionen auf ein erträgliches Maß reduziert würden. Sie überschätzen die Tragfähigkeit der zwischengeschlechtlichen Liebe und ihre Bedeutung für die Lösung allgemeiner Menschheitsprobleme. Sie erziehen nicht zur Überwindung und Bewältigung des Leides, sondern leugnen es durch eine allgemeine Lustorientiertheit. Sie suchen den Frieden durch Freiheit zur Lust.

Die 3. Gruppe, repräsentiert durch Samspel, Ahlmark-Michanek, Baronowsky, beschränkt sich auf eine sachliche Beschreibung sexueller Verhaltensmuster, deren Erlebnisinhalte und Techniken. Sie hoffen, daß die Bewältigung der Sexualität schon dann gegeben ist, wenn man darüber gut informiert. Ihre Aufklärung erfolgt nach dem Motto: »Gewußt wie«. Sie verbinden damit keine Absichten

* Diese Dokumentation bezieht sich auf die Ergebnisse einer unveröffentlichten Arbeit von Frau Ute van den Toren: »Norm- und Zielvorstellungen der Sexualerziehung – eine Sichtung der gängigen Literatur«, Kiel 1970 (s. auch Literaturverzeichnis S. 147).

und Hoffnungen, die außerhalb des sexuellen Erlebens liegen, sie wollen die Sexualität aus den Ketten puritanischer Verketzerung befreien.

Die konservativen Autoren sind viel homogener in ihrer Zielsetzung. Sie halten an der Aufrechterhaltung allgemeinverbindlicher Triebreglementierung fest und unterscheiden sich nur hinsichtlich ihrer Begründungen. Sie alle sehen in der Enthaltsamkeit eine Tugend und in der Geschlechtlichkeit ein Geschenk, eine Gabe. Sie idealisieren die Geschlechtlichkeit oft in einer unangemessenen Weise, meist um daraus moralische Forderungen abzuleiten. Ihnen fehlt allen die Einsicht, daß es eine vernünftige, naturwissenschaftlich begründbare Sittlichkeit gibt, oder, wenn es sich um konfessionell unterlegte Aussagen handelt, fehlt ihnen das eindeutige Bekenntnis zur Wirklichkeit und Wirksamkeit Gottes im Leben des einzelnen auch hinsichtlich der Bewältigung der Sexualität. Durch diese Unklarheit wird dann Gott zu einem abstrakten Begriff, dessen Funktion darauf reduziert scheint, eine repressivwirkende Moral zu sanktionieren. Die nachstehend ausgewählten Autoren des konservativen Flügels unterscheiden sich wie gesagt kaum. Es sind lediglich Unterschiede, die jeweils spezifische Aspekte. derselben Grundeinstellung mit einem Akzent versehen, die zusammengenommen das Merkmalsprofil einer konservativen Sexualerziehung kennzeichnen.

In der nachfolgenden Reihe folgen die Namen der Autoren, die einen bestimmten konservativen Aspekt repräsentieren.

1. K. H. Wrage, kultivierte Sexualität:
   Sexualität in den Grenzen einer eheorientierten, partnerschaftlichen Beziehung. Bejahung der Sexualität im Kindesalter, Kultivierung dieser durch eine natürliche Erziehung.
2. K. Seelmann, personalintegrierte Sexualität:
   Sexualität in den Grenzen einer personalen Liebe, Liebe als Vorbedingung des Geschlechtsverkehrs. Grundform und Leitbild der Liebe ist die eheliche Gemeinschaft.
3. H. Petermann, idealisierte Sexualität:
   Sexualität ist auch in der Ehe nur dann in der richtigen Ordnung, wenn sie nicht Selbstzweck ist. Eheliche Sexualität in den Grenzen eines übergeordneten Zweckes: des Beschützens von der männlichen Seite her und des Sich-Bergens von der weiblichen Seite her.
4. F. Leist, Geheimnis der Sexualität:
   Geschlechtlichkeit als Geheimnis einer ehelichen Liebe. Zur Liebe gehört das Verzichtenkönnen. Bewältigung der Sexualität durch mystfizierte Unnahbarkeit.
5. E. Duvall, Aufgeschobene Sexualität; das Schönste ist Warten:
   Sexualität verzerrt die Sicht zum Partner hin und erschwert das Sich-Kennenlernen. Sexualität als Höhepunkt eines geduldigen Wartens und Kennenlernens des anderen. Idealisierung der ersten Geschlechtsbeziehung. Sexualität in Grenzen unerfüllter Sehnsucht.

6. K. Kolkmann, moralische Sexualität:
   Bewältigung der Versuchung zu einer verfrühten (vorehelichen) Sexualität durch Vorfreude und Warten, Verfasserin moralisiert ohne nähere Begründung.
7. Th. Bovet, Sublimation der Sexualität:
   Meisterung des Triebes durch Sublimation im Interesse einer gottgewollten Ordnung. Männlichkeit ist Selbstbeherrschung um eines höheren Wertes willen.
8. G. Ockel, Sexualität als Funktionslust:
   Sexuelle Lust in den Grenzen einer natürlichen Ordnung. Sie dient der Fortpflanzung und der Gemeinschaft. Individueller Lustgewinn wird als »Sünde« (= gegen die Ordnung der Natur) betrachtet und abgelehnt.

2. Ausgewählte Problembereiche

Die angegebenen progressiven und konservativen Autoren werden an Hand ihrer repräsentativen Veröffentlichungen nach ihrer Stellungnahme zu bestimmten Kernfragen der Sexualerziehung befragt. Dabei wird versucht, die Aussagen unter den Aspekt der Norm und Zielvorstellungen zu ordnen. Im einzelnen werden dabei folgende Problembereiche herausgegriffen:
a) Sexualität und Sexualverhalten von Kindern und Jugendlichen
b) Sexuelle Perversionen
c) Liebe und Sexualität – ihre gegenseitige Beziehung
d) Vorehelicher und außerehelicher Geschlechtsverkehr

a) Sexualität und Sexualverhalten von Kindern und Jugendlichen

Es wurde schon darauf hingewiesen, daß im menschlichen Sexualverhalten die Ablaufskontrolle nicht instinktiv, sondern durch gruppenspezifische Normen geregelt wird und paarspezifisch modifiziert erscheint. Deshalb ist es nicht verwunderlich, daß uns das Sexualverhalten von Kindern und Jugendlichen abhängig von sozio-ökonomischen und kulturanthropologischen Bedingungen in so vielen Erscheinungsformen entgegentritt. Es ist deshalb nicht möglich, aus dieser phänotypischen Mannigfaltigkeit eine allgemeine Struktur sexuellen Verhaltens abzuleiten. Wo eine solche Ableitung dennoch versucht wird, besteht das Ergebnis in einer geradezu abstrakten Natürlichkeit, die allenfalls einen ideellen, vielfach aber nur einen ideologischen Wert hat.

In Gruppen, die den vollständigen Koitus unter Kindern und Jugendlichen aus moralischen, sozialen oder anderen Gründen verbieten – und dazu gehören alle technisch hochentwickelten Völker – finden sich fast immer irgendwelche gebilligten Ersatzformen, wie beispielsweise Petting und Dating. Im Bereich unserer Kulturzone werden bei Kindern bis zur Pubertät sexuelle Spiele (Doktorspiele) von den Erwachsenen nicht geduldet. Die Tolerierung und Billigung bestimmter Methoden sexueller Reizung bei Jugendlichen ist ein Zugeständnis an die Diskrepanz zwischen biologisch-akzelerierter Sexualreife und sozioökonomisch-sozialer Unreife des Jugendlichen.

Die Beliebtheit, mit der heute auf sexuelle Praktiken in Primitivgesellschaften verwiesen wird (beispielsweise auf die Trobriander, wo Mädchen und Jungen sich schon im Alter von 8 Jahren in Mondnächten zu sexuellen Spielereien treffen), zeigt einen Trend an, der dahingeht, die oben genannte Diskrepanz zu reduzieren. Denn die geschlechtliche Befriedigung ist zu Gunsten einer vollen partnerzentrierten und integrierten Sexualität nur in Grenzen aufschiebbar. So mußte sich mit zunehmender Akzeleration mehr und mehr die Tendenz durchsetzen, eine anonyme, unpersönliche Lustbefriedigung als Notlösung zu akzeptieren und sie als ein Interregnum auf dem Wege zur reifen Geschlechtlichkeit ohne Schuldgefühl in Anspruch zu nehmen.

Wenn man auch die physiologisch-sinnliche Stimulierung noch weithin abhängig macht von persönlicher Zuneigung, so ist die Zuneigung vielfach nicht mehr das Tragende, sondern das Bedürfnis nach sexueller Entspannung. Diese Zuneigung ist deshalb nicht mehr als eine »Sympathie des Fleisches« (Ch. Ahlmark-Michanek), d. h. Mittel zum Zweck harmonisch erlebter sexueller Befriedigung und nicht mehr Ausdruck persönlicher, das Erotische transzendierender Liebe.

Zur Zeit ist man noch geneigt, diese Tendenz als Kennzeichen jugendlich-emotionaler Unreife zu interpretieren. Wenn man aber bedenkt, daß in anderen Kulturen die sexuelle Befriedigung auf physiologischer Basis nicht verurteilt und eine tiefe dauernde Bindung (Liebe) nicht als Voraussetzung sexueller Befriedigung angesehen wird, dann kann man eine Entwicklung in dieser Richtung, vor allem angesichts der Fülle diesbezüglicher Veröffentlichungen (sexuelle Techniken) für möglich halten. Die heute noch nachwirkende Doppelmoral der Jahrhundertwende kommt dieser Entpersönlichung entgegen: Die sozusagen abstrakte Fleischeslust, ehemals verteufelt, ist heute unverbindliche Alternative zu der immer konflikthafter werdenden personalen Beziehung zwischen zwei Menschen. Andererseits darf man aber nicht übersehen, daß der Verlust an persönlicher Bindung, Verantwortung, Treue eine Verarmung des allgemeinen Lebensgefühls mit sich bringt und die Gefahr der Vereinsamung erhöht.

Die gesamte, als progressiv eingestufte Literatur repräsentiert letztgenannte Tendenz. W. Reich (»Der sexuelle Kampf der Jugend«, Berlin 1932) spricht deshalb ausdrücklich von einem Recht der Jugend auf sexuelle Befriedigung und denkt weniger an die Verbindlichkeiten und Verpflichtungen, wenn er von sich sagt, daß er entschlossen sei, die Jugendlichen von ihrem Recht zu überzeugen, damit sie nicht mehr dumm den Predigern der Sittlichkeit folgen. Ganz in diesem Sinne lautet auch einer der Kernsätze zur Sexualerziehung von H. Kentler (»Repressive und nichtrepressive Sexualerziehung im Jugendalter«, München 1967) »Grundlage und Richtschnur aller Sexualerziehung muß die Einsicht sein, daß das augenblickliche Glück des Heranwachsenden nicht einem zukünftigen geopfert werden darf« (S. 30). Wenn Kentler auch einschränkend erläutert, daß Ablehnung jeder Unterdrückung der Sexualität und die Forderung, den Jugendlichen ihr Sexualleben zu gewähren, nicht bedeuten würde, daß auf jeder Altersstufe auch heterosexueller Geschlechtsverkehr zum Sexualleben gehöre, so wird jedoch eindeutig das Recht auf sexuelle Befriedigung als Ziel der Sexualpädagogik herausgestellt. Zur Rechtfertigung dieser Pädagogik wird immer wieder darauf verwiesen, »daß zahlreiche Schwierigkeiten und Probleme nur dadurch entstehen, weil zwischen Pubertät und Eheschließung eine asketische Einstellung zur Sexualität verlangt wird, die bei der heutigen Ausdehnung der Jugendphase nicht mehr zu leisten ist« (Kentler a. a. O., S. 31). Ähnlich argumentiert A. Comfort (»Der aufgeklärte Eros«, Hamburg 1968): »Die Methoden der sexuellen Reizung reichen vom manuellen Betasten bis zu unwirksamen Formen des Verkehrs mit vielen genitalen und körperlichen Berührungen. Solche halbsexuellen Erfahrungen spielen bei der Überbrückung der Kluft zwischen Kindheit und Erwachsensein eine wesentliche Rolle«. (S. 87).

Für Comfort sind die sexuellen Erfahrungen des Jugendlichen ein Mittel zu ihrer sozialen und persönlichen Erziehung (S. 92) und er hält es für nicht gerechtfertigt, den Jugendlichen die Aufnahme von Geschlechtsverkehr zu verbieten, ohne ihnen nicht eine entsprechende Alternative vorzuschlagen und zu gewähren. Petting ist für Comfort als gegenseitige Befriedigung ohne Coitus eine solche Zwischenlösung (S. 35). Die Verschiebung von der personalintegrierten Sexualität zur »Sympathie des Fleisches« (= »Petting ohne Zuneigung«, nach L. Reis: »Freizügigkeit, Doppelmoral, Enthaltsamkeit«, Hamburg 1970, S. 155) geht Hand in Hand mit einer zeitlichen Vorverlegung der sexuellen Betätigungen. Auch das Aufklärungsbuch aus Schweden »Samspel« verfolgt das Ziel, das geschlechtliche Zusammenspiel zwischen den Jugendlichen so zu gestalten, daß dem starken sexuellen Verlangen im Jugendalter Rechnung getragen wird.

Diese Desintegration der Sexualität ist durchaus möglich. Schon in der Entwicklung der infantilen Sexualorganisation gibt es sexuelle Befriedigungen ohne Objektlibido, d. h. ohne reale oder phantasierte Beziehung zum Partner in Form der Masturbation. In der Entwicklung zur reifen Sexualität tritt diese unpersönliche, narzißtische Sexualbefriedigung vorübergehend als Durchgangsphase wieder in Erscheinung. Unter den Bedingungen unserer modernen Gesellschaft hat diese Durchgangsphase eine relative Autonomie erreicht und sie kennzeichnende Verhaltensmuster entwickelt: »Petting ohne Zuneigung ist als ein sexueller Standard relativ neu ... Petting ohne Zuneigung ist einer der zahlreichen neuen Standards, die aus diesen Gegebenheiten (gemeint sind die sozioökonomischen Bedingungen in einer technisierten Gesellschaft) entstanden sind« (L. Reis a. a. O., S. 154).

Auch Kinsey und Mitarbeiter (»Sexual behavior in the human female«, Philadelphia 1953, S. 275) stellen fest, daß 15% der vor 1900 geborenen Frauen bis zum 15. Lebensjahr Pettingerfahrung mit Orgasmus gehabt haben, während es bei den jüngeren Generationen 30–43% waren. L. Reis führt diese Zunahme der Orgasmusfähigkeit auf die wachsende Verbreitung von Petting ohne Zuneigung zurück (S. 155). Auch Kr. Ahlmark-Michanek (»Jungfrauenglaube und Doppelmoral«, a. a. O.) sieht im Petting eine nützliche und natürliche Handlung zwischen zwei Menschen (S. 40), dazu angetan, einer gefährlichen Verarmung und Verkümmerung des Gefühlslebens entgegenzuwirken (S. 30), die sie denen prophezeit, die Enthaltsamkeit bis zur Ehe praktizieren. Das allerdings ist eine unbewiesene Behauptung. Möglicherweise ist es eine Rationalisierung aus nicht überwundenen Moralvorstellungen und Schuldgefühlen in dem Sinne, daß man einen guten Grund braucht, um nicht auf Erlebnisse verzichten zu müssen, auf die man nicht gern verzichten möchte.

Das unpersönliche Reizspiel scheint auch jene Möglichkeit für sexuelle Entspannung zu sein, die von Ehepartnern zunehmend in einem außerehelichen Flirt toleriert wird: »Bei gesellschaftlichen Zusammenkünften, Tanzereien, Autoausflügen oder bei anderen Gelegenheiten kommt diese fortgeschrittene Form des Flirts sehr häufig vor, unbeachtet der Tatsache, daß der Ehemann oder die Ehefrau ebenfalls anwesend sind und es mit ansehen« (Kinsey, nach Giese: »Das Geschlechtsleben in unserer Zeit«, Bd. 1, München 1968, S. 301).

Im Sinne des Beobachtungs- und Imitationslernens wird sich dieser Entwicklungstrend mehr und mehr durchsetzen, weil mit den unpersönlichen sexuellen Stimulierungen eine Möglichkeit gegeben ist, auf die Sexualisierung unserer Zeit zu reagieren, ohne dafür emotional affektive Konflikte einkaufen zu müssen, die sich aus persönlichen Bindungen ergeben, denn »echte Gefühlsbeziehungen verlangen ein beträchtliches Maß an Selbstverleugnung und eine Beschränkung der persönlichen Autonomie. Man kann ihnen entweder durch Askese oder durch zahlreiche und oberflächliche psychologische Geschlechtsbeziehungen (Promiskuität) entgehen (Ausubel: »Das Jugendalter«, München 1968, S. 283). So ist die Sexualität im engeren Sinne für den größten Teil der Jugendlichen keine Quelle der Frustration, wie fälschlicherweise oft noch behauptet wird. Denn 85% aller männlichen amerikanischen Jugendlichen halten den vorehelichen Geschlechtsverkehr für natürlich und wünschenswert, und für westeuropäische Verhältnisse liegen vergleichbare Zahlenangaben vor. Zum zusätzlichen Konfliktfeld wird die Sexualität nur aus zwei Gründen: a) aus Gründen der Doppelmoral (wenn sich Sexualtriebe entwickeln und gleichzeitig Schranken gegen ihre Befriedigung internalisiert werden) und b) aus Gründen der Lustüberfremdung der Sexualität (Sexualität reduziert auf Lustgewinn). Die sexuelle Betätigung gerät durch die der Lustüberfremdung in die Gefahr, zu einem billigen Suchtmittel zu werden. An die Stelle der durch ein sexuelles Erlebnis ermöglichten Daseinsbereicherung tritt eine Erlebnisverarmung, die auch durch Dosissteigerung (Pornographie) nicht aufgehalten werden kann. Am Ende dieser

Entwicklungslinie finden wir Resignation und existentielle Frustrierung, weil auf diesem Wege das entwicklungsnotwendige Identitätserlebnis (Annehmen und Angenommen-Sein) zwar gesucht, aber nicht erfahren wird. Man sollte bedenken, daß Süchtigkeit eine Form von Lustabhängigkeit ist und daß am Anfang der Lustabhängigkeit die Erlebnisse von Sinnlosigkeit, Leere und von Unerfülltheit stehen. Man kann daraus nicht folgern, daß Unerfülltheit und Erlebnisverarmung die Lustüberfremdung der Sexualität erst bedingen. Es besteht vielmehr eine Wechselbeziehung zwischen Lustorientiertheit, Lustkonsum einerseits und Erlebnisverarmung, Realitätsflucht andererseits.

Bei der Beurteilung des sogenannten Rechtes auf Sexualbetätigung sollte man sich vergegenwärtigen, daß die Keimdrüsenhormone eine notwendige, nicht aber eine hinreichende Bedingung sind für die Entstehung sexueller Triebe. Es ist richtig, daß ein Interesse am anderen Geschlecht sich nicht entwickelt, wenn vor Eintritt der Pubertät die Keimdrüsen operativ entfernt werden. Der Sexualtrieb selbst aber muß erst durch die Kultur aktualisiert werden: »Unter günstigen psychischen Bedingungen wird der den Sexualhormonen innewohnende potentielle Trieb aktualisiert. Die wichtigste Variable, die dieses Ergebnis beeinflußt, ist eine in der Kultur praktizierte Toleranz gegenüber dem beginnenden sexuellen Interesse und Begehren« (Ausubel, a. a. O., S. 145).

Es gibt Kulturen (beispielsweise die Manus, die Arapesh), wo der Sexualtrieb bei den Jugendlichen vor der Ehe nicht aktualisiert wird. Trotzdem beobachten wir keine chronischen emotionalen Konflikte. »Paradoxerweise wurden diese beiden Möglichkeiten (Nichtaktualisierung bei den Manus und vollkommene Abhängigkeit des Sexualtriebes von der emotional-affektiven Beziehung bei den Arapesh) von gesellschaftlich orientierten Untersuchern der Adoleszenz vollkommen übersehen« (Ausubel, a. a. O., S. 34).

Ist der Sexualtrieb aber erst einmal über sein physiologisches Substrat hinaus eingeübt, aktualisiert, kann er nur noch mit Schwierigkeiten unterdrückt werden.

Daraus folgt, daß eine Enthaltsamkeit vor der Ehe ohne Schädigung möglich ist, wenn die Erziehung so vorgeht, daß dieser Verzicht vom Heranreifenden aufgrund freier sittlicher Entscheidung bejaht wird. Trotz oftmals geäußerter gegenteiliger Behauptungen ist es bisher nicht gelungen, einen unmittelbaren Zusammenhang zwischen der Unterdrückung physiologischer Sexualimpulse und dem Grad psychischer Sexualkonflikte festzustellen (Ausubel, a. a. O., S. 35). Ebensowenig haltbar ist die Theorie, die behauptet, es bestünde ein Zusammenhang zwischen sexueller Verdrängung einerseits und emotionaler Labilität des Jugendlichen andererseits. Einzig allein entscheidend und belastend scheint der psychische Sexualkonflikt. Und dieser entsteht in Abhängigkeit von Schuldgefühlen, die dadurch zustande kommen, daß sich der Jugendliche mit seinem Verhalten außerhalb bestimmter Normgrenzen bewegt. Die phasenspezifische Labilität des Jugendlichen ist eher eine allgemeine Erscheinung des Übergangs von der Kindheit zum Erwachsenenalter als eine sexuelle Problematik.

Die gemäßigteren Vertreter der progressiven Autoren sind gekennzeichnet durch eine Toleranz gegenüber der Sexualbetätigung Jugendlicher, aber sie verweisen auf die Notwendigkeit einer personalen Integration der Sexualität und zielen in Richtung auf Eindeutigkeit und Treue innerhalb einer Partnerbeziehung. Sie sehen (Scarbath: »Geschlechtserziehung«, Heidelberg 1967) in der vorehelichen Sexualbetätigung die Gefahr einer narzißtisch-egozentrischen Fixierung und eine Entwertung der Sexualität im Sinne eines anonymen Konsums und warnen vor verantwortungslosem Partnerwechsel. Natürlich weiß man, daß, wie schon oben festgestellt, die partnerzentrierte Sexualität auf der Basis einer emotional-affektiven Beziehung nicht eine naturgesetzliche, wohl aber eine kulturbedingte Notwendigkeit ist.

Die Erziehung zu dieser Einsicht ist deshalb eine vordringliche pädagogische Aufgabe. Die gemäßigteren Autoren bejahen Sexualität, aber sie verlangen ihre Einordnung in den gesamten Daseinsvollzug. Der Heranwachsende soll neben der sachgerechten Information über verschiedene Aspekte der Geschlechtlichkeit »ein kritisches Selbst- und Wertverständnis gewinnen, in dem die Geschlechtlichkeit integriert ist; er sollte schließlich eine sittliche und emotionale Haltung erwerben (das ist nach Scarbath: Liebesfähigkeit, Erlebnisfähigkeit, Hingabefähigkeit), die ihm ein jeweils situationsgemäßes, humanes Erleben und Verhalten ermöglicht (Scarbath, a. a. O., S. 54).

Das sind große Worte, die aber im rein Formalen bleiben und deshalb ohne Wirkung sind. Die emotionalen Haltungen werden zwar näher erläutert, über die sittlichen Haltungen aber werden keine präzisen inhaltlichen Aussagen gemacht. Jeder kann letztlich das darunter verstehen, was er darunter verstehen möchte. Die Faktizität wird zur Norm und der starke sexuelle Drang des Jugendlichen zwischen 16 und 20 zum Maßstab des Verhaltens: »Man kann dieses naturhaft variable Sexualverhalten mit Worten wie demokratischer Pluralismus der Sexualität bezeichnen und ihm gegenüber Toleranz fordern und es durch Einführung in das geltende soziale und politische Normgefüge der Gesellschaft zu legitimieren versuchen, man wird sich aber immer bewußt sein müssen, daß damit an Stelle der erschütterten religiös-metaphysischen oder traditionellen gesellschaftlichen Maßstäben geschlechtlichen Verhaltens jetzt der Dogmatismus und Absolutismus des Naturhaften im Sinne der Biologie als neue sozialmoralische Norm tritt ... Biologie und Statistik werden zu normativen Wissenschaften«. (H. Schelsky: »Soziologie der Sexualität« Hamburg 1965, S. 51).

In dem vielbeachteten Buch von K. H. Wrage (»Mann und Frau«, Gütersloh 1960) finden wir die Ehe als einen Schutzraum zum Vollzug sexueller, insbesonderer genitaler Praktiken. Wrage billigt voreheliche Intimität nur dann, wenn die Partner in einem eheähnlichen Verhältnis zueinander stehen. In so einem Verhältnis sind Necking und Petting die Möglichkeiten zur sexuellen Entspannung und Befriedigung. Die sexuelle Lust wird auf einen Partner gelenkt und dadurch in das gemeinsame Leben integriert. Wrage sieht in der Enthaltsamkeit bis zur endgültigen Entscheidung für die Ehe einen besseren Weg zur vollen Geschlechtsreife zu gelangen als in dem Herumprobieren mit eher zufälligen Begegnungen.

Dem Jugendlichen wird auf diese Weise ein Maß an Entscheidungsfähigkeit zugemutet, das er nur begrenzt zu leisten vermag. Untersuchungen aus Schweden zeigen, daß es in 71% der Fälle bei einer Gelegenheitsbekanntschaft schon am ersten Tag zum Geschlechtsverkehr kommt. Mit einer Mitschülerin dagegen geht es nicht so schnell (nur 48% kommen am ersten Tag zum Geschlechtsverkehr), mit der festen Freundin erfolgt der erste Geschlechtsverkehr am häufigsten (in 37% der Fälle) zwischen dem 3. und dem 6. Monat der Bekanntschaft und mit der späteren Verlobten kommt es am häufigsten (das ist in 63% der Fälle) erst nach 7 Monaten zum Geschlechtsverkehr. D. h., die Mädchen, die sich trotz gegenseitiger Zuneigung zurückhalten, werden eher zu festen Partnerinnen als solche, die schnell bereit sind, sich hinzugeben, oder wo auf Zuneigung und Liebe gar nicht geachtet wird. Je jünger die Partner sind, um so eher kommen sie zum Geschlechtsverkehr. Sechzehnjährige zu 60% schon innerhalb der ersten Woche, siebzehnjährige und ältere können länger warten. Nur die Hälfte findet sich in den ersten vier Monaten zum Geschlechtsverkehr bereit (Modellfall Schweden, rororo, Hamburg 1970, S. 90/91).

Man sollte angesichts des aufgezeigten Trendes bedenken, daß die Ableitungen von Verhaltensnormen aus der Faktizität zu einer allgemeinen Verunsicherung und Labilisierung führen. Durch den Einbruch der Relativität in normative Prozesse wird das Erkennen möglicher kulturpathologischer Entwicklungen erschwert, weil kein Beurteilungsmaßstab zur Verfügung steht. »Da es Kollektivneurosen und eine Kulturpathologie gibt, wird uns die Durchschnittsnorm nicht weit helfen« (Görres: »Methoden und Erfahrungen der Psychoanalyse«, Hbg. 1965, S. 75).

Der mit Enthusiasmus vorgetragene Hinweis auf das sexuelle Bedürfnis der Heranwachsenden und der untaugliche Versuch, die personale Integration der Sexualität zu retten, ohne von Verzicht zu reden, kennzeichnet die Autoren einer gemäßigten Liberalisierung. Diese Zwiespältigkeit ist ebenso problematisch und vielleicht noch schwieriger als die Forderung nach absoluter sexueller Freiheit. Denn, »es besteht keine unmittelbare Beziehung zwischen der Strenge kultureller Einschränkungen sexueller Betätigung und dem Grad der psychischen Konflikte, die aus der Sexualität erwachsen. Solche Konflikte gibt es nur, wenn Sexualtriebe sich entwickeln und zugleich moralische Verbote internalisiert werden, die sich gegen ihre Befriedigung richten« (Ausubel, a. a. O., S. 385). Ähnliche Bedenken äußert Kr. Ahlmark-Michanek: (»Jungfrauenglaube und Doppelmoral«, rororo Taschenbuch Nr. 6620, Hamburg S. 30), wenn sie schreibt, daß es kaum auszumalen sei, zu welchen seelischen Erschütterungen und Verwirrungen es kommen müßte, wenn junge Menschen unaufhörlich zwischen dem naturgemäßen und berechtigten Verlangen nach körperlicher Liebe und dem Gebot der Enthaltsamkeit hin und hergerissen werden. Wenn nicht klar und eindeutig von der Notwendigkeit des Verzichtens gesprochen wird, bleibt es den einzelnen überlassen, welche Normerwartungen sie akzeptieren. Es wird dann viel von Freiheit und Enttabuisierung geredet, und andererseits hat man das Gefühl, daß die Freiheit doch nicht recht frei macht, wie es auf den ersten Eindruck hin scheint. Es ist das eine neue Form der Doppelmoral im liberalistischen Gewand: Unter den Vorwand der Freiheit wird Abhängigkeit gesetzt.

Wir haben uns durch den Einfluß der Massenmedien und auch der wissenschaftlichen Sexualforschung in der Meinung bestärken lassen, als sei der subjektiv erlebte sexuelle Drang eine absolute naturnotwendige Konstante, vor der es kein Ausweichen gibt und die als Axiom gleichsam allen Reflexionen über dieses Erziehungsfeld zugrundeliegt. Wir halten es nicht mehr für möglich, daß auch ein weniger erotisiertes Leben ohne Einbuße an Lebensgefühl und Erlebnisreichtum denkbar ist. Offensichtlich sind auch die sexuellen Impulse wie sie sich uns heute in ihrer Intensität darstellen, nicht eine zwangsläufige Erscheinung der Reifezeit, sondern in einem hohen Maße die Folgen manipulierter, kommerziell genützter Bedürfniserziehung. Von daher gesehen wird es uns leichter fallen, wieder von der Notwendigkeit zum Verzicht zu sprechen, zumal »hartnäckige Sexualbedürfnisse nicht nur andere langfristige Ziele gefährden, sondern auch die neu erworbene Willensunabhängigkeit des Individuums bedrohen« (Ausubel, a. a. O., S. 383).

Mit dem Festhalten an der Enthaltsamkeit oder zumindest an deutlicher Zurückhaltung als einer sinnvollen Tugend für den, der das unter den heutigen Bedingungen noch zu begreifen und zu akzeptieren vermag, befindet sich Wrage im Übergangsfeld zu den eher als konservativ zu bezeichnenden Autoren.

Die klassisch-konservativen Aussagen haben ihre Gemeinsamkeit darin, daß sie das Festhalten an der Tugend der Enthaltsamkeit mit dem »Mysterium« der Sexualität begründen. Aufgabe der Erziehung sei es, dem Kind erlebnismäßig und dem heranwachsenden Jugendlichen reflexionsmäßig dieses Geheimnis der Sexualität nahe zu bringn.

»Der beste Schutz vor Schmutz, Verführung, vorzeitiger Geschlechtlichkeit und späteren Perversitäten war immer und wird immer bleiben eine gute Mitgift von gesunden Grundsätzen, von echter Anständigkeit und innerer Sauberkeit. Diese Mitgift stammt aus dem Miterleben in einer freundlichen Familie, netten Eltern und Geschwistern und wird übernommen aus dem Gesamtklima. Dieses Klima, diese Atmosphäre schafft den sozialen und verantwortlichen Charakter (K. Seelmann: Kind, Sexualität und Erziehung, München 1964, S. 34).

Man billigt den Kindern zu, an den Genitalorganen zu spielen und dabei Lust zu erleben, behauptet aber gleichzeitig, daß es sich bei diesen Lusterlebnissen nicht um spezifische Lust handle. Erst die genitalen Lustempfindungen der Pubertierenden seien in spezifischer Weise von anderen Lustempfindungen zu unterscheiden (S. 48). Das ist eine Zweckbehauptung, denn das Vorhandensein erogener Zonen kann wohl heute nicht mehr bestritten werden. Und die Psychoanalyse geht in ihrer Annahme nicht fehl, wenn sie behauptet, daß schon in der infantilen Sexualorganisation beim Kleinkind erogene Zonen eine spezifische Lustbesetzung erfahren. Neben der Vorbildwirkung, die entscheidend als Regulativ sexuellen Verhaltens in der Erziehung zum Tragen kommen soll, verweisen andere konservative Autoren auf die Fähigkeit »echter« Liebe, die in der Lage sei, Anzeichen einer Abwehr zu respektieren. Gemeint ist in dieser Hinsicht in erster Linie der männliche Jugendliche, weil seine Sexualität auch nach dem jüngsten Stand der empirischen Forschung in der Regel drängender ist, als die des Mädchens. »Hinsichtlich der Gesamt-Triebbefriedigung ... kommt das durchschnittliche Mädchen dieser Altersstufe (15 Jahre) gut mit einem Fünftel der sexuellen Betätigung aus, wie der männliche Jugendliche sie braucht; selbst die Häufigkeit der Triebbefriedigung der Frau in den Zwanziger- und in den frühen Dreißiger-Jahren steht immer noch unter der des durchschnittlichen Mannes« (Kinsey, zitiert nach Ausubel a. a. O., S. 390). 25% der Mädchen, dagegen 92% der Jungen erleben bis zum Alter von 15 Jahren einen Orgasmus (Kinsey). Aus diesem Grund hält man eine Erziehung des männlichen Jugendlichen zur Respektierung der Grenze für möglich (H. Petermann: »Was ein Junge über Mädchen wissen soll«, Oldenburg 1963, S. 149).

Käte Kolkmann (»Was Mädchen wissen wollen«, Gütersloh 1968) hält es im Unterschied zur These Kentlers (»Man soll das gegenwärtige Glück nicht einem zukünftigen opfern«) für vertretbar, den Trieb in die Sehnsucht zu verschieben und in den Gedanken an die Zukunft und an das glückliche Zusammensein zu befriedigen. Theodor Bovet (»Von Mann zu Mann«, Tübingen 1966) ist durch seine Ehebücher bekannt geworden und der meistgelesene Autor im Bereich christlich gemeinter Sexualerziehung. Auch er sieht in der Enthaltsamkeit vor der Ehe eine wesentliche Aufgabe der Reifezeit und appelliert an den Wunsch nach Männlichkeit, wobei das Kriterium der Männlichkeit für ihn nicht die sexuelle Erfahrung ist sondern die »Zügelung und Selbstbeherrschung«. Das Erwachen der Liebe macht die Jugend zur herrlichsten Zeit des Lebens. »Leider wird für viele junge Menschen diese Freude gerade dadurch vergällt, daß sie sich nicht nur seelisch, sondern auch körperlich ausdrückt« (S. 18).

Bovet ist einer der wenigen Autoren auf der konservativen Seite, der um die Problematik und Schwere dieses Weges weiß, und daß in einer lustorientierten Zeit, in der jede Forderung schnell als repressiv erlebt wird, ein Wartenkönnen nicht möglich erscheint, wenn es nicht eine Kraft gibt, aus der heraus dieser Weg als dem Einzelnen aufgegeben angenommen und bewältigt werden kann: »Als ganze Männer wollen wir vor Gott stehen ... denn nur er kann uns die Weisheit und die Kraft geben, sein Geschenk in der richtigen Weise zu gebrauchen, und nur er kann es zur vollen Blüte gedeihen lassen« (S. 30).

Dem Jugendlichen ist mit dieser Aussage kaum geholfen, weil er in der Regel mit der Formulierung: »vor Gott stehen« nichts Konkretes anzufangen vermag. Es ist überdies fraglich, ob ein Jugendlicher ohne gezielt hinführendes Gespräch überhaupt in der Lage oder willens ist, den Durchbruch ins Geistliche (Was mehr ist als religiöser Enthusiasmus) als notwendig zu erkennen und sich für diesen Weg zu entscheiden.

Die Kasuistik zeigt, daß es immer wieder Fälle gibt, wo reife Menschen fähig sind, ihre körperliche Sehnsucht zurückzunehmen, weil die Verhältnisse eine Verwirklichung nicht ermöglichen. (I. Lepp: »Psychoanalyse der Liebe«, Freiburg 1965).

Ein Jugendlicher dürfte in der Regel von einem solchen Anspruch überfordert sein, zumal dann, wenn hinter der Forderung keine äußere Notwendigkeit steht, sondern lediglich eine sittliche Erwartung. Es muß aber gesagt werden, daß Liebe in einer solchen Weise sublimiert werden kann, daß die weitverbreitete Erziehung zu einem Recht auf Lust noch eine Alternative hat, an der der Mensch nicht notwendig zum neurotischen Krüppel wird und die möglicherweise eine bessere Grundlage zur Bewältigung des Daseins bietet, als der leichter und bequemer zu propagierende Hedonismus.

Auch der bekannte Arzt Dr. Ockel (»Gesundes Liebesleben«, Darmstadt, etwa 1964) sieht die Möglichkeit gegeben, mit Hilfe »geistiger Bewußtseinskräfte« die elementaren Gewalten der Triebwelt so zu lenken, daß sie dem Willen des Schöpfergeistes dienen und nicht infolge ichhaften Mißbrauchs ihren eigenen Träger vernichten« (S. 51). Andererseits sieht der Autor klar, daß es sich dabei um einen schweren Weg handelt, den zu gehen nur wenige willens sind: »Wer den königlichen Weg der Selbstbemeisterung gehen will, wer den Wunsch hat, zu denen zu gehören, die auf dem Wege unserer menschlichen Entwicklung in der Spitzengruppe marschieren, der muß zunächst einmal sich seelisch unabhängig machen vom Urteil der Massen« (S. 107), auch wenn es dazu der Selbstzucht bedarf, um ein vorzeitiges Ausleben der natürlichen Triebe zu verhindern (a. a. O., S. 64). Die Kritiker dieser Forderungen verweisen darauf, daß Triebverzicht, Bescheidenheit und Mitmenschlichkeit von ein und demselben Menschen zu verlangen, bedeutete, diesen »sittlich und nervlich zu überanstrengen« (A. Plack: »Die Gesellschaft und das Böse«, München 1968, S. 347). Die Tugend der Keuschheit erscheint von daher fragwürdig und wird geradezu als Bedingung der Aggressivität angeführt.

Es fällt aber auf, daß neue Tugenden nicht genannt werden. Man vertraut vielmehr darauf, »daß die menschliche Natur, wenn sie nur in Ruhe gelassen wird, und nicht von klein auf verbogen, aus sich selbst heraus ein Verhalten entwickelt, das dem Individuum wie der Gemeinschaft am besten entspricht« (A. Plack, a. a. O., S. 345). Diese Hoffnung ist natürlich eine Utopie, denn diesen reinen Naturzustand gibt es gar nicht. Jeder Mensch wird in der Gesellschaft, in der er aufwächst, planmäßig erzogen oder funktional durch die miterziehenden Kräfte geformt und in irgend einer Weise auch zum Triebverzicht genötigt. Die Formel von der Entfaltung der guten Natur durch Enttabuisierung der Triebe ist ein Selbstbetrug, dessen Gefährlichkeit darin besteht, daß es ein Weg ist, der angenehm und glückvoll erscheint. So bemerkt man viel zu spät, daß man an einem falschen Brunnen getrunken hat. Man verkauft hier scheinbar Freiheit und verschweigt den zu bezahlenden Preis: den Mangel an Geborgenheit. Jeder, der sich selbst zum Maßstab hat, ist sich auch nur selbst der Nächste und hat keinen Nächsten, oder hat ihn nur, insoweit er sich in diesem selbst sieht und liebt. Das aber ist Ungeborgenheit, Einsamkeit und programmierte Enttäuschung.

Andererseits müssen die konservativen Autoren bedenken, daß die moralische Askese auch nicht die ideale Lösung ist. Nach der Formulierung im neuen Testament sind es Menschen, die durch eine selbsterwählte Geistlichkeit und Demut, dadurch, daß sie des Leibes nicht schonen und dem Fleische nicht seine Ehre tun zu seiner Notdurft einen Schein der Weisheit haben (Brief an die Kolosser: 2; 23). Es geht aber nicht um einen sittlichen Außenanstrich, sondern um eine neue, höhere Existenzebene. Das ist etwas anderes als eine Selbstüberlistung des Fleisches durch sittliche Anstrengung. Gnosis und Leistungsgesellschaft haben zu einer moralischen Verkürzung des Evangeliums geführt gemäß der Formel: Ein Christ ist, wer dieses tut und jenes läßt. Die moralischen Forderungen wurden, wie der allgemeine Streß in der Leistungsgesellschaft als unerträglich empfunden. Wir erleben deshalb z. Zt. eine weltweite Sehnsucht nach einem Durchbruch, oder besser, nach einem Ausbruch aus dem System einer geschlossenen, ausschließlich diesseitig orientierten Wirklichkeitserfahrung. Aus den USA kommen in zunehmendem Maße Nachrichten von einer neuen »Underground-Religiosität« bei der enthusiastische Elemente, mystische Versenkung und antiintellektuelle Affekte im Vordergrund stehen. Bereits 1954 hatte H. Miller in einem Essay, in dem Band »Vom großen Aufstand« geschrieben, daß für ihn kein Zweifel bestünde, daß wir eines Tages so leben würden, wie Christus gelebt hat. Es geht nicht um Dogmen, es geht um neues Leben, neue Geburt, wie das Neue Testament es formuliert. Jesus Christus ist diesen Weg gegangen und hilft jedem, der Willens ist, diesen Weg existentiell zu finden und zu gehen (= Nachfolge-Ethik).

Wenn wir die Entstehung von Doppelmord und Heuchelei verhindern wollen, können wir den Jugendlichen nur dann den Weg der Selbstzucht und des Triebaufschubes empfehlen, wenn er durch ein lebendiges Vorbild, durch eigene Erschütterung oder auch durch den Druck der äußeren Umstände nach diesem ganz anderen Weg fragt: »Ein nur intellektuelles Suchen nach etwas Höherem richtet nichts aus. Das Herz muß sich darauf werfen, als auf das Eine, das zu begehren ist und der Wille auf das Eine, das getan werden muß ...« (Sri Aurobindo). Nur, wer mit seiner ganzen Existenz diese Ebene sucht, wird sie finden und dann auch bereit und fähig sein, um dieser Existenz willen sich von der Vergänglichkeit, Labilität und Außenleitung zu distanzieren um ein wirklich freier Mensch zu sein. Ganz in diesem Sinne einer Nachfolge-Ethik hat Jesus von Nazareth der Frau am Jakobsbrunnen nicht gesagt, daß sie das ehebrecherische Verhältnis lassen solle, sondern er hat ihr ein Wasser angeboten, das ihren Durst endgültig stillen könnte, daß sie nicht mehr zum Brunnen laufen müsse. Er hat ihr eine Befriedigung angeboten, die mehr ist, als die vergängliche Befriedigung durch sexuelle Lust und menschliche Bindung, und das alles nicht erst im Jenseits.

Nur unter diesen Bedingungen wird man von Triebverzicht und Triebreglementierung reden können. Das ist etwas anderes als repressive Kirchenpolitik zur Aufrechterhaltung der kapitalistischen Gesellschaftsordnung.

Man hat heute kein Ja mehr zur Unvollkommenheit und Enttäuschbarkeit menschlicher Liebe, deshalb versucht man der Enttäuschung zuvorzukommen, indem man die Bindung bei den ersten Krisenzeichen löst oder Bindungen gar nicht mehr eingeht, um sich auf diese Weise den Traum vom Paradies der echten Liebe, von der an sich guten Natur des Menschen zu erhalten. Dies alles ist der grandiose Abwehrmechanismus einer modernen Menschheit, die sich angesichts ihrer naturwissenschaftlichen Erfolge nicht eingestehen will, daß die Selbsterlösung ein Selbstbetrug ist.

b) Sexuelle Perversionen und das Problem der Toleranz

Die klassische Sexualforschung beschreibt in Anlehnung an Sigmund Freud die Perversionen als Abweichungen von der Norm in drei Dimensionen:
1. Abweichungen das Sexualobjekt betreffend (Homosexualität, Fetischismus, Zoophilie, Nekrophilie u. a.)
2. Abweichungen in Bezug auf das Sexualziel (Partialtriebe werden zum Ziel für Sexuallust (Exhibitionismus, Voyeurtum, Sadismus, Masochismus, Cunnilingus))
3. Abweichungen in der Antriebsstärke (Potenzveränderungen).

Unter genetischem Aspekt sind die Perversionen das Negative der Neurose (Sigmund Freud). Mit dieser vielzitierten, oft mißverstandenen Formulierung meint Freud, daß sich bei allen Neurotikern ohne Ausnahme perverse Intentionen in der Befriedigung des Sexualtriebes finden, die als mehr oder weniger bewußte, vorbewußte Wünsche und Phantasien im Erleben der Betroffenen eine Rolle spielen: »Die neurotischen Symptome bilden sich z. Teil auf Kosten einer (nicht agierten) abnormen Sexualität« (Sigmund Freud: »Drei Abhandlungen zur Sexualtheorie«, Frankfurt 1961, S. 41).

Gründlichen Beobachtern ist aufgefallen, daß die geschlechtliche Befriedigung mehr ist, als ein flüchtiges Lusterlebnis. Im vollen gegengeschlechtlichen Erlebnis vollzieht sich Regression. Mit feinem Sprachgefühl wird deshalb vom Beiwohnen und Beischlafen gesprochen. Damit wird der geschlechtlichen Vereinigung eine Befriedigungsqualität zugeordnet, die mit dem Schlaf gemeinsam hat das Entspannen und ein sich gegenseitiges Bergen. Voraussetzungen zu dieser

Entspannung sind ein vollkommenes Sich-dem-Partner-Überlassenkönnen, ein gemeinsames Eintauchen in den archetypischen Urgrund des Elementaren. Die Tiefe und das Wohltuende der Regression hängen ab von dem Maße angstfreien Vertrauens. Zu diesem Loslassen gehört psychische Gesundheit. Es ist ein Sichloslassen frei von der Angst, sich dabei zu verlieren. Die krankhafte Regression des Süchtigen ist nicht frei von dieser Angst. Deshalb bewirkt eine süchtige Regression keine Regeneration. Das Erlebnis vermittelt keine Geborgenheit, sondern wird zum Ersatz für Geborgenheit.

Der Perverse gelangt nicht zur vollkommenen Regression. Er bleibt auf dem Wege zu ihr durch Fixierung stecken. Er wagt nicht dieses Sich-Hingeben. Oftmals konkretisiert sich diese Furcht vor dem Identitätsverlust in einer Kastrationsangst. Der genitale Vollzug ist gekoppelt mit einer Angst vor dem Penis-Verlust. Der mit dem Sichfallenlassen (bis hin zum Schwinden der Sinne) verbundene zunehmende Verlust an Orientierung irritiert den in seiner sexuellen Intention Gestörten, und der Betroffene beschränkt sich auf eine partielle, noch orientierbare Erregungssteigerung und Befriedigung (Vorlust beispielsweise mittels Hinsehen oder Sich-Zeigen tritt an die Stelle der viel tiefer greifenden gegenseitigen totalen Hingabe). Die sexuelle Befriedigung selbst mittels der genitalen, energieverbrauchenden Reaktion ohne Partner und ohne echte Partnerschaft erfolgt wie ein beiläufiges Abreagieren der sexuellen Spannung. Weil der Neurotiker im tiefsten diese heilende Partnerschaft sucht, hat er stärker als der Gesunde die perversen Intentionen verdrängt. Sie sind ihm unbewußte, geahnte Anzeichen einer Fixierung an das Vorläufige, sie bedeuten ihm die Angst, das Eigentliche nicht zu finden, bzw. auf dem Wege dahin stehenzubleiben. »Das Fixiertsein an solche mehr oder weniger verborgenen Motive, die in der Perversion sichtbar auftreten, gehört zu den wichtigsten Bestimmungen der Neurose« (A. Görres: »Methoden und Erfahrungen der Psychoanalyse«, a. a. O., S. 122). »Die Perversionen sind Versuche, den beiden Hauptforderungen reifer Genitalität auszuweichen nämlich 1. der Anerkennung des starken Bedürfnisses nach periodischer Regression in Gestalt heterosexuellen Geschlechtsverkehrs, 2. der Bejahung der Eroberungsarbeit, d. h. der Verwandlung eines gleichgültigen Objektes in einen kooperativen genitalen Partner.

Der Perverse muß diese beiden Aufgaben vermeiden, da sein Ich nicht stark genug ist, die damit verbundenen Anspannungen aufzubringen; mit anderen Worten, es ist nicht gut genug integriert, hat die Herrschaft über die verschiedenen Formen der Angst, insbesondere der Kastrationsfurcht nicht fest genug gesichert. In seiner Suche nach einer erreichbaren Abfuhr greift der Perverse oft zu einem der primitiveren, einfacheren Teiltriebe und gibt dann vor, die Befriedigung dieses Triebes sei viel wichtiger und die genitale Befriedigung für ihn nur eine Nebenerscheinung. Er benutzt also einerseits Idealisierung, andererseits Verleugnung, um sich zu tarnen, und betrügt damit die Welt und sich selbst«. (N. Balint: »Die Urformen der Liebe und die Technik der Psychoanalyse«, Frankfurt 1969, S. 158).

Man kann deshalb die Perversion phänomenologisch nicht als eine Abweichung von der sozialen Norm bestimmen. Perversion muß vielmehr unter einem dynamischen Krankheitsbegriff als funktionale Deviation angesehen werden. So wie ein Organ krank ist, wenn es nicht mehr leistet, wozu es von der Organstruktur her bestimmt ist, so ist auch eine Funktion krank, wenn sie nicht mehr gemäß der erkennbaren Sinnzusammenhänge arbeitet.

Das reife sexuelle Verhalten ist eine partnerbezogene spezifische Kommunikationsform auf der Ebene verbaler und nichtverbaler Signale und Schlüsselreize.

Wer diesen Zusammenhang nicht intendiert oder nicht intendieren will, widerläuft dem ontischen Sinn der Geschlechtlichkeit und handelt damit sittlich falsch. Perversionen haben deshalb in der Regel einen viel drängenderen Charakter und sind gekennzeichnet durch eine höhere sexuelle Spannung als gesunde Triebbeziehungen, weil die Befriedigung auf dem Wege der Perversion letztlich nicht zu der Entspannung und Lösung führt, auf die hin die heterosexuelle partnerschaftliche Kommunikation angelegt ist: Ein-Fleisch-Sein = undifferenzierte Ureinheit und Urgeborgenheit.

Diese vollkommene Entspannung hängt aber auch davon ab, in welchem Maße das praktizierte Verhalten von der Gruppe akzeptiert wird. Der Vollzug bestimmter sexueller Verhaltensmuster ohne Schuldgefühle und Ängste ist die Voraussetzung, um zur oben genannten Entspannung zu gelangen. So kann einer Verhaltensweise auch dann, wenn sie voll integriert und Teilstück totaler Hingabe ist, die Befriedigung ganz oder teilweise versagt bleiben, wenn bestimmte Modifikationen von der Gruppennorm als »pervers« angesehen werden. Andererseits vermag die Akzeptierung einer echten funktionalen Perversion durch die Gruppe die Nichtfunktionsgemäßheit nur bis zu einem gewissen Grade zu kompensieren. Diese Zusammenhänge machen deutlich, daß es nicht einfach ist, dem Idealzustand nahezukommen, den Erikson so charakterisiert hat: »wechselseitiger Orgasmus mit einem geliebten Partner des anderen Geschlechtes, mit dem man wechselseitiges Vertrauen teilen kann und will, und mit dem man imstande und willens ist, die Lebenskrisen der Arbeit, Zeugung, Erkrankung in Einklang zu bringen, um den Nachkommen ebenfalls alle Stadien einer befriedigenden Entwicklung zu sichern« (E. H. Erikson: »Kindheit und Gesellschaft« a. a. O., S. 260).

Die Perversion ist wie die Neurose eine reduzierte Kooperationsfähigkeit: Je primitiver und infantiler ein Trieb ist, umso geringer ist der Grad der beidseitigen Kooperation. So ist beim Voyeurtum oder beim Exhibitionismus kaum eine Partnerschaft möglich.

Es ist also unmißverständlich so, daß die gegenseitig geforderte Tolerierung perverser Wünsche, ein Ausdruck zunehmenden Mangels an echter Kooperationsfähigkeit und -Bereitschaft ist. Man macht es sich verhältnismäßig leicht, wenn man oberflächlich soziologisch die Perversion definiert als eine Verhaltensweise, die deviant ist und die Norm der betreffenden Gesellschaft verletzt (W. Simon u. a.: »Sexuelle Außenseiter«, Hamburg 1970, S. 8). Demselben Trend begegnen wir bei den progressiven Autoren. Sie sehen schon in der Toleranz gegenüber den perversen Neigungen die Lösung des Problems und verweisen im übrigen darauf, daß die Struktur der Gesellschaft wesentlichen Anteil habe an der Entstehung von Perversionen:

»Es ist möglich, daß unsere asoziale Gesellschaft in vielen ihrer Angehörigen den Drang nach abnormen Ausdrucksweisen nur deshalb geweckt hat, weil sie ihnen die Möglichkeit normaler sexueller Aktivität vorenthält« (A. Comfort, a. a. O., S. 48).

Nach R. Reiche (Sexualität im Klassenkampf, a. a. O., S. 142/143) sind allein Masochismus und Sadismus von sozialer Bedeutung, weil sie mit Aggressionen gemischt sind. Er hofft, daß die gesellschaftlichen Einrichtungen so zu ändern seien, daß die Mehrzahl der Neurosen und Perversionen nur noch als Randphänomen in Erscheinung treten dürfen. Damit schließt er sich der Meinung Baranowskys an, der darauf hinweist, daß das sittliche Verbot kein Mahnmal der Natur sei, sondern ein Produkt menschlicher Satzungen. Nach Baranowsky ist das Problem der Perversionen nicht darin zu sehen, daß sie als solche vorhanden sind, sondern daß sie geächtet und angeprangert werden. Letzteres führte zu einer Solidarisierung der Betroffenen und damit zur Festigung solcher Verhaltensabweichungen: »Kaum eine sexuelle Praktik ist bedenklich. Schädlich allein sind just übertriebene Ängste« (Baranowsky, a. a. O., S. 25).

Insbesondere fordert man die Toleranz gegenüber der Homosexualität. R. Reiche, a. a. O., S. 143 spricht sich dafür aus, daß Perversionen, wo sie trotz Veränderung der Gesellschaft noch auftreten und auch durch individuelle Therapie nicht geheilt werden können, mit einem Maximum an Toleranz und an Befriedigungschancen behandelt werden sollten.

Die vorherrschende Tendenz, in den Perversionen keine Krankheiten zu sehen, sondern von der Norm abweichende Varianten, deren Befriedigung weithin gewährleistet sein sollte, geht darauf zurück, daß man das sexuelle Glück für den Kern des Lebensglückes hält (W. Reich: »Die sexuelle Revolution«, Frankfurt 1966, S. 23) oder wie Neill (a. a. O., S. 206) es formuliert: »Die Sexualität gewährt die größte Freude im Leben«. Der Irrtum dieses Ansatzes wird nicht dadurch geringer, wenn man ihn politisch aufwertet und aus dem Kampf um die sexuelle Freiheit einen Kampf gegen bürgerliche Monogamie, Kapitalismus und Krieg macht. Solche unwissenschaftlichen Simplifizierungen sind heute an der Tagesordnung: »Die für eine Kriegführung notwendige Psychostruktur wird durch die Sexualmoral angelegt« (D. Haensch a. a. O., S. 66). Schon 1934 sprach W. Reich aus politischer Überzeugung dem Proletariat eine nicht unterdrückte Sexualität zu und bezeichnete diese als »naturwüchsiges Sexualverhalten«. Der Schönheitsfehler, daß es trotz dieser Naturwüchsigkeit dennoch Brutalität und Gewalttätigkeit im Bereich des sexuellen Verhaltens der Proletarier gibt, wird von den modernen Sexualpolitikern schnellstens auf eine andere Ursache zurückgeführt: Es sind sexuelle Verhaltensweisen, »die sich vor allem aus der ökonomischen Unterdrückung der Arbeiter im Betrieb ergeben können« (Haensch, a.a.O., S. 35). So wird der »Schwarze Peter« immer wieder weitergereicht und die Emanzipation in Raten schreitet fort: »Auch wenn der alte Moralkodex weitgehend abgebaut ist, ergibt sich daraus noch keine neue Moral. Und die partielle Rationalität kann nicht darüber hinwegtäuschen, daß die sexuellen Fehlhaltungen noch das übliche sind. An eine bereits gelungene Emanzipation glaubt jedenfalls kein Einsichtiger mehr« (U. Jaeggi, in A. Bacia: »Themen zur Sexualität«, Studentenwerk der Universität Bochum, 1968). Trotzdem hält man an der Hoffnung fest, daß alle Unterdrückung des Menschen letztlich Triebunterdrückung sei und daß die Befreiung des Menschen identisch sei mit der Enttabuisierung seiner Triebe. Es gilt die gute Trieb-Natur des Menschen von allen Verbiegungen durch die Gesellschaft zu erlösen. Unterdrückung scheint nun nicht mehr Unterdrückung durch ökonomische Abhängigkeit zu sein, sondern Unterdrückung durch moralische Vergewaltigung. »Wissenschaftliche Ethik propagiert keine Werte; sie vertraut darauf, daß die menschliche Natur, wenn sie nur in Ruhe gelassen wird und nicht von klein auf verbogen, aus sich selber heraus ein Verhalten entwickelt, das dem Individuum wie der Gemeinschaft am besten entspricht« (A. Plack, a. a. O., S. 345). Nur bleibt die Frage ununbeantwortet, wer so zu erziehen vermag und wie so erzogen werden soll, daß eine Verbiegung durch die Gesellschaft vermieden wird und wer bestimmt, was eine naturgemäße Erziehung sei? Plack übersieht, daß der Mensch ein Kulturwesen ist, und daß die Ablaufskontrolle des Triebes für den Menschen nicht angeboren ist, deshalb bedarf sie notwendig einer Reglementierung, und unterliegt Lernprozessen, die immer von der Gesellschaft abhängig sind. Aus diesem Grund kann eine Verbiegung niemals ausgeschlossen werden. Letztlich muß A. Plack sich selbst von der Kritik getroffen fühlen, die er an die Adresse der Marxisten richtet: »Schließlich erscheint durch die Brille von Marx der Mensch als sein eigener Gott, der vom archimedischen Punkt der ökonomischen Verhältnisse her sich ein völlig neues Wesen zu geben vermag: das sozialistische Bewußtsein« (Plack, a. a. O., S. 344). Die Enttabuisierungsstrategen haben einen anderen Götzen: die gute Natur und die naturnotwendige Ordnung. Selbst wenn wir wüßten, wie diese Natur ist und was die Bedingungen ihrer ungestörten Entwicklung seien, dann wäre immer noch zu fragen, wer es unternehmen soll, diese Bedingungen in einer bestehenden Gesellschaftsstruktur zu verwirklichen, ohne gewaltsam die Gesellschaftsstruktur zu verändern, oder den Willen der Einzelnen so zu beeinflussen, daß jeder bereit ist, um der ungebrochenen Natur seiner Triebe willen auf die bestehenden Verhältnisse einschließlich der Annehmlichkeiten zu verzichten. Aber selbst wenn es denkbar wäre, einen solchen Zustand zu schaffen, so wäre das auch noch kein Paradies auf Erden. Der Mensch wünscht sich immer das, was er nicht hat und überhöht es mit seinen unerfüllten

Wünschen auf projektive Weise. Offensichtlich sind aber nicht Triebverzicht und Mangel an Möglichkeiten, alle Bedürfnisse maximal zu befriedigen die Ursache der zwischenmenschlichen Konflikte, sondern die Angst und das Mißtrauen der Menschen voreinander. Angst und Mißtrauen werden aber nicht aufgehoben durch eine maximale Triebbefriedigung der Einzelnen. Und warum nicht? Weil es a) eine absolute Gleichheit zwischen den Menschen nie geben kann (es gibt bspw. immer Vitalstarke und Vitalschwache), und b) weil es aus dieser Ungleichheit heraus immer unterschiedliche Möglichkeiten für den Einzelnen gibt, seine Bedürfnisse zu befriedigen. Ein Mehr an Bedürfnisbefriedigung wird subjektiv stets als größere Mächtigkeit erlebt. Dabei ist es gleichgültig, ob es sich bei der Bedürfnisbefriedigung um Besitz, Einfluß, Position oder sexuelle Lust handelt.

Die Möglichkeit an Triebbefriedigung, in welchem Triebbereich auch immer, wird zum Kriterium der Mächtigkeit und damit zum Mittel gegenüber dem Machtanspruch des anderen. Das Mißtrauen zwischen den Menschen ist nicht die Folge mangelnder Bedürfnisbefriedigung, noch die Wirkung gesellschaftlicher Fehlstrukturen, sondern wird bestimmt von der Angst, vom anderen durch dessen Mächtigkeit bedrängt und beeinträchtigt zu werden. Das aber liegt daran, daß Aggressionen, Revierabgrenzungen und Individualdistanzen beim Menschen nicht einer instinktiven Regelung unterliegen, vielmehr dem Gebot der Liebe unterstellt sind, zu der der Mensch ohne Gott nicht fähig ist. Deshalb ist die Forderung nach Toleranz gegenüber den Perversionen nicht die Lösung des Problems. Toleranz gewährt dem anderen im Rahmen des gesamtgesellschaftlich Vertretbaren das, was er sich wünscht; Liebe aber gibt dem anderen das, was er braucht.

Wer nicht zu erkennen vermag, weil er nicht willens ist, zu erkennen, daß alle Not des Menschen in seinem Verhaftetsein an sich selbst begründet liegt, kann gar nicht anders, als Freiheit und Glück des Menschen in der falschen Richtung zu suchen, nämlich in Richtung einer maximalen Befriedigung der Wünsche und Bedürfnisse.

Praktizierte Toleranz entschärft zwar die Sekundäreffekte der Perversion (Ablehnung des Perversen), bietet aber letztlich keine entscheidende Hilfe für den Betroffenen. Denn was der Mensch braucht, ist nicht die Befriedigung seiner perversen Wünsche, sondern die Erfahrung echter Verbundenheit. Hier liegt seine eigentliche Not. Und gerade diese Verbundenheit findet der Perverse in der Ausübung seiner Praktiken nicht. Er ist nicht nur durch eine mögliche Ablehnung sekundär kontaktgestört, sondern primär durch die Psychostruktur seiner Sexualorganisation.

Eine kranke Struktur wird nicht dadurch gesund, daß man sie annimmt, toleriert oder gar für gesund erklärt. Zwar vermag dadurch der Leidensdruck reduziert zu werden, aber in demselben Maße wie der Leidensdruck reduziert wird, wird auch die Therapieresistenz erhöht. Das ist dasselbe, als würde man die

Schmerzmeldungen, die von einem kranken Organ ausgehen, mittels Durchtrennung der betreffenden Nervenbahnen unterbinden und sich dann der Illusion überlassen, als sei das Organ nun gesund. Toleranz sieht recht fortschrittlich aus, ist aber ebenso Ausdruck einer hilflosen Patentlösung derer, die den Blick für eine echte Lösung verloren haben: Befreiung von sich selbst, Hinwendung zum anderen durch Erfahrung der geistlichen Dimension. Solange man den Gottesdienst der Christen als sexualpolitische Veranstaltung interpretiert, wird durch dieses Vorurteil der Blick so verzerrt, daß nicht erkannt werden kann, wo die Hilfe eigentlich liegt: »Die internationale Organisation des Christentums hält seit Jahrtausenden in jedem kleinen Nest der Welt allwöchentlich zumindest eine sexualpolitische Versammlung in ihrem Sinne ab, denn nichts anderes sind die sonntäglichen Kirchenversammlungen« (W. Reich 1934, zitiert nach D. Haensch, a. a. O., S. 65).

Man sieht das Problem verkürzt, wenn man die Perversion ursächlich auf die Verdrängung des Sexualtriebes zurückführt. Allen Perversionen gemeinsam bleibt die Tatsache, daß der personale Kontakt, die partnerschaftliche Beziehung reduziert oder gar nicht vorhanden ist. Und diese Fehlform der Kommunikation wird durch diesen isolierten Sexualkontakt verstärkt. Im Vordergrund der Sexualbeziehung steht dann nicht mehr das Verschmelzungserlebnis (E. Speer), sondern die vom Partner letztlich unabhängig erlebte Steigerung der sexuellen Spannung, die durch Stimulierung gesetzt wird. Perversion ist eine Fixierung an das narzißtische Lusterlebnis sexueller Spannungsaufladung und bedarf der Verschmelzung mit dem Partner nicht. Der Partner wird reduziert auf die Ebene des stimulierenden Reizgebers.

Als Person tritt er mehr oder weniger in den Hintergrund. Entpersonalisierung Anonymität und Austauschbarkeit des Partners, Überfremdung der Sexualität durch das Lustprinzip dürften im Problemfeld der Perversionen eine viel größere Rolle spielen als die durch Intoleranz gesetzten sekundären Hemmungen.

Für die konservativen Autoren vereinfacht sich das Problem der Perversion inhaltlich auf die beiden Fragen: a) der Onanie (obwohl die Onanie nur in Ausnahmefällen als eine Pervertierung des sexuellen Verhaltens angesehen werden darf), und b) der gleichgeschlechtlichen Sexualität, insbesondere der männlichen Homosexualität.

Die Homosexualität wird als Fehlentwicklung betrachtet (Bovet, Ockel), die milieu- und anlagebedingt sein kann. »Häufiger wohl als echte Homophilie ist nämlich jener Fall, daß Jugendliche, deren Männlichkeit noch nicht richtig entwickelt und entschieden ist, von Homosexuellen zu Zärtlichkeiten verführt werden und dann allmählich ihre Art annehmen« (Th. Bovet: »Von Mann zu Mann«, a. a. O. S. 56). Ockel empfiehlt ein strenges Vorgehen gegen die »seelischen Mißbildungen« der Homosexualität: »Es ist unbedingt notwendig, daß wir Homosexuelle trotz ihrer Schuldlosigkeit zur Verantwortung für ihr Tun ziehen. Es wäre das Zeichen einer ganz ungesunden Weichheit, wollte man sie ihren falschen Trieb einfach ausleben lassen« (G. Ockel: »Gesundes Liebesleben«, a. a. O. S. 73).

Eine vernünftige Durchreflektierung des Problems der Perversionen finden wir in der Regel in der konservativen Literatur nicht. Über eine Schwarz-Weiß-Malerei, die zwischen Ablehnung und mitleidigem Verstehensollen des Kranken hin- und herschwankt, kommen die konservativen Autoren nicht hinaus.

c) Liebe, Sexualität, ihre gegenseitige Beziehung

In der sexualpsychologischen Literatur der Gegenwart stößt man auf eine Unterscheidung, die das hier angerissene Problem schlaglichtartig kennzeichnet. Es ist der Hinweis auf zwei Formen gegengeschlechtlicher Beziehung: »Freizügigkeit ohne Zuneigung« und »Freizügigkeit bei Zuneigung« (L. Reis: »Freizügigkeit und Doppelmoral«, a. a. O. S. 401). Die geschlechtliche Beziehung ohne Zuneigung wird von denen vertreten, die dem körperlichen Lusterlebnis einen hohen Wert beimessen. Dieser sexuelle Verhaltensstandard ist empirischen Untersuchungen zufolge nur wenig verbreitet, wenngleich eine steigende Tendenz beobachtet werden kann. Das hängt mit einer zunehmenden Versachlichung zusammen, die das zwischengeschlechtliche Beziehungsmuster unter das Kalkül bewußter Überlegungen und rationaler Planungen stellt. L. Reis gibt zu bedenken, daß es aber z. B. den Amerikanern nicht gelungen sei, sich soweit von ihrer puritanischen Vergangenheit zu lösen, daß sie solche körperorientierten Beziehungen akzeptierten (a. a. O. S. 89). Und auch innerhalb dieser Gruppe körperorientierter Sexualität gibt es noch Differenzierungen. Reis unterscheidet eine orgastisch orientierte Gruppe, die ausgesprochen promiske Beziehungen sucht, und eine hedonistisch orientierte Gruppe, die das Ziel hat, den sinnlichen Genuß zu kultivieren.

Die Anhänger der orgastisch orientierten Richtung wollen einen möglichst maximalen sexuellen Lustgewinn und ordnen diesem Ziel alle anderen Bedingungen unter. Dieses körperorientierte Sexualverhalten ist nach den Untersuchungen von Kinsey und Mitarbeitern vor allen Dingen in den unteren sozialen Schichten häufiger vertreten. Aber die Untersuchungsergebnisse hierüber sind nicht einheitlich. L. Reis selbst kommt anhand seiner Fragebogenuntersuchungen an 1000 Jugendlichen zu dem Ergebnis, daß die Freizügigkeit ohne Zuneigung bei Highschool- und College-Studenten relativ häufig anzutreffen sei, während die meisten seiner befragten jugendlichen Personen aus der Unterschicht Anhänger der orthodoxen Doppelmoral waren. Man könnte von daher vermuten, daß es sich bei körperorientierten sexuellen Verhaltensmustern um primäre Primitivreaktionen handelt, die eine Kultivierung der zwischengeschlechtlichen Beziehungen gar nicht intendieren und die Endinstinkthandlung anzielen. Demgegenüber läßt sich aber beobachten, daß der personale Bezug auch sekundär ausgeklammert wird, wenn eine allgemeine Erlebnissättigung das Aktionsbild einengt auf wenige noch wirksame Reize, so daß alle darüber hinausgehenden

Bedingungen der Intimbeziehung an Bedeutung verlieren. So wie die Rausch-Droge dem Armen und dem Reichen gleichermaßen hilft, seine äußere oder innere Not zu vergessen, so finden wir die orgastische Orientierung nicht nur bei den niederen, sozialschwachen Schichten, sondern auch bei den erlebnisverarmten, innerlich leeren, reichen, höheren Schichten: »Das süße Leben der übersättigten Gesellschaft mit Sexparties und Partnerwechsel ist ein Zeichen von Getriebensein, Angst, Unfreiheit und Protest gegen die Konvention« (A. Fromm: »Der Sexualreport«, Stuttgart 1967, S. 10).

Die Vertreter einer hedonistischen Freizügigkeit ohne Zuneigung unterscheiden sich von den Anhängern einer körperorientierten Sexualität vor allem dadurch, daß in der gegengeschlechtlichen Beziehung neben dem ausschließlichen Interesse am sexuellen Lustgewinn noch andere sublimere Formen sexuell erotischen Interesses kultiviert werden. Man vergleicht den Koitus mit einem guten Wein, den man besser nicht zu oft genießen sollte, damit es durch Gewöhnung nicht zur Absättigung und zum Überdruß kommt. Auf jeden Fall ist die Frage der partnerschaftlichen Zuneigung auch für sie von untergeordneter Bedeutung. Es wird von einigen Vertretern dieser Gruppe sogar behauptet, daß der körperorientierte Sexualbezug besser sei als der personorientierte, da bei einer solchen Beziehung keine persönlichen Verpflichtungen zum Tragen kämen und der Genuß auf diesem Wege »reiner« sei.

R. Guyon (zitiert nach L. Reis, a. a. O. S. 92) formuliert diese Einstellung folgendermaßen: »Wieviel schmerzliche Desillusionierung könnte vermieden werden, wenn sich der Mensch nicht verpflichtet fühlte, »ich liebe dich« zu sagen, statt sich mit einem »ich begehre dich« zu begnügen ... Im Lichte dieser Einsicht unterscheidet sich die individualisierte Liebe kaum von gewöhnlicher sexueller Liebe. Von der Liebe zweier Partner, die absichtlich eine vorübergehende Verbindung eingehen, unterscheidet sie sich allein durch ihre etwas längere Dauer – jenachdem um Wochen oder Monate«. W. Reich (»Der sexuelle Kampf der Jugend«, a. a. O.) propagiert eindeutig die lustorientierte Variante der Intimbeziehung und trennt sie ausdrücklich von der Funktion der Fortpflanzung. Die volle Sinnlichkeit wird als das Ziel einer gesunden Geschlechtserziehung angesehen.

An dieser Beurteilung ist richtig, daß in Beziehungen, in denen vereinbarungsgemäß nicht von Liebe gesprochen wird, die körperorientierte Sexualität in ihrer sinnlichen Komponente »reiner« genossen werden kann. Man sollte dabei aber bedenken, daß dieses »Reiner-Genießen-Können« zugleich ein isoliertes Genießen ist, eben eine Sinnlichkeit ohne Integration in einen gesamtpersonalen Bezug und damit von anderer Qualität. Der Anhänger einer körperorientierten Sexualität wird diesen Unterschied zwischen Sexualität ohne und Sexualität mit Zuneigung nicht bemerken können, weil ihm die personorientierte Sensibilität fehlt (er intendiert sie nicht und hat sie deshalb auch nicht); wohl wird aber einem Anhänger der personorientierten Sexualität der Unterschied deutlich werden in der Qualität der Sexualität mit einem Partner, dem man sich als Person zugeneigt fühlt und mit einem Partner, der nicht mehr ist als ein Stimulans. Sicherlich ist es richtig, daß von Seiten der Genetik eindeutig die Auffassung vertreten wird, daß nur physiologische Unterschiede vererbbar sind. Von daher kann die von der klassischen Psychologie behauptete Unterschiedlichkeit zwischen den Geschlechtern (geringere Aktivität der Frau und geringeres sexuelles Verlangen) nur ein Ergebnis der Erziehung sein (Ford und Beach; M. Mead).

Wenn Kinsey feststellen konnte, daß die sexuelle Aktivität der Frau um das 30. Lebensjahr herum ihren Höhepunkt hat, die des Mannes dagegen schon im 20. Lebensjahr, dann ist auch diese Feststellung kein Beleg für angeborene Unterschiede. Möglicherweise hängt die Stimulierung der weiblichen Sexualität von anderen Faktoren ab, wie beispielsweise vom subjektiven Erlebnis, als Weib, als Frau in ihrer Totalität und in ihrer Rollenfunktion anerkannt zu sein. Und dies wiederum ist an Bedingungen und Voraussetzungen geknüpft, die von Kultur zu Kultur sehr verschieden sind. Auch die Hemmungssysteme und Abwehrmechanismen sind kulturvariant und modifizieren die physiologische Gleichheit der Geschlechter hinsichtlich des Ausprägungsgrades ihrer Sinnlichkeit.

»In unserer Kultur ist Freizügigkeit ohne Zuneigung niemals ein verbreiteter Standard gewesen. Die gesamte Oberschicht der westlichen Kultur ist durch Unterdrückung und Beschränkung der Frau gekennzeichnet. Eine Einstellung, die beiden Geschlechtern gleiche sexuelle Rechte einräumt, hat sich nie ganz durchsetzen können« (L. Reis, a. a. O., S. 93). Man unterscheidet deshalb heute immer noch zwischen Lieben und Begehren. Und selbst da, wo man weithin nicht mehr willens ist, das Begehren als das Niederwertige, die Liebe als das Höherwertige zu betrachten, sieht man in der Liebe immer noch die Voraussetzung für den Vollzug sexueller Beziehungen. Insofern ist auch heute die Liebe zwischen Jugendlichen immer noch gekennzeichnet durch das Bedürfnis nach Romantik. Sie schätzen die Partnerbeziehung höher ein als die Sexualbeziehung, deshalb kann der geliebte Partner nicht mit dem einer Zufallsbegegnung auf einer Stufe stehen.

Der junge Mensch unterscheidet deutlich zwischen flüchtigen sexuellen Bekanntschaften und festen Verhältnissen.

Man muß sich nun fragen, woraufhin sollte erzogen werden, was braucht der Mensch. Die Frage nach der Liebe ist ja die Frage nach dem, was der andere braucht, und nicht primär die Frage nach dem, was er sich wünscht. Wenn man die Sinnlichkeit von der personalen Liebe trennt und die Liebe zum Partner nicht als Voraussetzung für das Eingehen von Intimbeziehungen betrachtet, dann werden die sexuellen Kontakte unkomplizierter und damit auch lustbefriedigender. Sie bleiben frei von Schuldgefühlen, man freut sich der »Sympathie des Fleisches«. Vom Stellenwert der sexuellen Beziehungen im Insgesamt unseres Daseins her müßte aber gefragt werden, ob man die personale Liebe so gering einschätzen darf. Die psychoanalytische Kasuistik vermag aufzuzeigen, daß geschlechtliche Vereinigung nicht gleichbedeutend ist mit einem gegenseitigen Sichannehmen und Tragen in einem partnerschaftsähnlichen Verhältnis. Mit zunehmender Vermassung der Gesellschaft und zunehmender Konfliktdichte unter den Bedingungen des Alltagsstresses stellt sich das Problem der Vereinsamung in verstärktem Maße, so daß das Sich-Verstehen höherwertig besetzt wird als das Sich-Stimulieren. »Es ist nicht gut, daß der Mensch allein sei«, steht schon im Schöpfungsbericht. Wenn das aber unter den Bedingungen der technisierten Massengesellschaft besonders wichtig wird, dann kann die Sexualität nur diesem Bedürfnis nach einem Nichtmehralleinsein unterstellt werden. Und das bedeutet, daß nur die personorientierte Sexualität die entwicklungs- und lebenspositive Form darstellt, und das umso eher, je mehr die gesamtgesellschaftlichen Bedingungen Anonymität durch Vermassungsprozesse schaffen.

Die modernen Psychotherapiebewegungen (Sensitivgruppen: touch me, feel me, see me, heal me) zeigen, welch ein Mangel an intensiver Wahrnehmung des anderen besteht, und wie viele Menschen nach einem Ersatz für das Eigentliche, nämlich für die personale Beziehung und Bindung suchen, indem sie sich zu fühlen versuchen.

Der Hinweis auf Gesellschaftsformen, in denen die unpersönliche, körperorientierte Sexualität gelebt wird und auch legalisiert ist, gibt keine Begründung dafür ab, daß es unter den Bedingungen einer technisierten Gesellschaftsordnung gleichermaßen richtig ist, so zu leben, oder eine solche Verhaltensstruktur im zwischengeschlechtlichen Bereich anzustreben.

In einer demokratisch-pluralistischen Gesellschaft ist der Einzelne freier als in jeder anderen Gesellschaftsform. Weil der Einzelne freier ist, ist er aber zugleich auch mehr Individualität. Individualität aber erfordert, wenn das Gleichgewicht gegen eine belastende Vereinzelung und Anonymität gehalten werden soll, verantwortliche persönliche Bindungen der Einzelnen untereinander. Deshalb ist die personalorientierte Sexualbeziehung ein Konstitutivum demokratischen Lebens. Ein Abrücken von dieser Notwendigkeit bedeutet eine Zunahme der individuellen Freiheit derart, daß es zu einer Verschiebung des Gleichgewichtes zum Pol der Anonymität und Einsamkeit kommt mit den bekannten sekundären Folgeerscheinungen wie Angst, Aggression, revolutionäre Umtriebigkeit (kompensatorischer Aktivismus: Es muß doch etwas geschehen).

Mit dem Prozeß der gesellschaftlichen Nivellierung, wie er für eine Industriegesellschaft kennzeichnend ist, verliert die Sexualität ihren personalen Wert und wird, verstärkt durch den Einfluß der Massenmedien, zu einer Ware.

Es stellt sich uns an dieser Stelle ernsthaft die Frage, ob man gegen den Einfluß der infrastrukturellen Entwicklung anerziehen kann, d. h. ob es möglich ist, angesichts der Gefährdung der demokratischen Freiheit durch anonyme Unverbundenheit, Unverbindlichkeit und Unverantwortlichkeit, durch die Propagierung und Begründung einer personalorientierten Sexualbeziehung Gegenkräfte zu aktivieren, die den Verlust der Demokratie aufzuhalten vermögen.

Möglicherweise sind hochkapitalistische Länder schon an dem Punkt, wo der Ruf nach Freiheit sich ins Gegenteil kehrt und die Menschen in die Sklaverei ihrer Individualismen treibt, aus denen sie sich selbst nicht befreien können und deshalb für eine »Erlösung« von außen via Revolution hoffen und vorbereitet sind: Primat der Gruppe, Primat des Kollektivs.

Im steigenden Trend zur frühen Paarbindung in sogenannten festen Verhältnissen (Sexualität bei Zuneigung) wird diese Flucht vor der belastenden Anonymität in eine vertrauliche Paarbeziehung unbewußt artikuliert. Linksorientierte Autoren interpretieren diesen Trend negativ: Sie sehen in der frühen Paarbildung eine Bindung aus Schwäche, aus Unfähigkeit, sich dem Streß der übermächtigen sozialen Institutionen wie Beruf und Schule anders als durch Flucht in die Klausur der Zweisamkeit, in die lang- oder kurzfristige Partnerschaft zu entziehen (H. Bacia, a. a. O., S. 94).

Flucht vor der Wirklichkeit in einen Egoismus gegenseitiger Befriedigung ist sicherlich eine Fehlform der Liebe. Es findet sich hier ebensowenig Verantwortlichkeit und Verbindlichkeit gegen Dritte, wie in der Anonymität. Aber weil der personale Bezug intendiert ist, weil der Wert einer persönlichen Beziehung erkannt und anerkannt wird, ist diese Form der Beziehung prognostisch günstiger zu beurteilen als die unpersönliche und unverbindliche Sinnlichkeit.

Sehnsucht nach dem Partner ist eher eine Bewegung zur Bewältigung von Einsamkeit und Angst als Verlangen nach Stimulierung und partieller Befriedigung. Ein Mensch, der sich nach der partnerorientierten Intimität sehnt, stellt seine Sexualität zwar unter kompliziertere Voraussetzungen, integriert sie zugleich aber und benutzt sie als Möglichkeit zum Aufbau von Verbindlichkeit und Verantwortlichkeit. Der Wille zur Ehe bewahrt vor der Einsamkeit anonymer Intimbeziehungen und vor der quälenden Hoffnung auf Erfüllung der großen Liebe. Die Ehe ist heute von daher keinesfalls als ein Instrument repressiver Familienpolitik zu betrachten, wenngleich sie auch dazu mißbraucht werden kann, sondern sie ist eine psychologische Notwendigkeit zum Schutze der sexuellen Befriedigung vor Ausbeutung durch kapitalistische und revolutionäre Interessen.

Je stärker der Trend zu einer körperorientierten, lustorientierten anonymen Sexualität sich ausprägt, umsomehr tritt die Frage nach der persönlichen Verantwortung in den Hintergrund und wird deshalb gar nicht mehr gestellt, weil man sie aus dieser Position heraus nicht zu beantworten vermag. Von daher ist alles zu verantworten, was der persönlichen Lust nützlich ist unter der Bedingung, daß es dem anderen nicht schadet: »Alles ist zu verantworten, dessen Schädlichkeit für den Ausübenden oder seine Mitmenschen nicht feststeht« (A. Comfort, a. a. O., S. 13).

Kr. Ahlmark-Michanek betont ausdrücklich die partnerorientierte Sexualität, gibt aber zu bedenken, daß der Begriff »Liebe« im Abendland weitgehend überbewertet wird und spricht vom natürlichen Hunger eines jeden Menschen nach sinnlichem Erleben: »Wir dürfen uns nicht einreden, daß nur die große Liebe diesen Hunger zu stillen vermag« (a. a. O., S. 121). Mit der Feinsinnigkeit einer Frau sieht sie im Unterschied zu den männlichen Vertretern progressiver Sexualerziehung in der Kopplung der Sexualität an eine Freundschaft die unabdingbare Voraussetzung sinnlichen Genusses. Ein sinnlicher Genuß ist dann gegeben, wenn »zur Sympathie des Fleisches der Zusammenklang der Seelen kommt. Was wir suchen, ist eine Gemeinschaft, eine Gemeinsamkeit, das Wissen, daß wir nicht allein sind« (a. a. O., S. 41).

Aber sie unterscheidet diesen Zusammenklang der Seelen von der Liebe. Im Vorwort wendet sie sich gegen den Glauben, daß die Liebe die Voraussetzung jeder sexuellen Beziehung sein müsse. Sie erklärt diese Voraussetzung einfach zur Sondernorm und behauptet, daß die Forderung nach dieser Sondernorm gegen die allgemein menschliche Grundregel verstoßen würde, nicht Rücksicht zu nehmen auf jene Menschen, die für ihre sexuellen Beziehungen jene Sondernorm nicht wünschten.

Diese Vorstellungen kommen dem, was man heute unter Liebe versteht, recht nahe. Man liebt die unverbindliche und doch persönliche Zärtlichkeit auf Gegenseitigkeit nach dem Motto: »Liebe ohne Folgen« (keine Schwangerschaft, keine weitergehenden Verpflichtungen, keine Eheversprechungen usw.). Man bleibt so lange zusammen, wie man sich mag und geht undramatisch auseinander, wenn man sich nicht mehr mag. Auch in dem schwedischen Aufklärungsbuch »Samspel« wird nicht von der Liebe, sondern nur von einem »Sich-Liebhaben« und von tiefen freundschaftlichen Gefühlen gesprochen. Man solle dabei dem Partner nichts vormachen und ihn nicht unnötigen Enttäuschungen aussetzen. Es wird dabei klar zum Ausdruck gebracht, daß der Geschlechtsverkehr unterschiedlich motiviert und deshalb auch aktiv wie passiv unterschiedlich erlebt wird. Damit wird übersteigerten Fehlerwartungen der Wind aus den Segeln genommen: »Manchmal bilden starkes Begehren und Gefühle der Liebe und Zärtlichkeit den Anlaß, manchmal ist es mehr ein mechanischer Akt und Ausdruck rein körperlicher Bedürfnisbefriedigung. Zuweilen mag der Beischlaf auch einer neutralen und alltäglichen Handlung gleichkommen« (Samspel, a. a. O., S. 62).

Dieser Standard sexueller Verhaltensmuster ist der heute am ehesten bevorzugte. Es ist Freizügigkeit bei Zuneigung, persönliche Zärtlichkeit ohne Forderung nach lebenslangen Bindungen. »Freizügigkeit bei Zuneigung läßt sich in vielen Teilen der westlichen Welt nachweisen; unter den modernen Ländern ist dieser Standard in Schweden wohl am weitgehendsten akzeptiert, denn hier lernen junge Leute durchweg, daß voreheliche Beziehungen zulässig seien, wenn die Partner sich lieben« (L. Reis, a. a. O., S. 96).

Hinter diesem Standard steht die Gedankenlosigkeit einer Forderung, wie sie Kentler formuliert hat, derzufolge man das augenblicklich erotisch-sexuelle Glück nicht einem zukünftigen opfern dürfe. Das Glück des Augenblicks erhält eine Akzentuierung, die den Menschen weithin davon entbindet, sich weitergehende Gedanken zu machen.

Man übersieht bei dieser lustorientierten Einstellung, daß eine solche Verbindung aus seelisch-körperlicher Zuneigung nicht hinreicht, um eine Verbundenheit zu bewirken, die so fest ist, daß sie auch mit Krisen und Notzeiten fertig zu werden vermag. Aber gerade das benötigt der Mensch: Die Gewißheit, daß er in der Not und in der Krise nicht allein ist. Nur da, wo die persönliche Zusammengehörigkeit unabhängig ist von der Sympathie des Fleisches, unabhängig von gewährter oder nicht gewährter Zärtlichkeit, so daß Letzteres als beglükkende Zugabe erfahren, aber nicht als Recht eingefordert wird, nur da entsteht eine tiefe Verbundenheit, die sich auch in Krisen bewährt. »Man irrt sich, wenn man annimmt, daß eine Neubelebung der erotischen Spannung einer ansonsten leeren Ehe einen Inhalt verleihen könne. Wenn die erotische Spannung, die in den ersten Ehejahren zumeist die tragende Rolle gespielt hat, nicht in eine Gefährtenschaft mündet, aus der das erotische Element nie gänzlich verschwinden darf, so bleibt eine solche Ehe verwundbar und betrugsgefährdet« (N. Haire: »Geschlecht und Liebe«, München 1965, S. 250). In diese Richtung gehen auch die Aussagen der konservativen Autoren hinsichtlich des Verhältnisses von Liebe und Sinnlichkeit. Allgemeines Kennzeichen der konservativen Autoren ist, daß sie die Zweisamkeit, den Willen, trotz Krisen und Aggressionen beieinander zu bleiben und die Fähigkeit, einander zu tragen und anzunehmen, höher schätzen, als die gegenseitige sexuell-erotische Befriedigung. Der Mensch ist in der Sicht der konservativen, meist christlich beeinflußten Autoren auf Zweisamkeit hin angelegt, und diese Zweisamkeit ist mehr als sexuelle Partnerschaft. Es wird von seiten derer, die eine unverbindliche, wenn auch persönliche Zärtlichkeit propagieren, übersehen, daß dieser Ansatz eine »neue Moral« vor allem zugunsten der jungen Männer ist, die, jedenfalls bis jetzt noch, eher als ihre Partnerin in der Lage sind, anonyme Sexualität zu konsumieren, und die die Tatsache nicht bedenken, daß die Frau in viel stärkerem Maße vom Älterwerden und der Einsamkeit betroffen ist, wenn sie keinen Lebenspartner hat, als das beim Mann der Fall ist.

H. Scarbath unterscheidet die Sympathie des Fleisches und das Nett-Sein-Zueinander deutlich von der verantwortlichen Bindung an den einen Partner. Nur eine solche Beziehung nennt er Liebe. Die Geschlechtlichkeit ist ihm ein mitmenschlich-personaler Akt mit einem heterosexuellen Partner. Diese Beziehung ist als Aufgabe und Geschenk erfahrbar: Einmal kann der Geschlechtspartner bloßes Sexualobjekt sein, er ist beliebig vertauschbar, weil der Mensch in seiner Ichhaftigkeit verharrt. Die andere Möglichkeit besteht darin, daß beide Partner einander annehmen als gleichwertiges Du, das einmalig und unvertauschbar ist« (a. a. O., S. 28).

Auch Baranowsky betont, daß die Liebe vornehmlich in langen Zeiträumen gedeiht, wenn sie sorgsam genährt wird. Aber er mißt dem gemeinsamen geschlechtlichen Genuß eine zentrale Bedeutung zu: »Die Liebe zum Sexualpartner bedeutet einen ungeheuren Gewinn für den Koitus; der gemeinsame Genuß am Geschlechtsverkehr stärkt unvermeidlich die Liebe« (a. a. O., S. 17). Er sieht, daß die Liebe auch noch von anderen Faktoren bestimmt wird, die berücksichtigt werden müssen und teilt deshalb die hedonistische Simplifizierung der gegengeschlechtlichen Beziehung nicht: »Jeder sollte sich überlegen, ob er sich mit seinem Tun dem häuslichen Milieu entfremdet. Wenn man weiß, daß einem die Kirche viel bedeutet, dann muß man nach ihren Geboten leben. Wer auf gesellschaftliche Anerkennung Wert legt, sollte mit der Moral keine Experimente machen« (a. a. O., S. 39).

Scarbath, Haire und Baranowsky befinden sich im Übergangsfeld zwischen der progressiven und der konservativen Linie. Sie fordern zwar die Liebe als Voraussetzung der Intimbeziehung, akzeptieren aber auch gelegentlich einen rein körperorientierten Koitus und legen weniger Wert darauf, daß die vorehelichen Beziehungen moralische Verpflichtungen in Hinsicht auf eine feste Bindung mit sich bringen. Die verantwortliche Intimbeziehung ist eheprospektiv: »Das Sexuelle soll die letzte, intimste Ergänzung zwischen zwei sich liebenden Menschen sein« (K. Seelmann, a. a. O., S. 140). An anderer Stelle schreibt derselbe Autor: »Sexualität ohne Liebe ist eine tierische Sexualität« (a. a. O., S. 96). In jedem Fall wird die Sexualität dem Primat der Liebe und der Zuneigung eindeutig untergeordnet. Demgegenüber ist es den progressiven Autoren gleichgültig, ob die sinnliche Anziehung zur Kameradschaft oder umgekehrt die Kameradschaft zur körperlichen Befriedigung führt (W. Reich). H. Wrage (»Mann und Frau« a. a. O., S. 27) schreibt: »Die Geschlechtlichkeit von Mann und Frau dient in erster Linie dem Einswerden dieser beiden, und die sexuelle Lust und Leidenschaft, die Spannung und Entspannung, die Innigkeit und Zärtlichkeit sind nicht die Belohnung für den Zeugungsakt, sondern dienen der Partnerbeziehung, sind Ausdruck der größtmöglichen Vereinigung«. Diese Aussage enthält keine Rangordnung, sondern lediglich die sachliche Feststellung, daß im Unterschied zum tierischen Verhalten die geschlechtliche Lust und Entspannung für beide Partner eine Brücke zum gemeinsamen Erlebnis sein kann und hier ihre Bedeutung liegt. Auch in dieser Interpretation der Erlebniskomponente für den Aufbau der Partnerbeziehung liegt ein feiner, aber doch wesentlicher Unterschied zu den progressiven Autoren, die, wenngleich sie von der »Sympathie des Fleisches« sprechen und das gemeinsame Erlebnis voll bejahen, doch nicht soweit gehen, diesem Erlebnis eine über die Situation hinausgehende Bedeutung beizumessen: »Der Fortpflanzungstrieb soll nicht mehr in eine mystische, metaphysische Sphäre gehoben werden und nicht mehr Mysterium, heiligstes Geheimnis, denkbar schönste Gemeinschaft, Himmel, kostbarster Schatz genannt werden« (Kr. Ahlmark-Michanek, a. a. O., S. 33).

Die konservativen Autoren dagegen beziehen hier eine eindeutige Stellung in der Richtung, daß die Geschlechtlichkeit Würde und Geheimnis sei, wenn in ihr ein Zeichen der persönlichen Zuneigung gesehen werde: »Der Mensch, der um die Wirklichkeit des Göttlichen noch weiß, fühlt das Geschlechtliche umwittert vom göttlichen Geheimnis (F. Leist: »Liebe und Geschlecht«, a. a. O., S. 15). Und an anderer Stelle schreibt derselbe Autor: »Mann und Frau sind tatsächlich gerufen, einander die hohen Gaben des Heils, des Friedens, der Geborgenheit, des Sinns zu spenden« (a. a. O., S. 60). Die konservativen Autoren intendieren alle noch die biblische Aussage, daß die Frau Gehilfin des Mannes sei und zwar im weitesten Sinn, d. h. auf Vollkommenheit und ewiges Leben hin. Ganz in diesem Sinne ist das Geschlechtliche dann nicht nur Ausdruck gegenseitiger Zuneigung, gewährter Zärtlichkeit, sondern dient der totalen Erfassung des andern. Die Geschlechtlichkeit ist kein Akt der Lustbefriedigung, sondern ein Akt des Erkennens, wie es auch im Alten Testament oft heißt, wenn vom Geschlechtsverkehr gesprochen wird: »Sie hatten einander erkannt«. Wer Geschlechtlichkeit nicht so intendiert, wird sie auch nie so erfahren und kann dann leicht von einer romantischen Verfälschung und Unnüchternheit sprechen. Wer den höheren Wert nicht kennt, leugnet ihn auch bei anderen schon aus Gründen der Selbstbehauptung: »Geschlechtliche Gemeinschaft ist so geartet wie der Mensch, der in sie eingeht« (F. Leist, a. a. O., S. 187). Nicht jede Begegnung kann so eine Tiefendimension haben, und es ist sinnvoll, daß es nicht so ist. So wie das Leben Alltäglichkeit hat, so besteht auch die Geschlechtlichkeit nicht aus einer Kette einmaliger Erlebnisse. Aber es ist ein Unterschied, ob diese Dimension des Mysteriums der Geschlechtlichkeit gesehen und ersehnt wird, oder ob sie geleugnet wird. Geschlechtlichkeit hat eine Ordnung, so wie alles in dieser Welt, das nicht zerstörerisch wirkt, einer Ordnung, einer Gesetzmäßigkeit unterliegt.

Die Ordnung der Geschlechtlichkeit ist die Liebe. Ohne Liebe, ohne das Einssein und die Einmaligkeit einer Begegnung zu intendieren, ohne um das Erlebnis der Verschmelzung und des Einandererkennens zu wissen, verliert die Geschlechtlichkeit ihre typisch menschliche Bedeutung. Daß sie häufig eher oberflächlich erlebt wird als Lust und als Ausdruck der »Sympathie des Fleisches« ist kein Beleg dafür, daß sie nicht in einer noch tieferen Dimension erfahrbar ist, daß es tatsächlich ein Einssein nicht geben könnte. Sie wird aber von denen erlebt, die gemeinsames Leid überwunden und die Einmaligkeit ihrer Liebe existentiell erfaßt haben. Wie man sich bettet, so liegt man, was man intendiert, erfährt man, was man sucht, läßt sich finden: »Geschlechtlichkeit gehört zum Leben. Sie bedeutet eine dem Menschen von Gott geschenkte Gabe. Sehen Sie im Geschlechtstrieb nichts als eine körperliche Notwendigkeit, vermag er Ihnen auch nichts anderes als das Gefühl der körperlichen Entspannung zu geben. Betrachten Sie ihn als den dichtesten Ausdruck zweier Menschen in ihrer Liebe und Zusammengehörigkeit, werden Sie Erfüllung finden, tief und dauernd« (E. M. Duvall, »Warum bis zur Ehe warten?«, a. a. O., S. 42).

Nicht aus Prüderie wird der Aufschub der Intimbeziehungen gefordert, sondern um eines höheren Erlebenswertes willen. Wer dazu nicht bereit ist, begrenzt sich selbst auf eine geringere Erlebnistiefe in der Paarbeziehung. Die Grundvoraussetzung ist dazu aber Echtheit. Wer nur äußerlich nachgibt, wer nur dem

Schein nach sich zurücknimmt oder aus Feigheit unwahr wird, der betrügt sich selbst. Er hat weder etwas von der Sexualität, noch lernt er wirklich begreifen, was Liebe ist. Er setzt sich zwischen zwei Stühle und begibt sich der Doppelmoral. Nur wer sich freiwillig und ehrlich zu einem Weg der Gewinnung einer höheren Erlebnisebene in der Zweisamkeit entscheidet, wird die Freiheit auch gewinnen, die er durch seine Entscheidung anzielt. Nur wer fähig ist zum Abstand von seinen Wünschen und Bedürfnissen, ist so frei, daß er durch sie nicht manipulierbar ist. Der an die eigene Lust fixierte Mensch wird auf dem Weg über verschiedene »Verhältnisse« durch seine Abhängigkeit manipuliert. Er bleibt gebunden an die Intim-Verhältnisse und an die Menschen, die ihm Lust geben oder Lust nehmen: Anders ist es, »wenn zwei Menschen ihre intime Gemeinschaft zurückstellen, bis sie wirklich reif sind, dann ergreifen sie die große Chance, wirklich Liebende zu werden« (E. M. Duvall, a. a. O., S. 65).

Die Kulturgeschichte der Paarbeziehungen zeigt, daß es schon immer Beziehungen mit unterschiedlichem Niveau und unterschiedlicher Funktion gegeben hat. Im alten Griechenland standen dem Mann verschiedene Beziehungen offen: die Beziehung zu einer Prostituierten im Sinne der körperorientierten Sexualität, die Verbundenheit mit einer Geliebten (Hetäre) im Sinne einer personorientierten Intimität und Zärtlichkeit, die Kebsweiber zum täglichen Gebrauch im Sinne einer gewohnheitsmäßigen geschlechtlichen Befriedigung, und schließlich die eigene Frau im Sinne einer fortpflanzungsorientierten Sexualität. Diese Differenzierung zeigt uns, wie die Klassifizierung und Einordnung der Frau nach Maßgabe männlicher Bedürfnisse erfolgt.

Das Evangelium ist das Angebot, diese Ungerechtigkeit zu überwinden und der Frau die Würde zu geben, von dem Mann so selbstlos und hingebend geliebt zu werden, wie Jesus seine Gemeinde geliebt hat. Unter dieser Voraussetzung ist die Frau auch von innen her bereit, sich unterzuordnen. Sie wird dadurch nicht zur Sklavin, sondern zur Empfängerin von der Liebe, die sie braucht. Eine moralische Verkürzung des Evangeliums und ein mißverstehendes Gleichsetzen von Sünde = Lust hat viele Christen in die Irre geführt. Sie fanden nicht den Weg zur höheren Ebene, nicht den Weg zur Überwindung und damit zur Freiheit, sondern verdrängten aus Angst. Das Ideal einer von der Liebe getragenen Geschlechtlichkeit kann ohne die Anerkennung der geistlichen Dimension weder gesehen noch erreicht werden, sondern bleibt in Wunschvorstellungen stecken und führt schließlich zur moralischen Überanstrengung der Partner.

»Damit der intime Verkehr seinen vollen und wahrhaft befriedigenden Gehalt bekommt, muß er alle drei Arten der Liebe ausdrücken, erstens die Agape, die Liebe, die nur gibt, ohne etwas dafür zu verlangen, zweitens die Philia, die den anderen kennt und versteht und um die Tiefe innerer Zusammengehörigkeit weiß, drittens den Eros, die Liebe, die Besitz ergreift und erwidert werden möchte. Alle drei Arten müssen zusammenwirken, damit eine Frau sich wirklich geliebt und glücklich fühlen kann« (E. M. Duvall, a. a. O., S. 109). Wenn heute der Weg zu dieser Idealform der Liebe als unnatürlich oder als unmöglich angesehen wird, dann liegt die Begründung meist in der Auffassung, daß der Sexualtrieb viel zu stark sei, um die Liebe, die frei ist vom Begehren, zu aktualisieren. Aber selbst in dem progressiven Aufklärungsbuch »Samspel« wird zugegeben, daß es Menschen gibt, bei denen der Trieb durch Arbeit oder sonstige Interessen in den Hintergrund gedrängt werden kann, ohne daß eine direkte Befriedigung erfolgen muß und dabei kann das Leben trotzdem angenehm sein (a. a. O., S. 13). Das gilt aber nur unter der Voraussetzung, auf die Ausubel hinweist, daß der Sexualtrieb noch nicht über sein physiologisches Substrat hinaus aktualisiert wurde. Ist das erst einmal geschehen, »ist er bei den meisten Menschen so drängend und hartnäckig, daß er nicht mehr unterdrückt werden kann (a. a. O., S. 379). Ausubel spricht in diesem Zusammenhang klar aus, was vielfach nicht beachtet wird, daß die Forschungsergebnisse der bekannten Ethologin M. Mead, aber auch die Erfahrungen der Psychiater mit puritanisch erzogenen Frauen unserer Kultur keinen Anhalt dafür geben, daß die Nichterfüllung des Sexualtriebes zu irgendeiner psychischen Belastung führen würde. Aber wie schon gesagt, gehört dazu das innere freiwillige Ja. Eine erzwungene Askese schadet, weil der Betroffene ständig der Spannung ausgesetzt ist, etwas zu wollen, was er sich nicht gestattet. Die Mitglieder einer christozentrisch, eindeutig der geistlichen Dimension offenen Wohngemeinschaft schreiben aus ihrer Erfahrung zu dieser Frage: »Daß man sich im Laufe des Jahres einmal oder einige Male, je nach Veranlagung, verliebt, das ist natürlich. Wie man aber das eigene Denken und Handeln von dieser Verliebtheit nicht bestimmen und beherrschen läßt, ohne sie zu verdrängen, das ist eine neue Erfahrung für die meisten Mannschaftsmitglieder« (Aus J. Hofmann: »Leben lernen für die Zukunft«, Bensheim 1971, offensiv-press, S. 8).

G. Ockel (»Gesundes Liebesleben«) warnt vor der zerstörerischen Kraft einer von der personalen Liebe losgelösten, lustorientierten Geschlechtlichkeit. Er bejaht die Geschlechtlichkeit als eine von der Natur her bestimmte rauschhafte Seligkeit (S. 98) und sieht sie zwingend engeordnet in einen schöpfungsgemäßen Gebrauch: »Dem Menschen ist als einzigem Lebewesen die Geschlechtslust jederzeit erreichbar. Diese Gabe im Sinne des Aufbaues einer lebenslänglichen Lebens- und Liebesgemeinschaft zu verwenden, das ist die Aufgabe, die ihr innewohnt« (S. 46f). Und an anderer Stelle nennt er die sinnenfrohe Bejahung unserer Geschlechtlichkeit im Dienste unserer hohen menschlichen Entwicklungsaufgabe als gottgewollte Lebenshaltung. Dagegen »zerstört dauerndes genußgieriges Ausschöpfen jeder Lustmöglichkeit ohne inneren Zusammenhang mit der schöpferischen Aufgabe langsam, aber mit tödlicher Sicherheit unsere körperlichen Lebenskräfte und unsere seelische Persönlichkeit« (S. 69). Er macht die Aufnahme intimer Beziehungen abhängig von dem Willen zur lebenslangen Ehe: »Vor der Aufnahme sinnlicher Beziehungen muß die Frage gestellt werden, wird nach Abklingen des sinnlichen Rausches auch die lebenslängliche Liebesgemeinschaft sich aufbauen lassen, die bereit und fähig ist, das junge menschliche Leben aufzunehmen und großzuziehen, das der begehrten sinnlichen Vereinigung entwachsen wird?« (S. 48).

d) Vorehelicher und außerehelicher Geschlechtsverkehr

»Wer zum ersten Mal und vor der Zeit und ohne Trauschein das ziemlich alltägliche Erlebnis des Geschlechtsverkehrs hatte, dem öffnen sich weder Himmel noch Hölle; das Strafgericht bleibt aus, genau so das fast überirdische Glück« (H. Bacia »Themen zur Sexualität«, Bochum ca. 1969) Auch die nachfolgenden Stellungnahmen der herangezogenen progressiven Autoren haben, von einigen Modifizierungen abgesehen, dieser Grundeinstellung nichts hinzuzufügen. Dieser Autorengruppe gemeinsam ist die Aussage, daß der Geschlechtsverkehr für die Ehe keine spezifische Bedeutung habe. Daran wird deutlich, daß die Beurteilung des vorehelichen und außerehelichen Geschlechtsverkehrs davon abhängt, welches Eheverständnis, welches Menschenbild der Urteilende hat. Sicher scheint zu sein, daß einer internationalen Umfrage zufolge der außereheliche und voreheliche Geschlechtsverkehr für die Männer eine größere Bedeutung hat als für die Frauen.

W. Packard: »Die sexuelle Verwirrung«, Wien 1969 bezieht sich auf eine Untersuchung von 2100 jungen Erwachsenen in USA, Kanada, England, Deutschland und Norwegen aus dem Jahre 1969. Nach dieser Untersuchung ist das Verhältnis zwischen den beiden Geschlechtern hinsichtlich des Prozentsatzes bestimmter Intimerfahrungen im Bereich der »Affäre einer Nacht mit Koitus« deutlich zur männlichen Seite hin höherliegend. Die Trends der in »Modellfall Skandinavien« (Hamburg 1970, S. 85) resümierten Arbeiten lassen ebenfalls erkennen, daß die Frauen den Geschlechtsverkehr eher in Abhängigkeit von einem festen Verhältnis sehen, als das bei Männern der Fall ist. Nach der Untersuchung von Jonsson 1951 in Schweden waren die ersten Geschlechtsakte bei 57% der Männer (Geburtsjahrgang 1922) Gelegenheitsbeziehungen, dagegen bei Frauen nur 4% (Geburtsjahrgang 1890–1925). Einer späteren schwedischen Untersuchung des Geburtsjahrganges 1938 zufolge (Karlson, 1964) hatten 48% der Männer ihren ersten Geschlechtsverkehr mit einer Gelegenheitsbeziehung; demgegenüber nur 11% der Frauen. Auken, 1953, stellte für Dänemark fest, daß nur 2% der Frauen (Geburtsjahrgänge 1910–1925) in einer Gelegenheitsbeziehung ihren ersten Geschlechtsverkehr ausübten. 1965 untersuchte Schofield in England 193 Jungen und 102 Mädchen im Alter von 15–19 Jahren und stellte fest, daß 51% der männlichen Jugendlichen ihren ersten Geschlechtsverkehr mit einer Gelegenheitsbeziehung hatten, gegenüber 19% der Mädchen.

Die Zunahme der Gelegenheitsbeziehungen auf seiten der Frauen ist wohl ein Prozeß der Anpassung im Sinne einer als fortschrittlich gewerteten Emanzipation.

W. Reich hält es nicht für zwingend, den Geschlechtsverkehr als Eheversprechen zu interpretieren, wohl aber weiß er darum, daß einem Mädchen der Geschlechtsverkehr mehr bedeutet als einem Jungen, deshalb fordert er als Zielvorstellung: »Wenn der Junge eine Beziehung eingeht, muß er genau wissen und mit dem Mädchen darüber gesprochen haben, ob es imstande ist, eine Trennung zu ertragen, ohne in Depression zu verfallen. Wir lehnen den Standpunkt ab, daß ein Junge ein Mädchen heiraten muß, wenn er mit ihr Geschlechtsverkehr hatte, vertreten aber dafür den anderen, daß er niemand ins Unglück stürzen darf (»Der sexuelle Kampf der Jugend«, a. a. O., S. 84). Es muß aber gefragt werden, ob eine Intimbeziehung so eine rational greifbare und im Gespräch abklärbare Vereinbarung ist bzw. sein kann, so daß mit dem Hinweis auf das Ertragen einer Trennung schon gewährleistet ist, daß ein Mädchen vom vollzogenen Geschlechtsverkehr nicht im Sinne von Hoffnungen und enttäuschten Hoffnungen belastet wird.

Auch finden wir bei den progressiven Autoren keine Beantwortung der Frage, wann die Jugend reif sei zum Geschlechtsverkehr. Der Rückgriff auf die rein biologische Funktionsreife ist mit Sicherheit nicht stichhaltig in einer so differenzierten Gesellschaft, in der unsere Jugend ihre Reifezeit bewältigen muß: »Die Frage, wann man zum Geschlechtsverkehr reif wird, ist nicht allgemein zu beantworten ... Tatsache ist aber, daß in unseren Kulturkreisen die seelische Heranreifung infolge der herrschenden Sexualordnung und unterdrückenden Sexualerziehung mit der körperlichen nicht Schritt hält, da die moralische Sexualunterdrückung gewöhnlich ein Zurückbleiben der seelischen Reife bedingt« (W. Reich, a. a. O., S. 29) W. Reich ist entschlossen, der Jugend die unverfälschte Wirklichkeit zu zeigen. Er will sie in die Lage versetzen, ihre Sache (damit meint er ihr Recht auf sexuelle Befriedigung) selbst in die Hand zu nehmen.

R. Reiche (»Sexualität und Klassenkampf«, a. a. O.) erkennt sehr deutlich, daß aus diesem Recht auf Sexualität der Konsumzwang geworden ist: »Das andere entscheidende Moment ist, daß durch solche Forderungen diejenigen schlichtweg zur Befolgung genitaler Normen aufgerufen werden, die zu einem genitalen Verhalten seelisch noch gar nicht fähig sind und es erst mühselig in Anstrengungen der Verliebtheit, der Solidarität und der Treue lernen müssen« (S. 144).

A. Comfort (a. a. O.) reduziert seine Bedenken hinsichtlich der frühzeitigen Aufnahme einer vorehelichen Beziehung auf Randerscheinungen wie: ungewollte Empfängnis, Geschlechtskrankheiten, Berücksichtigung der Einstellungen Verwandter zum vorehelichen Geschlechtsverkehr. Die zentrale Frage, ob es eine seelische Reife für die Aufnahme der Geschlechtsbeziehung gibt, beantwortet er nicht, sondern weicht ihr aus mit der Bemerkung: »Die Standardauslegung der Moral hat uns in einen ungeheuerlichen Fehler verfallen lassen, der Jugend den körperlichen Ausdruck ihrer Sexualität und den Drang nach sinnlichen Experimenten wegzuamputieren ... Die Experimentierlust kommt gewöhnlich zuerst. Die Liebe kommt später« (S. 80/81). Eine ähnliche, oberflächliche Beurteilung der Wirklichkeit gibt er auch in der Frage nach der außerehelichen Beziehung. Nur eine nicht vertretbare Vereinfachung der komplizierten zwischenmenschlichen und zwischengeschlechtlichen Beziehungen läßt die Aussage zu, daß es keinen erdenklichen Grund gäbe, warum ein außerehelicher Verkehr eine monogame Bindung stören sollte (S. 97). Wenn der außereheliche Verkehr nichts anderes ist als eine körperorientierte Sexualbeziehung, eine Selbstbefriedigung mittels Partner, dann freilich ist die Störung der monogamen Beziehung je nach Einstellung und Sensibilität des Partners nicht so schwerwiegend. Aber welchem Partner darf man eine solche Beziehung, die nicht mehr ist als konsumorientierter Sexus, zumuten. Und selbst da, wo man es möglicherweise in beidseitigem Einvernehmen tut, wird sich diese Art Beziehung auf jeden Fall auf die Ehe auswirken, Vergleichbarkeiten schaffen und damit die eheliche Intimität qualitativ verändern und die eheliche Beziehung belasten. Das Zusammensein mit dem Partner verliert den liebeerhaltenden Charakter der Einmaligkeit. Der Partner wird in einem elementaren Bereich austauschbar und ersetzbar. Deshalb ist eine außereheliche Beziehung nicht etwa im Lichte deduzierter Moralvorstellungen ein Ehebruch, sondern bewirkt diesen auch faktisch. Daran ändert auch der Versuch nichts, den Ehebruch durch ein sogenanntes Recht auf Freiheit zu legitimieren. A. Wellek (»Psychologie«, München 1963) berichtet von einem eheberaterischen Fall: Ein modernes, aufgeklärtes junges Paar geht eine Kameradschaftsehe ein. Sie vertreten persönlich höchst liberale Anschauungen und treffen entsprechende Abmachungen. Es wird keinerlei engherziges Treuegelöbnis abgelegt, weder vom Mann noch von der Frau. Man nimmt sich vor, sich keinerlei Zwang aufzuerlegen und verpflichtet sich lediglich zur absoluten Aufrichtigkeit, d. h. sich auf jeden Fall zu sagen, was der eine oder der andere erlebt. Es ist zuerst der Mann, der etwas zu erzählen hat. Er tut es auch. Verabredungsgemäß antwortet die Frau darauf nichts, denn es war ja so abgemacht, und er hat sich vollkommen korrekt verhalten. Aber nach einiger Zeit bekommt diese Frau eine sogenannte Platzangst, d. h. sie kann nicht mehr ohne Begleitung allein ins Freie gehen, sich auf der Straße oder über einen Platz bewegen. Ihr Mann muß sie begleiten, dann hat sie keine Angst. Eine robuste Frau wäre fähig gewesen, die liberale Vereinbarung rückgängig zu machen oder zumindest darüber zu sprechen, daß sie doch nicht imstande sei, der Verabredung gemäß zu leben und die Ehe zu vollziehen.

Wellek hält es für möglich, daß eine gesunde Frau »sehr wahrscheinlich derartige aufgeklärte liberale Abmachungen von vornherein gar nicht eingegangen wäre, sondern als dasjenige erkannt und abgelehnt hätte, was sie tatsächlich sind: eine typisch moderne Torheit, eine völlig unpsychologische, intellektualistische lieblose Freiheitsduselei« (S. 35). Aber in diesem Fall handelt es sich offensichtlich um eine Frau, die sich mit dieser Notlage nicht bewußt auseinandersetzen kann oder will, weil sie sich selbst oder ihrem Mann nicht eingestehen möchte, wortbrüchig, unfair, rückschrittlich zu sein. »Die Frau steht in ihrem Bewußtsein treu zu ihrer Vereinbarung, ohne den Vorbehalt und Hinterhalt, und nur ihr Unterbewußtsein – ohne ihr Zutun auf eigene Rechnung und Gefahr – spielt ihr und allerdings zugleich dem Manne diesen heilsamen Streich, der sie ohne ihr Mitwissen zum unbewußten Ziel führt« (S. 35), zu dem Ziel nämlich, daß ihr Mann nicht mehr von ihrer Seite weichen kann.

Wenn sich auch die inneren Konflikte nicht immer gleich in dieser Weise symptomatisch artikulieren, so wäre es doch töricht anzunehmen, daß sie nicht vorhanden seien und eine Zweierbeziehung, wenn sie überhaupt besteht und intendiert wird, belasten. Andererseits ist das Pochen auf Freiheit ebenso verkehrt, wie das eifersüchtige Bewachen des anderen (das Recht auf Besitzenwollen). Man kann eine außereheliche Beziehung niemals dadurch legimitieren, daß man auf das Verstehen des anderen einen Anspruch habe. Wenn es wichtig ist, die Bedürfnisse des Partners zu verstehen und alles zu vermeiden, was den anderen schädigt, (Comfort, S. 99), dann schließt sich Ehebruch von selbst aus, denn die Bedürfnisse des betrogenen Partners sind dem des Ehebrechenden in dieser Sache sicher entgegengesetzt, auch dann, wenn er sich verbal anders äußern sollte.

W. Baranowsky geht von der Normativität des Faktischen aus und diskutiert deshalb gar nicht ernsthaft über allgemeine Aussagen zum vorehelichen Geschlechtsverkehr, aber er meint, daß die Jugendlichen lernen müßten zu überschauen, was sie eingehen, wenn sie den Weg der Keuschheit oder den Weg des Experimentierens eingingen, ohne jedoch näher darüber zu reflektieren, was denn hinsichtlich beider Wege zu bedenken sei und was als Entscheidungshilfe gegeben werden könnte: »Wenn sie keusch leben wollen – gut. Wenn sie aber körperliche Befriedigung ersehnen, dann müssen sie nicht zugleich tugendsam sein wollen – beides können sie nicht haben. Dann müssen sie vielmehr bereit sein, nach den Erwägungen der Konsequenzen ein Verhältnis einzugehen« (S. 85/87). Kr. Ahlmark-Michanek (a. a. O.) bezieht sich ebenfalls darauf, daß Enthaltsamkeitsforderungen ohnehin nicht eingehalten werden und es deshalb überflüssig sei, an diesen Forderungen festzuhalten. Sie versteht auch, daß sich Vertreter der Kirche aus dieser Diskussion heraushalten, weil die christliche Tradition eine vorurteilslose Stellungnahme nicht zulasse. Damit unterliegt sie wie alle, die die Bedeutung der geistlichen Dimension nicht erkannt haben oder nicht erkennen wollen, der Klischeevorstellung, daß das Christentum die Sexualität mit dem Schlechten, Bösen gleichsetze (S. 20). Sie weist auf eine Untersuchung von G. Boalt, »Familiensoziologie« hin, wonach von 250 gründlich erforschten Kulturen bestenfalls 54 den vor- oder außerehelichen Verkehr verbieten. Solche Vergleiche besagen noch nichts, wenn nicht zugleich angegeben wird, wie M. Mead feststellen konnte, daß die monogame Beziehung und die Tabuierung des außerehelichen Verkehrs bei differenzierten höherentwickelten Gesellschaften häufiger vorkommt als bei Primitivgesellschaften. Die Berufung auf die Normativität des Faktischen, auf das, was alle tun, gibt uns auch keine entscheidende Hilfe zur Beurteilung des Problems. Denn allein die Tatsache, daß es alle tun, besagt noch nicht, daß es, aufs Ganze gesehen, positiv zu bewerten sei. Im Gegenteil, je mehr man sich mit dem identifiziert, was alle tun, umso stärker breitet sich die Betriebsblindheit aus, die andere Verhaltensmuster, vor allem, wenn sie dem Lustprinzip zuwiderlaufen, als gänzlich denkunmöglich, unnatürlich erscheinen lassen. So hält Kr. Ahlmark-Michanek die voreheliche Erfahrung für eine große Hilfe, die Offenherzigkeit, Großzügigkeit mit in die Ehe bringen würde, Eigenschaften, die vieles erleichtern. Sie bemüht sich, aufzuzeigen, daß Liebe und Treue zwischen Ehegatten nichts Natürliches seien und nicht selbstverständlich vorausgesetzt werden dürfen. Man kann aus dieser realistischen Einschätzung der Sachverhalte aber zwei Schlußfolgerungen ziehen: a) Wo keine Liebe ist, sollte auch keine Ehe sein, d. h. man läßt sich scheiden oder man heiratet gar nicht erst, weil man weiß, wie vergänglich Liebe und Treue in einer Paarbeziehung sind oder b) Wo keine Liebe ist, soll Liebe (wieder) werden, und in der Zwischenzeit muß die Ehe von außen durch das Gesetz und von innen durch den Willen, durch das Ja zur Ehe erhalten bleiben. Der Mensch hat hier die Wahl zwischen zwei Unvollkommenheiten: Ehe ohne Liebe ist die eine Unvollkommenheit, und Liebe ohne die Geborgenheit und Freiheit von Verlustängsten ist die andere Unvollkommenheit, an der jeweils ein Partner besonders leidet, weil ja das Schwinden der Liebe nicht beide Partner gleichermaßen und gleichzeitig trifft. Es fragt sich nur, welche von beiden Unvollkommenheiten das größere Übel ist: Geborgenheit mit der Gefahr der Unfreiheit, oder Freiheit mit der Gefahr des Verlassenwerdens und der Einsamkeit. Die Entscheidung zugunsten der letztgenannten Einstellung geht eindeutig auf Kosten der Frau, weil sie mit zunehmendem Alter weniger Chancen hat, noch einen Partner zu finden, der sie liebt und in ihrer Totalität annimmt. Gesamtgesellschaftlich gesehen leidet der Mensch heute auch mehr an Ungeborgenheit als an Unfreiheit. Nur weil die Ungeborgenheit die Folge einer mißverstandenen Freiheit ist und die Freiheit als höchstes Gut angesehen wird, wagt man es nicht, sich diesen Zusammenhang einzugestehen und macht aus jeder Grenze das Schreckgespenst der Repression, verherrlicht eine falsche Freiheit (= Abwesenheit von Zwang) und wundert sich über die Zunahme von Angst, Konflikt und Süchtigkeit. Die vermittelnden und konservativen Autoren haben sich schon eher den Blick für diesen Zusammenhang erhalten. K. H. Wrage (a. a. O.) schreibt: »Man kann nicht die Vorteile einer hohen Kultur und die sexuelle Ungebundenheit zugleich genießen. Denn man findet eine fast direkte Abhängigkeit zwischen Verzicht auf sexuelle Willkürlichkeit und Höhe der Kultur« (S. 76). Es gehört zu den bedauerlichen Kennzeichen einer allgemeinen Neurotisierung, daß der Mensch zunehmend weniger bereit ist, auf etwas zu verzichten und Kompromisse einzugehen. So wird die Spannung zwischen den ambivalenten Wünschen immer größer und das führt zu utopischen Ideen der Vollkommenheit, wo sich alle Wünsche erfüllen: Die Villa im Grünen mit dem Blick auf den Kurfürstendamm. Der Mensch leidet heute darunter, daß er sich für vollkommen und besser hält, als er ist. N. Smith und B. Hudgins, die profilierten Vertreter der Pädagogischen Psychologie in USA, stellen die Frage: »Ist der Mensch tatsächlich so frei, wie ihn sich die westliche Gesellschaft vorstellt?« (Pädagogische Psychologie I, Berlin 1971, S. 26).

Auch kulturanthropologische Vergleiche machen den Zusammenhang deutlich, der zwischen Kulturhöhe und Sexualverhalten besteht. Unwin (Oxford) verglich 80 Primitiv- und einige Hochkulturen (wie Sumerer, Babylonier, Griechen, Römer, Araber) hinsichtlich ihrer Sexualvorschriften, die Treue in der Ehe und voreheliche Sexualität betreffend. Er kam zu dem Schluß, daß die erreichte Bedeutungshöhe der untersuchten 80 Primitivkulturen in eindeutiger Abhängigkeit steht zur Begrenzung der nichtehelichen Sexualität, und daß die Hochkulturen ihre historische Laufbahn im Stadium absoluter Monogamie begonnen haben (zitiert nach V. Packard, a. a. O., S. 410f). Es gibt natürlich Autoren, die zugunsten einer weniger reglementierten Sexualität auf Hochkultur verzichten möchten, und es gibt Utopisten, die meinen, man könne einfach beides verbinden, nur weil man es sich wünscht. Ob man, wie es von linken Autoren meist gesehen wird, in der Reglementierung der Triebe die Ursache für Aggression und Krieg sehen kann, ist auch nicht bewiesen. Das Kriegsgeschehen ist von so vielen Faktoren, vor allen Dingen wirtschaftlichen Machtfaktoren abhängig, daß die Reglementierung des Sexualtriebes wohl kaum als Ursache in Frage kommt, allenfalls als ein die Aggression verstärkendes Moment. Beide Meinungen widersprechen sich nicht, sondern weisen darauf hin, daß der reglementierte Sexualtrieb offensichtlich Energien freisetzt, die ebenso gut konstruktiv (Kulturtheorie von Sigmund Freud) wie auch destruktiv (Kriegstheorie linksorientierter Autoren) verwendet werden können: Man kann zur Verfügung stehende Antriebspotentiale verwenden, um eine Aufgabe in Angriff zu nehmen, eine positive Arbeit zu bewältigen, sich zum Wohle der Menschheit aufzuopfern, aber man kann auch einen Gegner attackieren oder Gebiete erobern.

K. Seelmann versucht, deutlich zu machen, daß der Jugendliche in Gefahr ist, bei verfrühter Aufnahme des Geschlechtsverkehrs sich an die Sexualität zu fixieren. Diese Annahme wird gestützt durch die Feststellung, daß der erste Geschlechtsverkehr umso eher als ein Akt ohne Liebe vollzogen und erlebt wird, je frühzeitiger er aufgenommen wird. Nach einer schwedischen Untersuchung haben 16jährige und jüngere Partner ihren ersten Geschlechtsverkehr zu 56% als ohne Liebe vollzogen erlebt, unter den 17jährigen und älteren dagegen nur 30%. Bei den 16jährigen gaben 44% an, sich dem Partner aus Liebe hingegeben zu haben, bei den 17 Jahre alten und älteren gaben es 70% an. Seelmann versucht die Tendenz zum verfrühten Geschlechtsverkehr aus den derzeitigen familiären Situationen abzuleiten, denen zufolge die Jugendlichen eher als zu Zeiten vergangener Generationen versuchen, den häuslichen Spannungen und Konflikten zu entfliehen. Neben dem Fluchtmotiv spielt sicher auch die Tendenz noch eine Rolle, so früh als möglich erwachsen sein zu wollen und sich Erlebnisse des Erwachsenseins zu verschaffen: »Er erlebt sich dann als Mann, wenn er das letzte Geheimnis der Erwachsenen lüftet und den Geschlechtsverkehr aufnimmt« (K. Seelmann, a. a. O., S. 139). Seelmann ist bemüht, den vorehelichen Geschlechtsverkehr dadurch einzuschränken, daß er empfiehlt, der Jugendliche solle »dem sexuellen Drängen zunächst widerstehen und sich der menschlichen und mitmenschlichen Reife zuwenden, um wirklich ein Erwachsener zu werden« (S. 139).

H. Petermann (a. a. O.) geht auch von der Annahme aus, daß der Weg zur erfüllten Liebe über viele Stufen führt und der voreheliche Geschlechtsverkehr die Entfaltung der wahren Liebe beeinträchtige. Auch F. Leist (a. a. O.) rückt von der Konsumhaltung entschieden ab und meint, daß geschlechtliche Gemeinsamkeit stets schicksalhaft sei, auch dann, wenn wir sie vergessen oder nur nebenbei einem Bedürfnis nachgegeben haben (S. 172).

Richtig ist an dieser Aussage ganz sicher, daß der Geschlechtsverkehr unterschiedlich schicksalhaft erlebt werden kann. Auch ein öffentliches Bekenntnis zur liberalen Auffassung vermag nichts daran zu ändern, daß eine Begegnung für den einen der beiden Partner oder für beide Partner zentral bedeutsam sein kann. Problematisch wird es dann in jedem Fall, wenn das, was dem einen etwas bedeutet, für den anderen nur eine Gelegenheit gewesen ist. Leist beschönigt nicht die Tatsache, daß die wenigsten den Partner heiraten, mit dem sie ihren ersten Geschlechtsverkehr hatten, er richtet dagegen auch keine moralischen Schranken auf, aber er appelliert an die Verantwortung und Einsicht der Partner, einer Entpersönlichung der Intimbeziehung entgegenzuwirken, um die Fähigkeit zur Liebe zu erhalten und nicht aufs Spiel zu setzen. Die Berufung auf Engstirnigkeit, Prüderie, Rückschrittlichkeit, Konservativismus dienen als Schlagworte dazu, forciert an sich zu reißen, was besser langsam wachsen sollte, um die nötige gegenseitige Sensibilität in Vertrauen und Rücksichtnahme auszudifferenzieren. Man sollte bedenken, daß die Vertreter solcher progressiven Thesen einer Untersuchung der bekannten Berliner Psychotherapeutin A. Dührssen zufolge mit ihren Theorien und Forderungen sich im Grenzbereich des »neurotischen Philosophierens über die Sexualität« befinden und nicht beobachtete Wahrheiten wiedergeben, sondern »subjektiv Empfundenes und Erlebtes als Wahrheit verkündigen ... Die Wirksamkeit der modernen Sexualpropheten, deren Botschaft wissenschaftlich nicht überprüft werden kann, scheint deshalb bei gewissen Gruppen von Jugendlichen und Erwachsenen besonders groß zu sein, weil das besondere Lebensproblem des Propheten und sein individueller Lösungsversuch den Gefühlsproblemen jener Gruppen in starkem Maße entspricht« (W. Becker in »Jugendschutz« I/72, S. 18).

E. M. Duvall (a. a. O.) weist auf einen sehr wichtigen Aspekt hin: »Wer sich zu früh in sexuelle Beziehungen einläßt, läuft Gefahr, sich zu binden, bevor er sich selbst gefunden hat. Dies stört die weitere Entwicklung der Persönlichkeit empfindlich« (S. 154). Diese Aussage entspricht der psychoanalytischen Kasuistik (E. H. Erikson): Die Identität ist Voraussetzung der Hingabefähigkeit. Wer seine Identität nicht gefunden hat, kann sich nicht in innerer Unabhängigkeit mit dem anderen verbinden. Er ist an den anderen gebunden, aber zur personalen Bindung selbst nicht fähig. Es entstehen dann Partnerbeziehungen nach dem Muster der infantilen Objektbeziehung, in solchen Beziehungen versucht der eine den anderen als Objekt der Libido ganz zu besitzen (»Ich habe dich zum Fressen lieb«) oder sich dem anderen ganz zu unterstellen, daß er alles tut, um nur geliebt zu werden (»Ich opfere mich ganz für dich auf« = Hörigkeit). In jedem Falle handelt es sich um eine unreife Paarbeziehung ohne das notwendige Maß an Identität und innerer Selbständigkeit. Der Ruf nach Emanzipation ist vielfach nur der kompensatorische Trotz gegen eine unreife Bindung, die man unwissend eingegangen ist und unter der nun beide Partner leiden, weil sie sich gegenseitig durch ihre Ansprüche überfordern: »Frühe intime Beziehungen, wenn sie sich glücklich gestalten, verstellen einem Paar oft den Blick für die anderen Seiten ihres Wesens ..., zu oft schläft man miteinander, statt miteinander zu sprechen« (Duvall, a. a. O., S. 49). Erikson weist darauf hin, daß die frühe sexuelle Intimität die latente Schwäche der Identität zu enthüllen vermöge. Eine tragfähige Paarbeziehung ist das Ergebnis und zugleich die Prüfung der Selbstidentität. Wo diese Prüfung fehlt, hat der junge Mensch, wenn er in Form spielerischer Intimität, in Flirt und Freundschaft sich erprobt, Gefühle von Spannungen, als ob ein solches Engagement zu einer Fusion und damit zum Verlust der Identität führen könne. Aus dieser Furcht vor verpflichtenden Bindungen bei drängendem, sexuellem Bedürfnis folgt die Theorie, daß Verpflichtungen nicht zu intendieren seien. Es ist eine Theorie, die sich nicht aus der Sache, sondern aus der Situation einer Gesellschaft ergibt, die aus der Sexualität Kapital schlägt, den »Momentanismus« lehrt und Propaganda macht für das ekstatische Augenblicks-Glück. Wenn der Jugendliche nicht gesamtpersonal soweit heranreift, daß er eine Partnerbeziehung ohne Identitätsverlustängste eingehen kann, wenn er das Gefühl der Belastung nicht überwindet und durch Identitätsfindung bewältigt, »so kann es dahin kommen, daß er sich isoliert und bestenfalls nur sehr stereotype und formale Beziehungen zu anderen Menschen aufnimmt; oder aber er versucht in wiederholten hektischen Anläufen und ebenso häufigen jämmerlichen Fehlschlägen, mit den unmöglichsten Partnern zu intimen Beziehungen zu kommen. Denn wenn das sichere Gefühl der Identität fehlt, werden auch die Freundschaften und Liebesverhältnisse zu verzweifelten Versuchen, die unscharfen Umrisse der eigenen Identität durch narzißtisches gegenseitiges Bespiegeln herauszuarbeiten; Sich-Verlieben bedeutet dann oft, in sein eigenes Spiegelbild hineinzustolpern, wobei man sowohl sich als auch seinem Spiegel Schaden zufügt. In der Liebespraxis oder in sexuellen Phantasien droht ein Verlust der sexuellen Identität ... So verliert das Ich die Geschmeidigkeit, sich den Empfindungen der sexuellen Liebe und Zärtlichkeit hinzugeben bis zur Verschmelzung mit einem anderen Menschen, der die Empfindung teilt und doch auch die eigene ungebrochene Identität gewährleistet; stattdessen wird die Verschmelzung zum Identitätsverlust« (E. H. Erikson, »Identität und Lebenszyklus«, Frankfurt 1966, S. 157). Wiederholt sich eine solche Erfahrung, so kommt es zum Zusammenbruch jeder Fähigkeit zur Gemeinschaft und es entwickelt sich der Wunsch, noch einmal von vorn anfangen zu dürfen, »wobei zugleich eine (quasi gewollte) Regression auf eine Stufe untergründiger Verwirrung und Wut stattfindet, wie sie sonst nur beim sehr kleinen Kind vorkommt« (E. H. Erikson, a. a. O., S. 158). Die gesteigerten Aggressionsbereitschaften bei Jugendlichen sind nicht die Folgen sexueller Tabuierungen, sondern werden bedingt durch Unreife, unbewältigte Intimbeziehungen, die zu Ängsten und existentiellen Frustrierungen führen. Es ist also offenbar nicht ein altmodischer Zopf, wenn die konservativen Autoren aus ideellen Überzeugungen Geduld, Wartenkönnen und Disziplinierung fordern. Eine so international anerkannte Autorität wie Erikson kommt durch streng empirische Forschungen zu denselben Schlußforderungen. Hier zeigt sich, wie recht Freud mit seiner Vermutung hatte, daß die naturwissenschaftliche Forschung zu ganz ähnlichen Geboten kommen würde, wie sie die Religionen uns vorstellen, wenn sie sich auf göttliche Offenbarung berufen. Wenngleich die Gebote als Druckmittel und Machtinstrument einer institutionalisierten Kirche mißbraucht werden können, so sagt das doch noch lange nicht, daß sie überflüssig, sinnlos oder gar lebensfeindlich seien. W. Wickler vom Institut für Verhaltensphysiologie in Seewiesen hat es unternommen, in einem Buch über die Biologie und die 10 Gebote nachzuweisen, daß die Gebote sittlichen Verhaltens nicht nur eine Erfindung menschlichen Geistes sind, sondern ihre Parallelen in der Regulierung und Reglementierung des Soziallebens höherer Tiere haben (München 1971). So lange der Mensch göttliche Liebe nicht empfangen hat und nicht weiterzugeben vermag, sind die Gebote Hilfe und Bewahrung vor dem völligen Chaos. Nur ein verstellter Blick kann den Mißbrauch der Gebote als Machtmittel so hochstilisieren, daß die Gebote zu Bestimmungsstücken des Bösen werden (A. Plack). Es handelt sich deshalb nicht um Prüderie, sondern um Klugheit und Liebe, wenn wir uns bei jedem Schritt, mit dem wir dem Partner näherkommen, vergewissern, ob er auch dafür offen ist (Th. Bovet, »Von Mann zu Mann«, a. a. O., S. 51). Bovet bringt die von Ärzten beobachtete Klage der Jugendlichen über Einsamkeit und Nichtverstandenwerden in Beziehung zum Nichtwarten-können: Wie oft wird anstelle des Wachsens und Wartens Sex »gemacht, weil in den Illustrierten steht, daß 97% der Teenager das und das machen« (S. 52).

Bovet argumentiert von der Verpflichtung und Verbindlichkeit her, die durch eine Intimbeziehung gesetzt wird, so daß er dazu rät, durch voreiligen Geschlechtsverkehr nicht die letzten Brücken hinter sich abzubrechen. Die Zärtlichkeiten in der Verlobungszeit sollten nur so weit gehen, daß ein Abbruch der Beziehungen noch möglich ist, ohne daß schwer heilende Wunden gerissen werden: »Eines kann mit Sicherheit gesagt werden: Ein richtiger Geschlechtsverkehr (oder etwas, was diesem nahekommt) ist für ein normales Mädchen fast immer die nie heilende Wunde, wenn mit ihm nicht die Ehe vollzogen wird« (a. a. O., S. 34).

Für G. Ockel (a. a. O.) ist der Geschlechtsverkehr mit der Verlobung möglich, aber die Initiative und die Entscheidung hierzu sollten vom Mädchen ausgehen: »Die erste geschlechtliche Beziehung spielt im Leben des Mädchens eine bedeutende Rolle. Die Gefühle zu diesem Zeitpunkt können entscheidend werden für die spätere Einstellung zu diesen Dingen« (a. a. O., S. 103).

e) Zusammenfassung

Versucht man, ein abschließendes Urteil zu gewinnen über die Aussagen progressiver und konservativer Autoren zur Frage der Daseinsbewältigung im Bereich der zwischengeschlechtlichen Beziehungen, so muß man feststellen, daß die progressiven Autoren der Jugend eine Freiheit verheißen, wo Einsamkeit und Sinnleere sie erwartet. Aus dem Recht auf Glück und Lust und dem Protest gegen jedwede echte oder vermeintliche Grenze wurde ein unstillbares Verlangen, ein Suchen, ein Einfordern von Glück, Lust und Befriedigung, aber es fanden sich nur Fordernde, da war niemand, der gelernt hatte, zu geben. Nachdem die Jugend ihre Sinnleere und Erlebnisdeprivation durch Tendenz-Faszinationen periodisch zu kaschieren vermochte: Unruhe, Protest, Beat, Rock-Musik, zeigt uns die Drogenwelle die Sehnsucht nach spirituellen Erfahrungen. Die Konservativen vermögen mit ihrem Festhalten an Normen und Gesetzlichkeiten dem Schwachen einen äußeren Halt zu geben, so daß der Eindruck von Festigkeit entstehen kann, aber es ist eine hohle Form, eine hohle institutionelle Autorität, weil man Gott oder den Schöpfer nur noch als Chiffre benutzt, um den aufgestellten Gesetzen einen Anschein von Legitimität zu geben. Das »Zeitalter nach dem Tode Gottes« verwarf diese ungeprüfte Autorität, diese unechte, hohle Moral. Der gesamte konservativ-moralistische Ansatz scheiterte letztlich an der liberalen Theologie, die dem Christen das Fundament christlichen Lebens genommen hat: Die Bindung an die Person Jesus Christus, die Erfahrung der geistlichen Dimension und der Kraft der Auferstehung. Wer aber Jesus Christus und die Kraft der Auferstehung nicht persönlich kennt und erfahren hat, wer sich der geistlichen Dimension durch Gebet und Wort Gottes in seinem Leben nicht öffnet, der ist auch nicht in der Lage, in der Totalität seines Daseins befriedet zu leben. Sigmund Freud war der erste, der den Pharisäismus und die hohle Form des moralisch verkürzten Evangeliums mit wissenschaftlicher Schärfe angeprangert und von solcher Art Religiosität als einer Form von Zwangsneurose gesprochen hat: Man geht in die Kirche, weil man Angst bekommt, wenn man nicht geht; man tut etwas, ohne dafür einen ausreichenden Grund angeben zu können.

Der Erzieher steht vor der Entscheidung, nachdem die hohle, formale Autorität moralisch-christlicher Erziehung zerbrochen ist, entweder von der Wurzel der neutestamentlichen Botschaft her etwas Neues wachsen und sich von der Jugend auf die Notwendigkeit geistlicher Erfahrung verweisen zu lassen, um gemeinsam mit ihr diesen Weg zu suchen und zu gehen, oder am Konzept der Selbsterlösung, der Wissenschaftsgläubigkeit festhaltend die letzten Strebungen geistlichen Suchens und sinnerfüllten Lebens rationalistisch zu ersticken und einem Augenblickspositivismus zu opfern, der den Menschen als Maßstab, als Anfang und Ende setzt, womit sie die Kinder ohne Einwurzelung in einen tragfähigen Lebensgrund letztlich sich selbst, einer Ideologie oder der Manipulation des kapitalistischen Managements überlassen.

Literaturverzeichnis

In der nachfolgenden Literaturliste sind nur die Titel aufgenommen, die der vergleichenden Dokumentation zugrunde liegen. Alle anderen Literaturangaben sind im Text bibliographiert.

Reiche, Reimut: »Sexualität und Klassenkampf« – »Zur Abwehr repressiver Entsublimierung«, Probleme sozialistischer Politik 9. Verlag Neue Kritik; Frankfurt 1969[3]

Comfort, Alex: »Der aufgeklärte Eros – Plädoyer für eine menschenfreundliche Sexualmoral«. rororo Taschenbuch Nr. 6637; Reinbeck 1968

Kentler, Helmut: »Repressive und nichtrepressive Sexualerziehung im Jugendalter« in: »Für eine Revision der Sexualpädagogik«. Juventa Verlag; München 1967

Scarbath, Horst: »Geschlechtserziehung«. Quelle & Meyer; Heidelberg 1967

Baranowsky, Wolfgang: »Der Umgang mit dem anderen Geschlecht – ein Aufklärungsbrevier für Teenager« Verlag Franz Decker; Schmiden 1965

Ahlmark-Michanek, Kristina: »Jungfrauenglaube und Doppelmoral«. rororo Taschenbuch Nr. 6620; Reinbek 1968

»Samspel« – Aufklärung. Verlag Julius Beltz; Weinheim – Berlin – Basel 1968[2]

Wrage, Karl-Horst: »Mann und Frau«. Gerd Mohn; Gütersloh 1966

Seelmann, Kurt: »Kind, Sexualität und Erziehung«. Ernst Reinhardt Verlag; München – Basel 1964[5]

Petermann, Helga: »Was ein Junge über Mädchen wissen will«. Verlag Stalling Oldenburg 1963

Leist, Fritz: »Liebe und Geschlecht«. Schwab; Stuttgart 1961

Duvall, Evelyn Millis: »Warum bis zur Ehe warten?« Aussaat Verlag; Wuppertal 1968

Kolkmann, Käte: »Was Mädchen wissen wollen«. Mohn; Gütersloh 1968

Bovet, Theodor: »Von Mann zu Mann«. Katzmann Verlag; Tübingen 1966

Ockel, Gerhard: »Gesundes Liebesleben«. E. Sicker; Darmstadt o. J.

Namensregister

Sachregister

KLINKHARDTS PÄDAGOGISCHE QUELLENTEXTE

Texte einzelner Pädagogen

G. Bosco, Pädagogische Visionen und Reflexionen

J. H. Campe, Über das Zweckmäßige und Unzweckmäßige in den Belohnungen und Strafen

F. W. Dörpfeld, Die drei Grundgebrechen der hergebrachten Schulverfassungen nebst bestimmten Vorschlägen zu ihrer Reform

F. W. Dörpfeld, Schriften zur Theorie des Lehrplans

F. Fröbel, Kleine pädagogische Schriften

H. Gaudig, Die Schule der Selbsttätigkeit

J. G. Herder, Schulreden

Jean Paul, Levana

I. Kant, Über Pädagogik

T. Litt, Pädagogik und Kultur

J. Locke, Gedanken über Erziehung

M. de Montaigne, Essays über Erziehung

R. Pedley, Die Englische Gesamtoberschule

J. H. Pestalozzi, Kleine Schriften zur Volkserziehung und Menschenbildung

J. H. Pestalozzi, Lienhard und Gertrud

J. H. Pestalozzi, Meine Nachforschungen

J. H. Pestalozzi, Wie Gertrud ihre Kinder lehrt

W. Ratke, Kleine pädagogische Schriften

G. Reichwein, Kritische Umrisse einer geisteswissenschaftlichen Bildungstheorie

F. E. v. Rochow, Schriften zur Volksschule

J. J. Rousseau, Preisschriften und Erziehungsplan

C. G. Salzmann, Ameisenbüchlein

C. G. Salzmann, Konrad Kiefer

C. G. Salzmann, Krebsbüchlein

F. Schiller, Briefe über die ästhetische Erziehung des Menschen

E. Spranger, Die wissenschaftlichen Grundlagen der Schulverfassungslehre und Schulpolitik

J. H. Wichern, Schriften zur Sozialpädagogik

KLINKHARDTS PÄDAGOGISCHE QUELLENTEXTE

Thematische Texte

Aktuelle Bildungsprogramme
Aktuelle Schulprobleme
Anthropologie und Pädagogik
Antiautoritäre Erziehung
Die Arbeitsschule
Autorität und Freiheit
Didaktik und Lerntheorie
Das erzieherische Verhältnis
Der Erziehungs- und Bildungsbegriff im 20. Jahrhundert
Frauenbewegung und Frauenbildung
Freizeitpädagogik in der Leistungsgesellschaft
Fürsorgeerziehung und Jugendstrafvollzug
Die Ganztagsschule
Zur Geschichte der Arbeiterbildung
Zur Geschichte der Höheren Schule I (16.–18. Jahrhundert)
Zur Geschichte der Mittel- und Realschule
Zur Geschichte der Sonderschule
Zur Geschichte der Volksschule, Band I und II
Grundschulpädagogik
Die deutsche Jugendbewegung
Jugendkundliche Gegenwartsprobleme
Die Kunsterziehungsbewegung
Die Landerziehungsheimbewegung
Die Landschule
Der Lehrer und Erzieher
Maria Montessori · Texte und Diskussion
Die pädagogische Bewegung »Vom Kinde aus«
Pädagogische Grundprobleme in transzendentalkritischer Sicht
Polytechnische Bildung und technische Elementarerziehung
Das Problem der gymnasialen Oberstufe
Programmiertes Lernen
Schulaufbau und Schulorganisation
Die Schule in der Literatur
Das Schulleben
Schulleistung und Leistungsschule
Zur schwedischen Schulreform
Soziale und politische Erziehung
Das Strafproblem in Beispielen
Unterrichtsbeispiele von Herbart bis zur Gegenwart